城市轨道交通绿色技术及评价方法

蒋盛钢　吴　疆◎主编

中国建材工业出版社

图书在版编目（CIP）数据

城市轨道交通绿色技术及评价方法 / 蒋盛钢，吴疆主编. -- 北京 ：中国建材工业出版社，2023.2

ISBN 978-7-5160-3598-6

Ⅰ. ①城… Ⅱ. ①蒋… ②吴… Ⅲ. ①城市铁路一轨道交通一节能设计一评价法 Ⅳ. ①U239.5

中国版本图书馆 CIP 数据核字（2022）第 204070 号

内 容 简 介

本书通过总结现有轨道交通绿色发展经验及国内外绿色评价体系，提出一套科学创新的绿色低碳轨道交通评价方法，并对评价体系的建立方法、指标选取、实施途径进行详细介绍；对轨道交通的绿色节能重点技术开展专项研究，突出健康与防疫、高效环控系统、碳排放指标及评价等，可为新建、改建、扩建的城市轨道交通（含地铁、轻轨、区域快速轨道）的绿色低碳发展提供可靠的技术保障。

本书可供城市轨道交通领域的高校科研院所、建设单位、设计单位、施工单位、运行管理单位的人员参考借鉴。

城市轨道交通绿色技术及评价方法

Chengshi Guidao Jiaotong Lüse Jishu ji Pingjia Fangfa

主　编　蒋盛钢　吴　疆

出版发行：中国建材工业出版社

地　　址：北京市海淀区三里河路 11 号

邮　　编：100831

经　　销：全国各地新华书店

印　　刷：北京雁林吉兆印刷有限公司

开　　本：787mm×1092mm　1/16

印　　张：12.25

字　　数：270 千字

版　　次：2023 年 2 月第 1 版

印　　次：2023 年 2 月第 1 次

定　　价：**68.00 元**

本社网址：www. jccbs. com，微信公众号：zgjcgycbs

本 书 编 委 会

主　　编：蒋盛钢　吴　疆

执行主编：魏　峥　罗定鑫

编　　委：（按姓氏笔画为序排列）

马坚生　马　骊　王　选　李本强　刘　红

阳　春　孙　彧　刘绿曼　张　瑞　欧阳开

郭　利　钱　程　袁　静　谢文冠　韩颖竹

蔡文玲　潜　雨

序

PREFACE

应对气候变化，落实“双碳”目标，是党中央根据我国的社会、经济发展状况深入研究之后做出的战略决策，是为我国今后社会发展模式提出的科学规划。2030 年和 2060 年的愿景目标不仅仅是能源领域转型，还将对我国未来四十年的社会、经济、文化发展产生深远影响。与其他交通方式相比，城市轨道交通具有运能大、单位乘客能耗低的天然低碳属性。随着城市化进程和经济发展，城市轨道交通领域仍处于快速发展阶段，其碳排放量将持续增长。如何实现城市轨道交通领域的碳达峰与碳中和，既是相关政府领导部门面临的任务，也是相关领域从业者密切关注的大事。

时至今日，城市轨道交通从线路优化到场站节能、从太阳能利用到隧道余热回收，行业节能低碳技术种类繁多，其应用也取得一定效果。但在国家“双碳”目标下，行业低碳发展、行业目标分解、低碳基线建立、对标评价、可持续运营等方面并未形成完整的绿色低碳标准体系，难以指导整个行业在低碳领域的规范、高效发展。基于此背景，本书开展了一系列研究，从宏观层面探讨了绿色低碳轨道交通发展战略、理论基础，还从实施层面针对高效环控系统、碳排放指标、疫情防控等重点内容开展专题研究，提出了“站、场、线”全覆盖的绿色低碳城市轨道交通设计方法与评价方法，通过理论与实践相结合，把“双碳”目标应用到城市轨道交通的项目策划、协同设计、绿色建造、智慧运营等全过程工作中，希望为城市轨道交通行业带来新的思路。

2023 年已到来，希望新型冠状病毒远离我们，后疫情时代下，城市轨道交通发展得更快更好，人们的生活更美好，国家更富强。后疫情时代人们生活更美好，国家更富强。

全国工程勘察设计大师

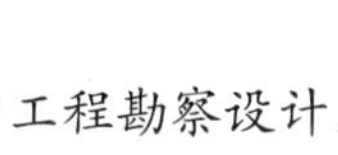

2023 年 1 月

前 言

FOREWORD

应对气候变化是当下以及今后长时期内人类共同面临的巨大挑战，《联合国气候变化框架公约》《京都议定书》《巴黎协定》三个国际法律文本确定了全球气候治理和低碳绿色发展的框架；在我国，为落实“双碳”目标，中共中央、国务院印发《关于完整准确全面贯彻新发展理念做好碳达峰碳中和工作的意见》和《2030 年前碳达峰行动方案》，在国家层面建立起“1＋N”政策体系，两者共同构成贯穿碳达峰、碳中和两个阶段的顶层设计。“双碳”目标为我国新时期高质量发展的关键目标，近看十年，远看四十年，其对未来经济增长模式和产业结构的调整，对城市轨道交通规划-设计-制造-建设-运营的全生命周期的发展和转型产生深刻影响，推动了绿色低碳轨道交通的因势而生。

截至 2021 年年底，我国有 50 个城市共开通轨道交通运营线路 283 条，运营线路总长度 9206.8 公里。其中，地铁运营线路 7209.7 公里，其他制式城轨交通运营线路 1997.1 公里。2021 年当年新增运营线路长度 1237.1 公里。城市轨道交通作为公认的大运量的公共交通，占公共交通客运总量的比率为 43.4％，具有节能、高效、环保、安全、舒适等特点，城市轨道交通绿色低碳发展必将是实现碳达峰与碳中和的重点实施方向。基于此目的，我们开展了一系列与城市轨道交通相关的课题研究，将研究成果汇总于此书。第一篇为总体概述，其中，第 1 章结合国内外发展现状，对绿色城市轨道交通的概念进行了介绍；第 2 章介绍了绿色城市轨道交通的基本理论；第 3 章研究了国内外典型绿色城市轨道交通评价体系；第 4 章基于前 3 章的内容，对绿色城市轨道交通评价指标体系和评价方法进行了介绍。第二篇为专项技术研究成果，其中，第 5 章介绍了城市轨道交通地下车站疫情防控措施；第 6 章对高效制冷机房技术及应用进行了总结；第 7 章研究了城市轨道交通碳排放的计算方法和指标。第三篇为标准内容与说明，对城市轨道交通的绿色评价标准进行了详细说明，便于读者对标准的内容有更加深入的理解，对标准的应用更加准确。

本书由蒋盛钢、吴疆共同担任主编，广州地铁集团有限公司罗定鑫高工、谢文冠高工、蔡文玲工程师，中国建筑科学研究院有限公司魏峥高工、阳春高工、韩颖竹工程师，中国建筑标准设计研究院有限公司李本强研究员、刘红工程师等人参加了编写。具体编撰分工如下：第 1 章蒋盛钢、马骊，第 2 章吴疆、韩颖竹，第 3 章阳春、欧阳开，第 4 章袁静、孙彧，第 5 章潜雨、马坚生，第 6 章张瑞、钱程、罗定鑫，第 7 章阳春、谢文冠，第三篇李本强、罗定鑫、蔡文玲。

本书的出版如果能对促进我国城市轨道交通绿色低碳发展发挥一定作用，将是我们的莫大荣耀。由于时间仓促，水平有限，本书难免有疏漏和不足之处，敬请读者批评指正。

编 者

2022 年 10 月

目 录

CONTENTS

第一篇 总体概述

第二篇　绿色城市轨道交通专项技术研究

第三篇　标准内容与说明

第一篇　总体概述

1　绿色城市轨道交通概述

1.1　我国城市轨道交通概述

随着改革开放的不断深入，我国社会、经济全面发展，城市人口迅速增长，形成了大型、特大型城市以及城市群，随之而来，公共交通的出行需求迅猛增加。城市轨道交通是整个城市公共交通的骨干，具有高效、环保、准时、多站点等特点。根据《城市公共交通分类标准》（CJJ/T 114—2007）城市轨道交通细分为地铁系统、轻轨系统、单轨系统、有轨电车、磁浮系统、自动导向轨道系统和市域快速轨道系统。

2019 年 2 月，中华人民共和国国家发展和改革委员会（以下简称发展改革委）印发《关于培育发展现代化都市圈的指导意见》，指出都市圈是城市群内部以超大特大城市或辐射带动功能强的大城市为中心、以 1 小时通勤圈为基本范围的城镇化空间形态，并提出了“加快构建都市圈公路和轨道交通网”“打造轨道上的都市圈”“推动干线铁路、城际铁路、市域（郊）铁路、城市轨道交通‘四网融合’”“探索都市圈轨道交通运营管理‘一张网’”的要求。2019 年 9 月，中共中央、国务院正式印发《交通强国建设纲要》，提出了到 2035 年基本建成交通强国，基本形成“全国 123 出行交通圈”（都市区 1 小时通勤、城市群 2 小时通达、全国主要城市 3 小时覆盖）的发展目标，以及“建设城市群一体化交通网，推进干线铁路、城际铁路、市域（郊）铁路、城市轨道交通融合发展”“提高城市群内轨道交通通勤化水平，推广城际道路客运公交化运行模式，打造旅客联程运输系统”的具体要求。

城市轨道交通的发展在促进社会生产力的进步、满足人们增长的交通需求、促进城市繁荣发展的同时，也造成了能源过耗、噪声污染和温室气体排放等阻碍社会、经济与环境的健康发展的问题。截至 2021 年年底，我国共有 50 个城市开通轨道交通运营线路 283 条，运营线路总长度 9206.8 公里。其中，地铁运营线路 7209.7 公里，其他制式城轨交通运营线路 1997.1 公里。2021 年当年新增运营线路长度 1237.1 公里。城市轨道交通的建设和运营会消耗大量的资源和能源，根据运营经验，一条 20 公里长的地铁线路用电量为 0.6 亿～1 亿千瓦时，电费占到城市轨道交通运营费用的 50%。节能减排形势严峻，城市轨道交通的建设运营迫切需要由粗放发展模式向集约绿色可持续发展转变。如何实现交通可持续发展、实现交通领域“双碳”目标，是当前面临的一大难题。

1.2　绿色城市轨道交通的概念与特征

1.2.1　传统城市轨道交通对环境的影响

1. 振动

运营过程中，列车车轮与钢轨之间会产生规律性振动，经过轨枕、道床，传递至隧道桥梁基础，再传递给地面，从而对周围区域产生振动。这种振动不仅会影响邻近建筑物的结构安全及其居民的日常生活，还会对地铁沿线民宅、学校、医院、实验室等场所产生不良的影响。车轮和钢轨长期相互作用都会产生磨耗，轮子可能失圆或产生扁疤，钢轨可能会产生波浪形磨耗，状态不良的轮轨相互作用会使振动加剧。

2. 噪声

城市轨道噪声主要包括轮轨噪声、牵引力系统噪声、制动系统噪声、空气动力学噪声即高架轨道二次噪声等。噪声不仅降低车上乘客的舒适度，还会影响线路附近民众的生活、工作和学习。研究表明，由于城市轨道项目的噪声导致的投诉案例至少在部分程度上抑制了城市交通系统的可持续发展。主要影响区域包括居民区、居民楼、学校、医院、疗养院等敏感区域，频繁度主要由城市轨道交通的运行时间段（通常为5：00—23：00）内列车的发车频率决定。

3. 大气环境

虽然城市轨道交通单位能耗仅相当于城市公路公交的57.8%，但是城市轨道交通同样会对空气质量产生影响：

（1）建筑材料和装修材料如石材、油漆、涂料、板材、石棉等挥发出甲醛、甲苯等有害物质，而地下轨道交通作为相对密闭的特殊环境，自然通风不足，不利于空气污染物的稀释与排出；

（2）车站、地下建筑物和隧道内部：老鼠、蚊虫、蟑螂等害虫及其携带的病菌和代谢物等；

（3）地铁空气中含有的大量超细金属粉尘颗粒，同时列车钢轮与钢轨之间的高温摩擦，使得空气中有大量细微金属粉尘，这些粉尘能够穿透人体肺部组织的表层，进入血管，甚至能够进入大脑、肝脏和肾脏，对健康造成极大威胁；

（4）城市轨道交通高度依赖电力且电耗高，为城市轨道交通提供电力和燃料的相关地域承受着生态资源的破坏和环境污染。

4. 水环境

（1）地表水

运营期污水主要性质为生活污水和少量检修废水、洗车废水。所排污水主要为粪便污水、工作人员的生活污水及公共设施擦洗污水，污水性质单一，主要为生活污水；

（2）地下水

建成投入运营后，在污水产生及运输工程中，因跑冒滴漏等环节而渗入地下，对区域内地下水质量产生影响。

5. 土壤环境

城市轨道交通大多都建设于地下，所以不可避免地要对土地进行填挖，改变地形地貌以及土地利用类型破坏了原有的地表植被和生态环境。

6. 城市景观

城市轨道交通特别是高架部分轨道交通会对城市景观产生较大影响。主要影响包括：

（1）破坏自然景观。高架线路若是经过类似水岸、湿地或者公园等地方，会使得周围的自然景观失去宜人的舒适感。

（2）影响视觉。以一定间隔连续排列的垂直线条的桥柱会使人产生崇高、紧张和积极的感受，并对视线起到一定的阻隔效果。

（3）影响城市尺度。高架线路会使得周围建筑物在高度和体量上有所突破，从而加重城市总体负荷。

1.2.2 绿色城市轨道交通概念

加拿大人克里斯·布拉德肖（Chris·Bradshaw）于1994年首次提出“绿色交通体系（Green Transportation Hierarchy）”的概念，倡导绿色交通工具的优先发展，以解决交通堵死问题，减少对能源的消耗，营造舒适的城市出行环境。

我国“绿色城市轨道交通”概念是在推行“绿色建筑”和“绿色交通”理念的基础上发展而来的。刘东飞（2011）指出发展绿色交通要以内部系统优化为核心，并注意协调与外部系统（如环境、资源等）的关系。长沙市（2013年）率先基于绿色建筑的“四节一环保”理念提出了“绿色地铁”的概念，指在城市轨道交通的全寿命周期内，最大限度地节约资源，在实现高效、安全地运载乘客的同时，减少对环境的污染，为乘客提供舒适、健康、便捷的交通运输方式。王国富等人提出绿色轨道交通工程的概念包括：（1）绿色建筑工程。在建筑的全寿命周期内，最大限度节约资源、保护环境和减少污染，为人们提供健康、适用和高效的使用空间，与自然和谐共生的建筑；（2）绿色勘察。运用绿色理念指导地质勘察工作，通过树立资源整装勘查理念，开展综合勘察与评价，重视开采技术条件研究和注意对勘察区生态环境保护等；（3）绿色设计。在车站建筑的生命周期内，最大限度地节约资源（节能、节地、节水、节材）、保护环境和减少污染，为人们提供健康、便利的车站空间；（4）绿色施工。在保障质量、安全等的前提下，通过科学管理和技术进步，最大限度地节约资源，减少施工对周边环境的破坏和减少污染，实现“四节一环保”；（5）绿色运营管理及维护。在城市轨道交通的全生命周期内最大限度地节约资源，在实现高效、安全地运载乘客的同时，减少对环境的污染，为乘客提供舒适、健康、便捷的交通运输方式。2020年发布的《重庆市绿色轨道交通技术标准》将绿色轨道交通定义为包括车辆、车站、区间、车辆基地、机电设备在内的各组成部分，在全寿命周期内均满足安全耐久、服务便捷、健康舒适、环境友好、资源节约等要求的轨道交通。

1.2.3 绿色轨道交通的特征

1. 绿色规划设计

规划阶段是绿色轨道交通工程的纲领性阶段，制定了绿色技术的方向，将直接影响后续阶段采用绿色技术的实用性和实施效果。

由于轨道交通是人流集散的重要区域，肩负着将城市各个区块之间相互沟通的使命，应将土地使用、地面交通与轨道交通的互动贯彻于规划全过程，以进一步联系城市空间、提高土地利用率。规划阶段，应从城市轨道交通与城市总体规划、与常规公交、与综合交通枢纽和城市综合体、与城市地下空间开发以及轨道交通网络的一体化等方面进行系统规划。特别值得说明的是，城市轨道交通枢纽站是构筑轨道交通一体化体系的关键，应结合城市规划、建设需求、周边环境等客观情况，积极贯彻城轨道交通一体化规划设计理念。设计阶段（含勘察），应从土建工程和设备系统两方面入手，在节能、节地、节水、节材、环境保护、环境友好与可持续发展等方面综合采用绿色技术。

2. 绿色施工

绿色施工是绿色规划设计的重要步骤，是绿色技术的集中落实阶段，应秉持降低施工影响、减少环境负荷的基本原则开展工作。在土建施工前，应对施工围挡、交通疏解方案等进行系统梳理优化，对盾构等相关设备进行必要的比选，对既有设备进行绿色再制造，对场地范围内未改迁管线进行加固保护，以期减少施工对周围环境的影响和节能减排。在轨道交通工程土建施工中，有条件时应采用封闭式厂棚进行用料加工以减少噪声、振动、扬尘等。特别注意的是，车站基坑工程施工势必引起施工期间地下水水位下降，若对地下水水位变化控制要求严格，应采用必要的地下水回灌技术和封闭降水技术。此外，城市轨道交通工程应采用有利回收、以生物成分为主的建材并注重施工废料（渣土、落地灰、建筑垃圾等）的回收和再利用，减少对环境的影响。

为便于施工管理、建筑材料及设备的循环利用、施工质量控制，绿色轨道交通工程应重视施工标准化、规范化。建立轨道交通工程施工安全监控预警管理体系和评价标准，并将轨道交通工程施工安全纳入标准化、规范化管理。对现场施工质量通病提高认识、严格控制、规范验收，以确保轨道交通工程的建设质量。

3. 绿色运营维护

运营维护阶段是城市轨道交通工程绿色技术的集中展示阶段，也是对绿色规划、绿色设计和绿色施工实施效果的反馈评价阶段，将验证前述阶段所选用的各项绿色技术在轨道交通领域的适用性及实施效果。通过调研发现，城市轨道交通的输送能力是道路交通输送能力的近10倍，而其每百公里的人均能耗仅为小汽车的5%。但从整体看来，轨道交通仍属于高能耗产业，拥有300公里轨道交通网的城市年用电量将达到9亿～15亿千瓦时，此时，电能费用将占城市轨道交通运营费的50%左右。城市轨道交通在运营维护阶段的能耗约占全寿命周期内能耗的70%，是全寿命周期能耗的控制重点。参照节能减排、绿色低碳等国家战略要求，考虑轨道交通能耗的分布特征，应注重设备综合节能技术。从列车交路模式、列车编组、列车牵引和通风系统（如可调通风型屏蔽门）、照明系统采取节能措施、信号系统互联互通、线路敷设方式优选、节能坡设置、综合节能管理控制系统技术等方面引导城市轨道交通项目节约资源和能源。将城市轨道交通工程和海绵城市进行统筹规划、协同建设成为当前正在推进轨道交通工程建设的各个城市应积极响应、重点落实的工作之一。雨水收集和中水利用是当前海绵城市建设普遍采用的关键技术，也将广泛应用于轨道交通的高架区间、车辆段、停车场甚至车站工程的建设中。

4. 绿色管理

城市轨道交通建设项目受项目建设部门、运营管理部门就近化办公等因素的分割，存在部门协调复杂、工作交接困难、意见落实滞后等问题，应将绿色管理贯穿于轨道交通工程建设和运维全过程，在常规管理（如设备运行管理、培训管理等）的基础上，应充分利用信息化、物联网、云计算等先进技术，以提高工作效率，确保绿色环保目标的达成。项目运营后，依托智能信息集成平台，结合集成分项能耗计量系统和节能管理系统，实现用能监督管理，针对地铁线网规模的不断扩大导致的原有地铁自动售检票系统出现的建设成本高、资源利用率低、后期维护工作困难等问题，开发基于云计算技术的地铁自动售检票系统（CAFC 系统）。城市轨道交通绿色管理技术详见表 1-1-1。

表 1-1-1　城市轨道交通绿色管理技术

绿色规划	绿色表现	绿色管理			
		绿色设计	绿色施工	绿色运营	绿色维护
轨道交通一体化、建设规模控制、海绵城市建设、线网优化、文物保护、环境保护、标准化	节地技术	车辆段上盖预留技术、高架设备泵房位置优化、线路敷设方式优化、主变电所资源共享、车辆段共享、出入口与周边建筑合建、无工作井始发	交通疏解优化		
	节水技术	雨水回收、中水利用、车站循环冷却水系统、真空排水系统	地下水回灌、封闭降水、施工期间雨水回收		
	节能技术	可调通风站台门、光伏发电、风光互补照明、车站采光、地源热泵、中压回馈能量回收、列车编组、LED 智能照明、蒸发冷凝技术、变频技术、列车运营控制节能、节能型列车、新型发光材料	盾构选型优化、土体改良	无人驾驶技术、自动化停车场、互联互通	停车线列车维修
	节材技术	防水方案优化、桩基优化、桩墙合一、两墙合一、清水混凝土	水泥土注浆、铜套筒辅助接收、施工场地标准化、材料本地化		
	环境保护技术	工法优化、高架-地下段选择优化、大尺寸预制构件、高架区间预制盖梁、真空管井复合降水	物联网感知、预备注浆系统、微扰动爆破、微扰动穿越、全封闭厂棚	列车减振降噪	渗漏水照相识别
	环境友好技术	高架区间 U 型梁、疏散平台模板化、车站环保材料、自动化监测、远程实时监控	场地与城市特色相融、微振突涌水探测		
	可持续发展技术	大直径盾构管片、轨道交通接口预留、轨道交通同期实施、与其他市政合用共建、透水地面	弃土资源化再利用、建筑废弃物资源化再利用、落地混凝土再利用	地铁 WLAN 覆盖、自动购票	管片病害微胶囊修复

续表

<table>
<tr><td rowspan="2">绿色规划</td><td rowspan="2">绿色表现</td><td colspan="4">绿色管理</td></tr>
<tr><td>绿色设计</td><td>绿色施工</td><td>绿色运营</td><td>绿色维护</td></tr>
<tr><td rowspan="3">轨道交通一体化、建设规模控制、海绵城市建设、线网优化、文物保护、环境保护、标准化</td><td></td><td>BIM技术、混凝土型号优化、新型混凝土材料、地质信息化平台、建设运维一体化服务平台、遥感遥测＋GPS技术、杂散电流处理、车站模块化</td><td>轨道交通装备研发、大订单采购、控制价招标、超前预报技术</td><td></td><td></td></tr>
<tr><td rowspan="2">其他技术</td><td rowspan="2">地质信息化平台、建设运维一体化服务平台、遥感遥测＋GPS技术、杂散电流处理、车站模块化</td><td>订单采购、控制价招标、</td><td></td><td></td></tr>
<tr><td>超前预报技术</td><td></td><td></td></tr>
<tr><td>纲领阶段</td><td></td><td>绿色技术表现阶段</td><td></td><td colspan="2">绿色反馈评价阶段</td></tr>
</table>

1.3　绿色城市轨道交通发展现状

2019年9月，习近平总书记主持召开中共中央全面深化改革委员会第十次会议，审议通过了《绿色生活创建行动总体方案》，要求开展节约型机关、绿色家庭、绿色学校、绿色社区、绿色出行、绿色商场、绿色建筑等创建行动，建立完善绿色生活的相关政策和管理制度，推动绿色消费，促进绿色发展。

1.3.1　上海地铁

上海地铁自“十一五”规划起积极筹划，制定系统节能减排战略，提出“打造绿色地铁、提升网络品质”目标，构建了由“管理保障、专项规划、规程规范、专项技术”四大体系组成的节能减排工作体系。

主要有以下特点：

（1）编制协会标准《绿色轨道交通建筑评价标准》，17号线诸光路站是亚洲第一个获得绿色建筑LEED银级认证的地铁车站；14号线作为上海市地铁示范线，正在进一步以绿色轨道交通三星级标建设全线31个站点及车辆基地，打造全线绿色认证的轨道交通项目。

（2）建成轨道交通环境能源监测平台，实时监测轨道交通线路车站环境能源状态。

（3）在三林、富锦路、浦江镇等10个车辆基地完成了光伏发电系统并网，总装机容量合计约24兆瓦，装机容量位居国内行业首位；年均发电量超2300万度，减排二氧化碳超1.8万吨，相当于可为6号线全线车站提供一年的用电。

1.3.2　深圳地铁

主要有以下特点：

（1）编制《深圳市绿色城市轨道交通工程建设与运营评价标准》，为绿色建设和运营提供标准依据，积极稳妥推进行业转型升级。

（2）将6号线打造成为绿色地铁、智慧地铁的先行示范线，分布式光伏发电规模化应用：在12个高架站钢结构屋面上均安装了光伏发电板，每年平均发电量约234万度。列车制动能量循环再利用：全线15套再生制动能量回馈装置实现了列车再生制动能量的在线吸收与利用；引入云平台技术进行智慧化管控；增配了富有艺术气息的艺术品和艺术墙。建设初期采用的BIM＋VR技术可以对工期、功法、资源投入和安全质量进行三维动画交底。长圳车辆段大规模、整体性地将海绵城市技术应用于地铁车辆段的工程。

1.3.3 长沙地铁

主要有以下特点：

（1）2009年，长沙在全国范围内率先提出了“绿色地铁”的概念，牢固树立绿色地铁理念，按照绿色的要求来推进整个地铁建设；从整体评价、设计和运维三个方面建立相应的标准体系，为长沙轨道交通建设全过程建立绿色评价标准；在传统地铁规划的基础上，突出土地的综合开发利用，与其他交通方式的接驳和联系，以及运营服务的整体布局规划，加强轨道交通与城市的衔接；按照各个专业，对地铁系统设计进行优化提升，提供健康、高效、节约的轨道交通服务。编制了国内首个绿色城市轨道交通标准系列，如《绿色轨道评价标准》《绿色车站设计导则》《城市轨道绿色运维指引》。

（2）长沙磁浮快线作为国内第一条自主设计、自主制造、自主施工、自主管理的中低速磁浮线路，于2016年5月6日正式开通试运营。长沙磁浮快线的创新实践主要表现在七个方面：①线路桥梁创新。采取优化选线、优化施工、大跨度梁应用；②轨排规模化生产。采用了“以直代曲热弯工艺”“多工作面并行加工专业机床”等工艺和设备手段，解决了F轨规模化生产技术难题；③道岔振动解决。经过多项尝试，最终通过设置TMD阻力器，调整磁浮道岔固有频率，有效避开车辆激振频率，车辆通过道岔时，振动加速度降低90%以上，大大提升乘客乘车舒适性；④磁浮列车制动系统优化；⑤磁浮列车轻量化。在前5列车的基础上，后续增购列车大量采用了高分子轻质、碳纤维等新材料，全车共减重1.5吨，可增加有效载客量约20人；⑥信号系统测速定位精度提升。最终通过增加加速度计，采用多传感器融合测速算法，计算出列车的速度和运行方向信息，通过对测速涡流传感器、雷达、加速度计信息的比较形成有效的冗余。再辅以停车环线，大幅提高停车精度。

（3）地铁1号线，全线采用集中供电方式，每座牵引降压混合变电所设置一套双向变流型再生电能吸收利用装置。尚双塘车辆段采用光伏发电系统，每年可发电180万千瓦时。采用永磁牵引系统，实现了列车牵引节能30%的目标。

1.4 国外绿色轨道交通发展现状

20世纪七八十年代是各国城市轨道交通建设的高峰期。发达国家的大城市，如纽约、华盛顿、芝加哥、伦敦、巴黎、柏林、东京、莫斯科等已基本完成了地铁网络的建设。到20世纪末，以地铁和轻轨为代表的城市轨道交通已成为各大城市交通的主角，环境保护与轨道开发亦同步推进。这些国际大都市在城市轨道交通发展中的许多环保理念和先进手段，值得我们学习和借鉴。

在新加坡，政府为了保护城市景观而采用高空电缆。当然，电力传输和通信费用相应上升，对轨道交通建设产生了一定影响。为了减少能源消耗，轨道系统建设使用了铝合金车体来减轻重量；使用列车自动运行系统，最大限度地利用惯性滑行；安装地下车站屏蔽门，减少冷气向隧道扩散等。

在俄罗斯，环保部门为降低地铁工程建设和运营时对生态环境、城市空气、水质、噪声和振动产生影响而采取的保护措施提出了严格要求，全面研究审查地铁线路工程设计。

在法国巴黎和德国柏林，地铁车站设计时都充分考虑到人与自然结合，采用“直筒式”车站和“大厅式”站台，在车站建有小型室内植物园。

在美国旧金山跨湾运输中心，作为旧金山湾区区域公共交通网络的重要组成部分，跨湾运输中心项目为实现替代公共交通以减少温室气体排放的区域可持续发展目标做出了巨大贡献。仅市区铁路扩建一项，预计每年就可减少 3.6 万吨二氧化碳的排放，整个高铁系统将在 2030 年建成后每年再减少 340 万吨的排放。跨湾枢纽获得绿色建筑 LEED 金级认证，除了以公交为导向的建设模式发挥作用外，该项目的具体设计还纳入了地热、中水回用等资源节约设计。项目重新设计了公交坡道，新线路更加集约合理，集中的桥下空间做成与停车空间相结合的绿化公园；同时，营造出 2.2 万平方米的屋顶“城市公园”地标。

美国交通部于 1972 年成功开发地铁环境控制模拟软件 SES 第一版（现已升级到第四代），用以地铁内温度和湿度、风量及风速、和车站空调负荷，从而为改善地铁环境提供依据。*Subway Environment Design Handbook* 一书中提出将相对热流指标法作为指定地铁环境标准的基本方法，并且该方法被各国用来指定地铁环境设计标准。

2014 年美国 ASHRAE 联合美国绿色建筑委员会发布了《高性能绿色建筑设计标准》ASHRAE 189.1—2014，将高性能绿色建筑定义为“通过集成环境友好型材料和节水、节能系统，以始终增进环保性能和经济价值、致力营造有助于住户健康的室内环境并提高住户满意度和生产力的方式来设计、施工、运行（具备条件）的建筑”。

1.5　绿色城市轨道交通发展的必要性

党的十九大报告中指出，要加快生态文明体制改革，建设美丽中国，推进绿色发展；同时，也指出要推进交通发展，实现交通强国。2020 年 9 月 22 日，国家主席习近平在第七十五届联合国大会上宣布：“中国将提高国家自主贡献力度，采取更加有力的政策和措施，二氧化碳排放力争于 2030 年前达到峰值，努力争取 2060 年前实现碳中和”。

根据联合国政府间气候变化专门委员会 IPCC（Intergovernmental Panel on Climate Change）第五次评估报告，我国已成为全球第一二氧化碳排放国，交通运输行业在全社会石油能耗消费中仅次于工业，低碳发展形势十分严峻。交通运输行业作为国家节能减排和应对气候变化的重点领域之一，建设生态文明综合交通体系，是加快建设生态文明的客观要求，是交通运输主动适应经济新常态、加快转变发展方式、推动行业转型升级提质增效的必然选择。

为了降低单位 GDP 运输量、优化运输结构、降低运输方式的能耗和碳排放强度，国家和地方出台了绿色交通相关的政策法规。通过解读政策法规中绿色轨道交通的发展要求，明晰轨道交通绿色发展的必要性及发展方向。

1.5.1 “双碳”目标下的政策需求

气候变化成为当前全球性的重要问题之一，世界各国和地区正在积极应对气候变化带来的环境压力。2009 年，国务院决定将“2020 年单位国内生产总值二氧化碳比 2005 年下降 40%～45%”作为约束性指标纳入国民经济和社会发展中长期规划之中。2020 年 9 月 22 日，国家主席习近平在第七十五届联合国大会上宣布，“中国将提高国家自主贡献力度，采取更加有力的政策和措施，二氧化碳排放力争于 2030 年前达到峰值，努力争取 2060 年前实现碳中和”。2020 年中央经济工作会议明确将“做好碳达峰、碳中和工作”列为 2021 年八项重点任务之一。

自从党的十八届五中全会提出绿色发展理念以来，绿色发展理念上升到了前所未有的高度，融入各级政府部门的决策当中，融入各行各业的发展当中，深刻影响着我国经济社会发展。“十四五”期间，将继续走绿色高质量发展之路，各行各业将加快实施绿色可持续发展战略，提升行业绿色、低碳和循环经济发展水平。为引领行业绿色发展，国家相继出台了政策法规，其中与绿色轨道交通相关的政策内容如下：

1. 支持轨道交通绿色发展

2018 年 1 月，《广东建设绿色交通指导意见（2018—2020 年）》，完善绿色交通制度标准体系。逐步建立全省交通运输绿色发展管理机制，完善绿色交通法规制度标准体系。加强重点用能单位节能减排监测、能源审计、能效管理、碳排放核查等制度建设。规范新技术、新产品的节能减排效果测试评价流程，制定新技术选型标准。

2019 年 1 月，广东省交通运输厅关于印发《广东省交通运输厅绿色交通三年行动方案（2018—2020 年）》的通知，建立绿色交通标准规范体系。开展广东省交通运输地方标准体系技术路线图研究，研究制定广东省绿色交通标准体系框架。逐步推进公路、水路、运输等领域绿色技术、绿色服务和绿色评价等标准的研究制定。建立广东省绿色交通技术专家库。

2019 年 9 月，中共中央、国务院印发《建设交通强国纲要》提出的“推动交通发展由追求速度规模向更加注重质量效益转变，由各种交通方式相对独立发展向更加注重一体化融合发展转变，由依靠传统要素驱动向更加注重创新驱动转变，构建安全、便捷、高效、绿色、经济的现代化综合交通体系”。

2021 年 2 月，中共中央、国务院印发了《国家综合立体交通网规划纲要》，构建便捷顺畅、经济高效、绿色集约、智能先进、安全可靠的现代化高质量国家综合立体交通网。

2021 年 3 月，《中华人民共和国国民经济和社会发展第十四个五年规划和 2035 年远景目标纲要》，提出加快发展方式绿色转型：坚持生态优先、绿色发展，推进资源总量管理、科学配置、全面节约、循环利用，深化工业、建筑、交通等领域和公共机构节能。

2021 年 3 月，中央财经委员会第九次会议，明确了“碳达峰”、“碳中和”工作的定位，从能源体系、重点行业、绿色低碳技术、绿色低碳政策和市场体系、绿色低碳生活、生态碳汇能力、国际合作等 7 个方面进行了部署。建筑领域要提升节能标准，交通领域要加快形成绿色低碳运输方式。

2. 低碳发展战略成为未来的主战场

2014 年 11 月，习近平主席在《中美气候变化气候声明》中首次提到“我国计划 2030 年左右二氧化碳排放达到峰值且将努力早日达峰”。2015 年 6 月，我国向联合国政府间气候变化专门委员会（IPCC）提交了《强化应对气候变化行动——我国国家自主贡献》，明确了二氧化碳排放将在 2030 年左右达到峰值并争取尽早达峰，并提出深化各类低碳试点项目、实施近零碳排放示范区等措施。

2015 年召开的第一届中美气候智慧型/低碳城市峰会上，中国达峰先锋城市联盟宣告成立，包括北京、深圳、广州等在内的 11 个城市提出了各自的碳排放达峰目标，之后又有 12 个城市加入。《“十三五”控制温室气体排放工作方案》进一步要求支持优化开发区域率先达标，力争到 2020 年左右部分重化工领域率先达标。“十三五”期间，我国政府已采取了一系列自上而下的措施来加强碳排放总量控制，比如，积极推进节能减排政策、大力发展可再生能源等，减排效果明显。

2015 年，我国选择 7 个省市进行碳交易试点，2021 年前期的试点已经完成，2021 年 7 月，我国建成了全球最大的碳交易市场。目前电力行业 2000 多家发电企业首先进行碳交易，未来其他高能耗企业（包括钢铁、化工、水泥、玻璃等行业），以及能耗大户（年排放 2.6 万吨 CO_2 以上的企业）均逐步进入碳交易市场进行碳交易。

2017 年，发展改革委公布的第三批共计 45 个国家低碳试点城市，也都提出了相应的达峰目标。随着“2020 年碳排放强度较 2005 年下降 40%～45%”的第一阶段温室气体减排目标的实现，我国已正式进入碳排放峰值的战略轨道。越来越多的区域将必须考虑其碳排放峰值的实现问题。

2020 年 9 月，国家主席习近平在第七十五届联合国大会一般性辩论上发表重要讲话，指出中国将提高国家自主贡献力度，采取更加有力的政策和措施，二氧化碳排放力争于 2030 年前达到峰值，努力争取 2060 年前实现“碳中和”。这不仅是我国积极应对气候变化的国策，也是基于科学论证的国家战略。它更明确了“能源革命”的阶段目标，也要求我们为低碳能源转型做出更为扎实、积极的努力。

2020 年 12 月 12 日，习近平总书记在气候雄心峰会上的讲话指出：到 2030 年，我国单位国内生产总值二氧化碳排放将比 2005 年下降 65%以上，非化石能源占一次能源消费比重将达到 25%左右，森林蓄积量将比 2005 年增加 60 亿立方米，风电、太阳能发电总装机容量将达到 12 亿千瓦以上。

2020 年 12 月 16 日至 18 日，习近平总书记在中央经济工作会议上发表重要讲话，要求：（1）抓紧制订 2030 年前碳排放达峰行动方案，支持有条件的地方率先达峰；（2）加快调整优化产业结构、能源结构，推动煤炭消费尽早达峰；（3）大力发展新能源，加快建设全国用能权、碳排放权交易市场，完善能源消费双控制度；（4）开展大规模国土绿化行动，提升生态系统碳汇能力。

2021 年 2 月，《碳排放权交易管理办法》（试行），纳入属于全国碳排放权交易市场覆盖行业，年度温室气体排放量达到 2.6 万吨二氧化碳当量（即综合能源消费量约 1 万吨标准煤）。

2021 年 2 月 19 日，习近平总书记主持召开中央全面深化改革委员会第十八次会议，提出建立健全绿色低碳循环发展的经济体系，统筹制订 2030 年前碳排放达峰行动方案，使发展建立在高效利用资源、严格保护生态环境、有效控制温室气体排放的基础上，推动我国绿色发展迈上新台阶。

2021 年 3 月，中央财经委员会第九次会议，明确了碳达峰、碳中和工作的定位，从能源体系、重点行业、绿色低碳技术、绿色低碳政策和市场体系、绿色低碳生活、生态碳汇能力、国际合作等 7 个方面进行了部署。建筑领域要提升节能标准，交通领域要加快形成绿色低碳运输方式。

2021 年 5 月 26 日，碳达峰碳中和工作领导小组第一次全体会议在北京召开。中共中央政治局常委、国务院副总理韩正主持会议并讲话。会议深入学习贯彻习近平总书记重要讲话和指示批示精神，贯彻落实党中央、国务院决策部署，审议有关文件，研究部署相关工作。

2021 年 7 月 13 日，在碳达峰碳中和工作领导小组统一部署下，发展改革委正会同有关部门制定碳达峰、碳中和顶层设计文件，抓紧编制 2030 年前碳达峰行动方案和分领域分行业实施方案，谋划金融、价格、财税、土地、政府采购、标准等保障方案，加快构建碳达峰碳中和“1+N”政策体系。

2021 年 9 月，启动绿色电力交易试点，全国共 17 个省份 259 家市场主体参与。由用电企业寻找省内符合条件的光伏、风电发电企业，进行协商后，通过北京、广州电力交易中心的平台，进行双边协商或集中撮合，并通过电网安全校验，形成最终交易。绿色电力交易可完善新型电力系统成本的市场化分担机制，实现绿电的环境价值和社会价值，培育全社会绿色消费理念，并进而引导整个能源系统的生产消费模式发生变革。绿色电力交易是指用电企业直接对接光伏、风电等发电企业，购买绿色电能，并获得相应的绿色电力消费认证。

综上所述，中央政府对“碳达峰”和“碳中和”工作十分重视，目前距离实现达峰不到 10 年的时间，大量的工作都将在“十四五”期间进行推动。各地方政府应主动积极响应，贯彻落实碳达峰和碳中和工作，积极探索碳达峰和碳中和实施方案。一方面，碳中和愿景指引下的发展需要结合各自的资源禀赋、发展阶段、产业结构等方面特点探索合适的转型路径；另一方面，开展碳达峰碳中和行动，有利于地方因地制宜推动能源生产和消费革命、经济高质量发展、生态环境高水平保护。

3. 能源管理体系的构建

能源，是我国社会和经济发展的基础，是企业生产和经营的必要条件，也是企业生产经营中主要的支出成本之一。能源排放，同时又是最大的碳排放源，在“十四五”期间，能源管理有了更重要的意义。能源管理体系是为了保证企业在正常生产运营的同时降低能源消耗，不仅减少了能源成本支出，还提高了能源利用效率以及达到保护环境的作用，因此具有广泛的应用前景。由于企业能源管理体系对企业生产成本的控制、利润的增加以及环境保护方面具有的优秀表现，国家已发布政策推进企业能源管理体系的建设。随着经济的发展，企业能源管理体系必然会为企业的发展和环境保护带来巨大的贡献。

持续而深入地推行能源管理体系的建设，不但可以系统地提高组织能源使用效率，切实地减少碳排放；而且可以向利益相关方提供能源绩效的证明，以增加利益相关方的信任感；同时也可以促进能源管理网络节点间的沟通，增进能源管理上的透明度；还可以在组织内部积极宣传普及节能新思想、推广节能新技术等，所以建立能源管理体系是具有普遍推广意义的节能措施。实施源管理体系具有以下益处：

（1）树立良好的社会形象，为国家节能减排做出贡献；

（2）有助于企业能源的节约和合理利用，降低企业生产经营成本，有利于企业经济效益的增长，在能源资源价格不断上涨时保持竞争力；

（3）有利于满足市场、用户和各相关方的要求，有利于减少信贷和保险机构的风险，有利于吸引投资，有利于产品销售和市场开拓；

（4）有利于完成国家的节能指标；

（5）有利于获得国家各类奖励及财税政策支持，如国家对节约每吨标准煤给予组织数百元的政策补贴，条件是必须拥有完善的能源管理体系制度；

（6）有利于企业为今后开展的、以此标准为基础的国家能源管理体系认证做准备，同时培养企业能源管理方面的人才，为组织能源管理提供有效保障。

1.5.2　轨道交通行业高质量发展的需求

1. 轨道交通发展的需求

（1）国家政策大力支持

《经济和社会发展第十四个五年规划和2035年远景目标纲要（草案）》明确提出：新增城际铁路和市域（郊）铁路运营里程3000公里，基本建成京津冀、长三角、粤港澳大湾区轨道交通网。新增城市轨道交通运营里程3000公里。将建设形成以城际铁路和市域（郊）铁路等轨道交通为骨干，有效衔接市内外的都市圈。我国新一轮的城市发展格局和政策导向给城市轨道交通带来了积极的发展机遇。

（2）城市规模与城市人口的扩张

随着我国全面深化改革开放，深入优化区域经济布局，以构建高质量发展的区域经济为发展目标，我国城市呈现多区域一体化发展。同时，我国城镇居民人口总数以每年3.4%的速度增长，据前瞻分析预测，到2025年我国城市人口将超过9亿5000万人。城市人口快速增长将继续推动我国城市轨道交通发展的关键因素。与此同时，我国民用汽车拥有数量逐年增长，据统计，民用汽车拥有量年平均增速达到了16%，意味着我国城市道路拥堵现象依然严峻。因此，城市轨道交通大运量、低能耗、快速及适应中长运距等优势，使得城市轨道交通在未来很长一段时间仍有较大的发展空间。

（3）城市轨道交通投资规模继续扩大

据估算，2020年我国城市轨道交通投资额约为6571亿元，可研批复投资累计46430.3亿元，2021年仍然有大批城市轨道交通项目相继开通及预计开工，据官方数据：有13个城市、22条线路预计开工，预计新开工总里程超过516公里，意味着我国城市轨道交通未来在建、规划线路规模继续扩大、投资额持续增长，我国城市轨道交通行业将继续稳步拓展。

（4）我国城市轨道交通运营企业管理与技术创新能力不断提升

随着我国城市轨道交通建设辐射范围的不断扩大，运营里程不断增加，多个城市实现网络化运营阶段。随着运营技术能力的不断提升，城市轨道企业能够根据客流分布和乘客乘车需求及时调整完善客运组织和行车组织，设置合理的线路高峰小时最小发车间隔，提升城市轨道交通运输能力和运营服务质量。同时，城市轨道交通制式结构的多元化发展，促进区域轨道交通一体化发展，进而不断满足城市不同层次的交通需求，推动我国城市轨道交通运营的健康可持续发展。

2. 绿色建筑发展需求

（1）全力发展绿色建筑，推进绿色建筑高质量发展

已连续列入《第十二个五年（2011—2015年）规划纲要》《第十三个五年（2016—2020年）规划纲要》《国家中长期科学和技术发展规划纲要（2006—2020）》《第十四个五年规划和2035年远景目标纲要》等国家纲要方案。

2015年，党的十八届五中全会提出绿色发展理念，绿色发展融入各级政府部门的决策当中，融入各行各业的发展当中，深刻影响我国的经济社会发展。

2017年6月，习近平总书记在中央政治局集体学习时指出，“十三五”是交通运输基础设施发展、服务水平提高和转型发展的黄金时期，要求加快形成安全、便捷、高效、绿色、经济的综合交通体系，将以降低交通运输能源消费和碳排放强度与总量为核心，以结构优化、科技创新、能力提升为主要途径，加快实现交通运输绿色发展。

2019年9月，习近平总书记主持召开中央全面深化改革委员会第十次会议，审议通过了《绿色生活创建行动总体方案》，要求开展节约型机关、绿色家庭、绿色学校、绿色社区、绿色出行、绿色商场、绿色建筑等创建行动，建立完善绿色生活的相关政策和管理制度，推动绿色消费，促进绿色发展。

2020年7月，住房城乡建设部、发展改革委等七部委联合印发《绿色建筑创建行动方案》，到2022年，当年城镇新建建筑中绿色建筑面积占比达到70%，星级绿色建筑持续增加，既有建筑能效水平不断提高，住宅健康性能不断完善，装配化建造方式占比稳步提升，绿色建材应用进一步扩大，绿色住宅使用者监督全面推广，人民群众积极参与绿色建筑创建活动，形成崇尚绿色生活的社会氛围。目前，26个省（区、市）已经发布地方绿色建筑创建实施方案，并对地方创建工作落实情况和取得的成效开展年度总结评估，及时推广先进经验和典型做法。

2020年10月，财政部、住房城乡建设部发布《关于政府采购支持绿色建材促进建筑品质提升试点工作的通知》，在政府采购工程中推广可循环可利用建材、高强度高耐久建材、绿色部品部件、绿色装饰装修材料、节水节能建材等绿色建材产品，积极应用装配式、智能化等新型建筑工业化建造方式，鼓励建成二星级及以上绿色建筑。到2022年，基本形成绿色建筑和绿色建材政府采购需求标准，政策措施体系和工作机制逐步完善，政府采购工程建筑品质得到提升，绿色消费和绿色发展的理念进一步增强。

江苏、浙江、宁夏、河北、辽宁、内蒙古、广东等7省（区）颁布了地方绿色建筑条例，山东、江西、青海等地颁布了绿色建筑政府规章，为绿色建筑工作提供法律支撑；贵州、广西、河南等省（区）的民用建筑节能条例中，对绿色建筑发展的相关内容做了规

定；福建等省市将制定绿色建筑发展条例列入政府立法计划。

《广东省绿色建筑条例》2021 年 1 月 1 日执行，其中第十一条：要求大型公共建筑和国家机关办公建筑、国有资金参与投资建设的其他公共建筑，粤港澳大湾区范围内的广州、深圳、珠海、佛山、惠州、东莞、中山、江门、肇庆等九市，在一定区域内按照绿色建筑标准二星级及以上进行建设。

《广州市城建领导小组办公室关于明确绿色建筑标准执行有关事项的通知》明确 2021 年 1 月 1 日起，新立项的民用建筑应当按照《绿色建筑评价标准》基本级或以上进行建设，其中政府投资公益性建筑和大型公共建筑应当按照二星级及以上绿色建筑标准进行建设。

（2）借鉴-跟跑-领跑

进入 21 世纪后，我国绿色建筑评价体系逐步建立，保证了绿色建筑的健康发展。2001 年建设部住宅产业化促进中心编制了《绿色生态住宅小区建设要点与技术导则》，2004 年建设部针对北京奥运会开展了“绿色奥运建筑评估体系”课题研究，形成了我国第一套绿色建筑项目标准。2005 年，历时 5 年编制完成的《绿色建筑技术导则》颁布施行，自此，绿色建筑的评定有了明确依据。2006 年发布的第一部国家标准《绿色建筑评价标准》，标志着由政府部门主导的绿色建筑评价正式启动，结束了我国依赖国外标准进行绿色建筑评价的历史。

截至目前，绿色建筑评价标准历经“三版两修”，新版《绿色建筑评价标准》GB/T 50378（以下简称《标准》）于 2019 年 8 月 1 日正式实施。作为规范和引领我国绿色建筑发展的根本性技术标准，此次修订之后的新《标准》以贯彻落实绿色发展理念、推动建筑高质量发展、节约资源保护环境为目标，创新重构了“安全耐久、健康舒适、生活便利、资源节约、环境宜居”五大指标体系，如图 1-1-1，更加注重品质，注重提升人民群众获得感、幸福感和安全感。同时，与新《标准》衔接，《绿色建筑评价标识管理办法》正在修订中，两者相辅相成，共同推进绿色建筑评价工作。

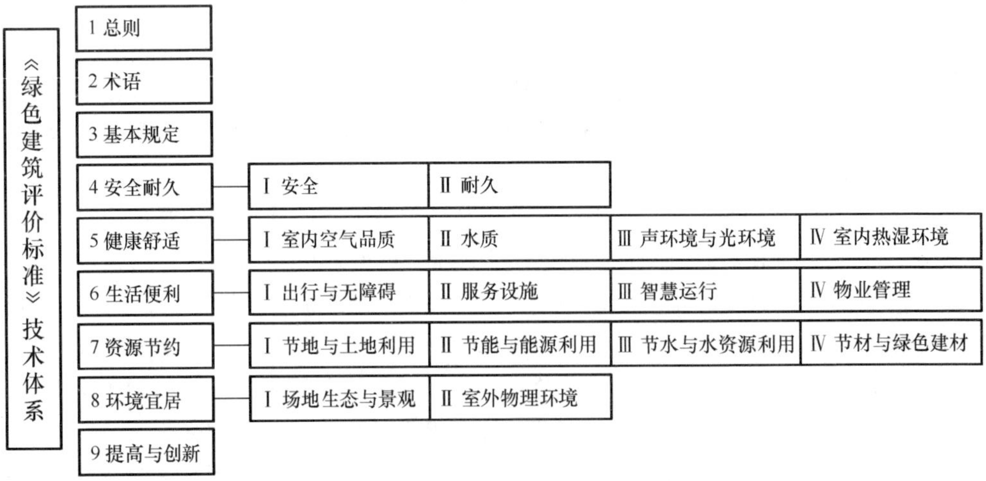

图 1-1-1　绿色建筑评价标准指标体系

另外，一大批涉及绿色建筑设计、施工、运行维护的标准，针对绿色工业、办公、医院、商店、饭店、博览、校园、生态城区、既有建筑绿色改造等评价的标准，以及民用建筑绿色性能计算、既有社区绿色化改造技术规程和绿色超高层、保障性住房、数据中心、养老建筑等技术细则也相继颁布，共同构成了绿色建筑发展的标准体系，如图 1-1-2。绿色建筑标准体系正向全寿命周期、不同建筑类型、不同地域特点、由单体向区域等不同维度充实和完善。

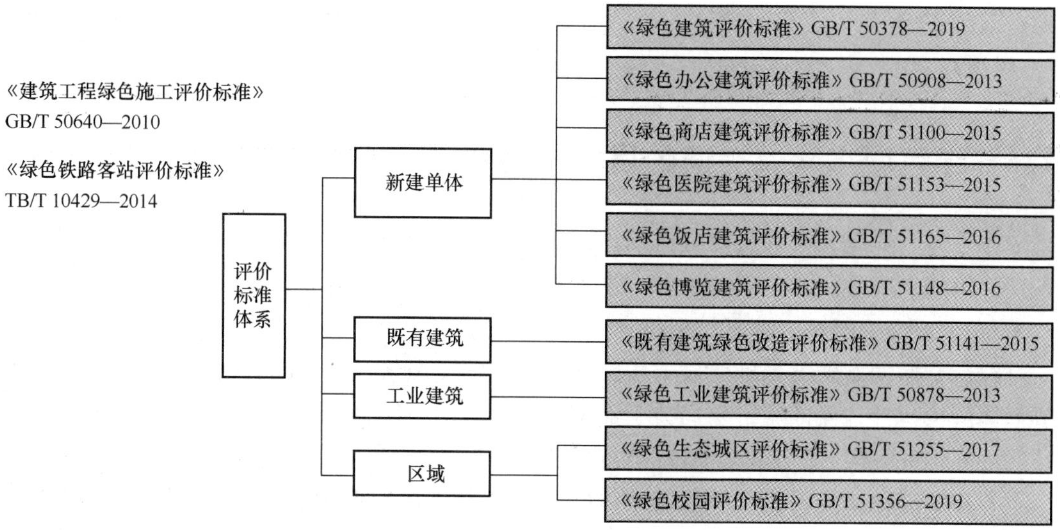

图 1-1-2　绿色建筑评价体系覆盖类型

（3）不断夯实绿色建筑的技术支撑，增量成本逐年降低

随着国家和住房城乡建设部对绿色建筑研究项目的支持，绿色建筑规划设计、既有建筑绿色化改造、绿色建造等共性关键技术取得突破，绿色建筑材料和产品性能不断提升。绿色建筑与互联网融合，运用物联网、云计算、大数据等技术，提高节能、节水、节材的效果，降低温室气体排放。此外，可再生能源利用、外遮阳、雨水集蓄、市政中水、预拌混凝土、预拌砂浆等绿色技术在部分地区已逐步强制推广应用，加之“被动技术优先、主动技术优化”等绿色建筑理念的认识不断深入，许多增量成本低、地域适应性好、技术体系成熟的绿色建筑技术逐渐被市场接受，绿色建筑的增量成本逐年降低。

（4）绿色发展激励

各省市的绿色建筑激励政策其方式主要包括：土地转让、土地规划、财政补贴、税收、信贷、容积率、城市配套费、审批、评奖、企业资质、科研和消费引导等。目前约有 10 个省市提出了在土地出让招标、拍卖、挂牌、协议和规划阶段将绿色建筑作为前置条件，明确绿色建筑比例。

这一前置性的规定，具有法律约束效应，是政府规划部门考虑项目的依据。提出土地转让政策的省市有山西、广西、吉林、北京、上海、江苏、河南、陕西、安徽、江西、四川、贵州、青海、新疆。提出土地规划政策的省市有吉林、广东、河南、陕西、广西、四川、贵州、青海、上海。

财政补贴是最受欢迎的绿色建筑激励政策。各省市的财政补贴标准主要基于星级标准、建筑面积、项目类型和项目上限等组合方式予以设计，有 9 个省份（直辖市）明确了对星级绿色建筑的财政补贴额度，补贴范围从 10～60 元/m^2（上海对预制装配率达到 25%的，资助提高到 100 元/m^2），北京、上海和广东从二星级开始资助，江苏和福建对一星级绿色建筑的激励提出了明确的奖励标准，但关于二星和三星的奖励标准未发布；陕西省提出了阶梯式量化财政补贴政策，奖励从 10～20 元/m^2 不等。如北京：二星 22.5 万元，三星 40 万元；广东：二星 25 万元，三星 45 万元；资助上限：150（二星级）、200（三星级）。

1.6　绿色城市轨道交通的目标与内容

绿色城市轨道交通的目标可概括为：安全、舒适、公平；低能耗、低污染、低排放；紧凑、集约、高效。

（1）“安全、舒适、公平”目标

绿色交通的发展首先确保城市居民交通出行的安全与舒适，同时通过交通建设改善弱势群体的可达性，保证城市交通公平地为每一位城市公民服务。

（2）“低能耗、低污染、低排放”目标

在新型城镇化大力倡导生态文明建设要求下，绿色交通的发展要确保与城市环境的协调，主要表现在优化出行结构、降低交通碳排放、减弱交通对环境的影响等方面。

（3）“紧凑、集约、高效”目标

绿色交通的发展要确保与土地利用的协调、交通设施用地的紧凑集约、交通运行高效以及交通管理与服务质量的提高，表现在合理建设交通设施、提高交通设施利用效率、出行转乘便捷以及智慧交通应用等方面。

1.7　绿色轨道交通研究意义

1. 实现“双碳”目标

2020—2021 年众多世界 500 强优秀企业，纷纷发布碳中和承诺和实现“碳中和”的战略路线图，为国内外企业制定“碳中和”战略引领了方向，也为我国成千上万家的供应链企业带来了碳减排碳中和的压力和推动力。从 2020 年开始，我国已有几十家上市公司和知名企业纷纷发布集团公司“碳中和”战略目标，包括运营层面和产品层面的碳中和战略，响应国家政策的同时，履行大企业的社会责任。

在“碳中和”的大背景下，基本上是全行业都在行动。地铁行业作为公共服务行业，由于能耗水平较高，其年度温室气体排放量远远大于 2.6 万吨，是当地政府的重点能耗关注对象，未来也将很快进入碳交易市场，如果公司在碳减排方面有良好的绩效，是可以通过碳交易获得经济收益的，如果在碳减排方面做得不好，每年需要花钱购买碳信用额，这在经济上是存在明显的绩效比较的。

2. 形成完善且统一的标准

目前，我国城市轨道交通相关标准、规范缺乏全国统一标准，因此，不同城市的轨道交通在土建工程、车辆和机电设备、运营服务等方面的标准不统一，大规模的产业化生产无法形成，各城市在城市轨道交通方面重复研究，投入加大，而资源却无法共享，进而限制了我国城市轨道交通整体水平的提升。通过对绿色轨道交通进行研究形成完善的标准体系，可进一步加快我国城市轨道交通的发展与普及。

2 绿色城市轨道交通的基本理论

2.1 可持续发展及绿色发展理论

2.1.1 可持续发展思潮的产生历史

可持续发展理论的形成经历了相当长的历史过程，20 世纪 50—60 年代，人们在经济增长、城市化、人口、资源等所形成的环境压力下，对“增长等于发展”的模式产生怀疑。1962 年科普读物《寂静的春天》问世，作者蕾切尔·卡逊在作品中描写出由于人类过度使用农药导致生态环境遭到破坏，最终带来无法挽回的灾难的场景。这是人类首次意识到生态环境保护问题的重要性，引起了人类对社会发展问题的新思考。

随后，英国经济学家 B·沃德和美国微生物学家 R·杜博斯受联合国人类环境会议秘书长 M·斯特朗委托，在 1972 年出版了《只有一个地球》，全书以 40 个国家提供的材料为背景，从不同角度论述经济发展和环境污染对不同国家产生的影响，将发展与生态平衡的问题提升至可持续发展的境界；同年发布的经济学研究报告《增长的极限》提出“从增长走向平衡”的概念，人类持续发展对生态环境的影响不仅要靠科技进步弥补，更需要找到合理的、持久的均衡发展方式。

人类发展方式的问题日益受到人们关注，联合国成立了由挪威首相布伦特兰夫人为主席的“世界环境与发展委员会”，并于 1987 年发表了影响全球的题为《我们共同的未来》的报告。在集中分析了全球人口、粮食、物种和遗传资源、能源、工业和人类居住等方面的情况，并系统探讨了人类面临的一系列重大经济、社会和环境问题之后，正式提出国际社会普遍接受的布氏可持续发展概念：可持续发展理论是指既满足当代人的需要，又不对后代人满足其需要的能力构成危害的发展。

可持续发展进程中最具国际化意义的是，1992 年在里约热内卢举行的联合国环境与发展大会。会议起草了《21 世纪议程》《气候变化框架公约》等一系列文件，明确把发展与环境密切联系在一起，让可持续发展走出了仅仅在理论上探索的阶段，响亮地提出了可持续发展的战略，并将付诸为全球的行动，对可持续发展的进程做出了重大的贡献。

2.1.2 可持续发展的主要流派

可持续发展是一个复杂且综合的理论，涉及的专业领域十分广泛，不同学科的专家学者在对其研究的过程中也会产生不同的理解，因此可持续发展理论在全球范围内产生了许多侧重点有所不同的看法，除了接受度最高的布氏定义外，许多生态学家认为可持续发展理论应侧重于自然属性，认为保护和加强环境系统的生产和更新能力是可持续发展理论的核心内容。生态的持续性最早由生态学家提出，强调生态资源和人类开发利用程度间的平衡。从生物圈概念出发，可持续发展是一种能够满足人类需求的同时保证最佳生态系统的发展模式。

从社会属性的角度出发，发展的最终目的是提升人类生活品质，由国际自然与自然资源保护同盟、联合国环境规划署和世界自然基金会共同编写的《保护地球——可持续生存战略》，认为可持续发展也应该遵循全方面提高人类生活水平这一发展本质，将可持续发展定义为“在生存于不超出维持生态系统涵容能力的情况下，提高人类的生活质量”。

从经济属性的角度出发，可持续发展理论的内核是经济发展，强调经济发展的重要性，认为可持续发展理论的关键在于保证生态系统稳定的前提下，或者说是不降低环境质量和不破坏世界自然资源基础的情况下，最大限度地发展经济。

从科技属性的角度出发，部分学者从科学技术的进步方面为可持续发展定义，他们认为可持续发展是减少自然资源消耗并减少污染物产出的发展方式，所以开展可持续发展离不开尽可能接近“零排放”的工艺方法等科学技术的进步。

2.1.3 可持续发展的内涵

尽管各个研究领域对于可持续发展理论的定义有所不同，但每个定义也都遵循发展的基本内涵。

在所有定义中，可持续发展注重共同发展和协调发展，可持续发展是探究全球发展方式的理论，作为地球的各个子系统，它们之间相互联系且相互作用。任何一个国家或地区的发展变化都会对地球的整体性产生影响，这种现象已经在地球的生态系统中有所证实，因此共同发展是实现可持续发展的根本。在保障共同发展的同时，一个区域的发展应该表现在经济、社会与环境等众多层面上，只有某一方面的发展并不是可持续发展的最终目的，可持续发展追求的是整体发展和协调发展，可持续发展源于协调发展。

可持续发展注重公平发展和高效发展，公平和高效是可持续发展的两个轮子。公平是指在发展过程中需要维系时间维度与空间维度的公平，首先在时间维度上，现代人类在发展过程中不能对后代的发展能力造成负面影响，而在空间维度上任何一个区域在发展过程中不能对其他区域的发展造成负面影响。纵观历史，在人类发展的过程中始终因为某些条件的差异产生层次性，当这种层次性是由不公平导致或加剧的时候，将会对世界整体的可持续发展产生严重影响。可持续发展的效率既包含经济学所说的效率，也包含着自然资源和环境损益的成分，因此可持续发展思想的高效发展是指经济、社会、资源、环境、人口等协调下的高效率发展。

最后是多维发展，虽然人类发展的脚步逐渐走入全球化的趋势，但是由于全球各个国家及地区的初始条件及文化体制等存在差异，导致各个国家和地区的发展水平有所不同，因此在发展过程中应该考虑到不同地区的承受能力，在可持续发展这个全球性目标的约束和引导下，各个地区应该充分考虑本地自身情况，制定并实施符合本地实际且多样的可持续发展战略。

可持续发展具体涉及可持续经济、可持续生态和可持续社会三方面的协调统一，要求人类在发展中讲究经济效率、关注生态和谐和追求社会公平，最终达到人的全面发展。这表明虽然可持续发展源自于自然环境保护问题，但作为一个指导人类走向21世纪的发展理论，它已经不仅仅是保护环境的问题，而是将环境问题与发展问题有机地结合起来，成为一个有关社会经济发展的全面性战略问题。

首先，经济增长是可持续发展的基础，通过经济增长可以提升人们的生活水平和国家实力，但可持续发展理论不仅仅满足于经济发展数量的增长，它同时需要经济发展质量的提高，依靠科学技术进步，提高经济活动中的效益和质量，采取科学的经济增长方式才是可持续的；其次，维护自然生态环境是开展可持续发展的前提条件，不能为了发展而破坏自然资源环境，在保护环境和资源永续利用的条件下，以可持续的方式使用自然资源和环境成本，使人类的发展控制在地球的承载力之内；最后，社会全方位的进步是可持续发展的最终目的，世界各国的发展阶段和发展目标可以不同，但发展的本质应当包括改善人类生活质量，提高人类健康水平，创造一个保障人们平等、自由、教育和免受暴力的社会环境。

具体来说，可持续发展是以经济发展为基础，在生态环境能够承受的条件下，最终达到社会全方位发展的模式。而经济的发展、生态环境的稳定和整体社会的进步之间是相互影响的，当这三者达到协调稳定的状态，才标志着目前的发展模式是可持续的，这个社会就符合可持续发展的要求。显然，在新的世纪里，人类共同追求的目标，是以人为本的自然—经济—社会复合系统的持续、稳定、健康的发展。

可持续发展的思想是人类社会发展的产物，它体现着对人类自身的进步与对自然环境关系的反思。这种反思体现了人类对自身以前走过的发展道路的怀疑和抛弃，也反映了人类对今后选择的发展道路和发展目标的憧憬和向往。人们逐步认识到过去的发展道路是不可持续的，或至少是持续不够的，因而是不可取的。唯一可供选择的道路是走可持续发展之路。人类的这一次反思是深刻的，反思所得的结论具有划时代的意义。可持续发展思想的形成是人类在二十世纪中对自身前途、未来命运与赖以生存的环境之间最深刻的一次警醒。

2.1.4 可持续发展在中国的产物：绿色发展

随着经济的急速增长和资源的过度使用，中国已经遭受到大自然带来的严酷惩罚，转变发展方式势在必行。早在1992年，在里约热内卢举行的联合国环境与发展大会上，中国作出了履行《21世纪议程》等文件的庄严承诺，并于1994年3月国务院常务会议上正式通过《中国21世纪议程》，正式制定出我国可持续发展的总体战略、计划和对策方案。

1995年9月，党的十四届五中全会正式将可持续发展战略写入《中共中央关于制定国民经济和社会发展“九五”计划和2010年远景目标的建议》，提出“必须把社会全面发展放在重要战略地位，实现经济与社会相互协调和可持续发展”。这是在党的文件中第一次使用“可持续发展”的概念，并强调“在现代化建设中，必须把实现可持续发展作为一个重大战略”。

根据十四届五中全会精神，1996年3月，第八届全国人民代表大会第四次会议批准了《国民经济和社会发展“九五”计划和2010年远景目标纲要》，将可持续发展作为一条重要的指导方针和战略目标上升为国家意志。1997年党的十五大进一步明确将可持续发展战略作为我国经济发展的战略之一。2002 年中共十六大把“可持续发展能力不断增强”作为全面建成小康社会的目标之一。

在可持续发展思想的推动下，人们越发重视经济发展同资源和环境的关系，资源和环境是经济得以发展的基础和保障。为了促进经济的发展，同时又要保护资源和环境，人们从环境经济发展的视角，对绿色经济、绿色产业、绿色管理、绿色营销、绿色贸易、绿色消费等新型概念开展了一系列理论和实践的探究。

中国特有的多样化的地理环境构成了极其复杂的生态环境问题。2002 年联合国计划开发署发表的《2002 中国人类发展报告：绿色发展，必选之路》报告对中国生态环境系统进行了分析，指出中国正在面临土地资源退化、土壤流失、草原退化、森林赤字扩大、城市空气质量过低等危机，并提出中国应当选择绿色发展之路，这是不同于长期以来实行的以“增长优先”的传统发展模式，传统发展模式的特点是“先污染、后治理”“快致富、后清理”，它被视为危险之路。该模式导致生态环境日益严重，发展极不平衡，贫困人口深受其害。

所谓绿色发展之路就是强调经济发展与保护环境的统一与协调，即更加积极的、以人为本的可持续发展之路。中国有可能不需要经过许多西方国家曾经经历的高消耗资源、高污染排放的过程，直接进入“绿色发展”阶段；也不必要等到达到较高收入时再来实施“绿色发展”战略。

2014 年 9 月，习近平总书记提出“三大规律、三大发展”，即发展必须是遵循经济规律的科学发展，必须是遵循自然规律的可持续发展，必须是遵循社会规律的包容性发展。这一重要观点，是在总结中国现代化建设经验、顺应时代潮流基础上提出来的，为发展赋予了新的内涵，其中遵循自然规律的可持续发展，对中国经济社会中长期发展提出了重要的指导思想和指南。

2015 年 5 月，中共中央、国务院印发《关于加快推进生态文明建设的意见》，第一次对生态文明建设进行全面部署，明确了当今和今后一个时期我国生态文明建设的总体要求、主要任务、制度体系和保障措施，提出绿色现代化即“绿色化”的核心思想。

党的十八大提出将生态文明建设放在突出地位，首次将“生态文明建设”纳入中国特色社会主义事业“五位一体”总布局的战略决策。十八届五中全会第二次全体会议提出了创新、协调、绿色、开放、共享的发展理念，并强调绿色发展理念是以人与自然和谐为价值取向，以绿色低碳循环为主要原则，以生态文明建设为基本抓手。

党的十九大报告把“坚持人与自然和谐共生”纳入新时代坚持和发展中国特色社会主义的基本方略，并提出在二〇三五年“生态环境根本好转，美丽中国目标基本实现”。

从内涵看，绿色发展是在传统发展基础上的一种模式创新，是建立在生态环境容量和资源承载力的约束条件下，将环境保护作为实现可持续发展重要支柱的一种新型发展模式。具体来说包括以下几个要点：一是要将环境资源作为社会经济发展的内在要素；二是要把实现经济、社会和环境的可持续发展作为绿色发展的目标；三是要把经济活动过程和结果的“绿色化”“生态化”作为绿色发展的主要内容和途径。

2.2 低碳的理论

2.2.1 低碳的概念

低碳是指人类在活动和发展进程中尽量减少向环境中碳排放的行为。广义上的“碳”是二氧化碳（CO_2）、氧化亚氮（N_2O）、甲烷（CH_4）、氢氟氯碳化物类（HFCs）、全氟碳化物（PFCs）和六氟化硫（SF_6）六种会加剧温室效应的气体的总称。由于它可以吸收地面反射的长波辐射，并重新辐射到地表，使一部分本应反射到宇宙的辐射所包含的热量留在地面环境中，使地表变得温暖。这一效应和温室起到的作用相当，因此被称为温室效应，引起温室效应的气体被称为温室气体。

事实上，正是由于大气中温室气体的存在，地球的温度可以保持在适宜生物生存的范围。据测算，地球表面的平均温度为14℃，如果没有温室气体的存在，这一温度只能达到－19℃。但是，如果大气中温室气体的含量过高，会使过多的热量留在地表，造成地表温度的升高，也就是全球变暖。全球变暖对地球的影响是多尺度、全方位、多层次的，其对地球生态的影响最为直观，如气候异常、冰川融化、海平面上升、物种减少等，如果不加以控制，对地球上所有生物将带来毁灭性的影响。

不同的气体分子对热辐射的吸收能力不同。在上文提到的温室气体中，甲烷的吸热量是二氧化碳的21倍，氮氧化物是二氧化碳的270倍，而人造化合物氢氟氯碳化物类和全氟碳化物对热辐射的吸收能力更是远远大于这个数值。但由于大气中二氧化碳总量最高，对温室效应的总贡献达到了25%，人们常说的狭义的“低碳”中的“碳”往往指二氧化碳气体一种。

2.2.2 低碳的发展历程

自工业革命以来，以开采、燃烧煤炭等化石能源为主的人类活动使大气中的温室气体含量剧增，随着温室效应引发的全球变暖加剧，人类对碳减排的关注也在20世纪末开始并不断提高。

1988年，联合国环境署（UNEP）和世界气象组织（WMO）联合成立了政府间气候变化专门委员会IPCC，这一组织在其后将近半个世纪中的国际碳减排运动中起到了至关重要的作用。

1992年6月4日，在巴西里约热内卢举行的联合国环境与发展大会通过了《联合国气候变化框架公约》（以下简称《公约》）。《公约》中确立了控制气候变化在可持续的水平的目标；还确立了包括不同发展水平国家“共同但有区别的责任”原则、公平原则、各自能力原则和可持续发展原则等应对气候变化的基本原则；明确了发达国家应向发展中国家提供技术和资金的支持；并承认发展中国家有消除贫困、优先发展经济的必要。尽管《公约》中并未对各国在碳减排过程中应承担的法律义务做出规定，其中的条款仍然成为了至今国际社会在低碳方面进行国际合作的主要框架。

1997年，在日本京都联合国气候变化框架公约参加国第三次会议上制定了《京都议定书》，其遵循的原则是："共同承担责任，但是有区别的责任"——发达国家率先承担先减排、多减排的义务，技术能力差、经济水平较低的发展中国家暂时没有减排的责任。《京都议定书》在人类历史上第一次规定了发达国家的温室气体减排的法律义务。《京都议定书》于 2005 年正式实施。

2015 年 12 月 12 日，《联合国气候变化框架公约》近 200 个缔约方在巴黎气候变化大会上达成了《巴黎协定》。这是继《京都议定书》后第二份有法律约束力的气候协议，按照共同但有区别的责任原则、公平原则和各自能力原则为 2020 年后全球应对气候变化行动作出了安排，推动各国以"自主贡献"的方式参与应对全球变暖的行动当中，并鼓励发达国家承担更多的责任，帮助发展中国家实现碳减排。与此同时，《巴黎协定》首次设定了全球应对气候变化的硬性指标，规定到 2100 年将全球自工业革命前的平均气温升高控制在 2℃以内，并尽量控制在 1.5℃。《巴黎协定》于 2016 年 11 月 4 日正式生效。

2021 年 10 月 31 日到 11 月 12 日，《公约》第二十六次缔约方大会（COP26）在英国格拉斯哥举办。期间，各方代表经过友好协商，就《巴黎协定》实施细则达成共识，决定建立并立刻启动"格拉斯哥—沙姆沙伊赫全球适应目标两年工作计划"，为《巴黎协定》的落实奠定了基础；会议决定发达国家在 2025 年前将继续承担现有义务，并在 2024 年完成 2025 年后新的资金量化目标安排；大会还通过了《关于森林和土地利用的格拉斯哥领导人宣言》等多个文件。

2.2.3 我国的低碳发展之路

我国一直积极参与并配合全球的碳减排工作。自 2003 年以来，国务院先后发布了《节能中长期专项规划》《关于做好建设节能型社会近期重点工作的通知》《关于加快发展循环经济的若干意见》《关于节能工作的决定》等政策性文件。2007 年 2 月，由科技部、中国气象局、中国科学院等 12 个部委组织编制了我国第一部与应对气候变化相关的文件——《气候变化国家评估报告》，这是第一份由我国专家编写的应对气候变化方面的报告，为我国应对气候变化提供了科技支撑。同年 6 月，我国政府发布了《中国应对气候变化国家方案》，明确了到 2010 年中国应对气候变化的具体目标、基本原则、重点领域及其政策措施。2008 年 10 月，我国印发了《中国应对气候变化的政策与行动白皮书》，应对气候变化初见成效。在接下来的几年中，碳减排工作持续推进，成果显著。

2014 年 11 月，习近平主席在《中美气候变化气候声明》中首次提到"我国计划 2030 年左右二氧化碳排放达到峰值且将努力早日达峰"。2015 年 6 月，我国向联合国政府间气候变化专门委员会（IPCC）提交了《强化应对气候变化行动——中国国家自主贡献》，明确了二氧化碳排放将在 2030 年左右达到峰值并争取尽早达峰，提出深化各类低碳试点项目，实施近零碳排放示范区等措施。

2015 年召开的第一届中美气候智慧型/低碳城市峰会上，中国达峰先锋城市联盟宣告成立，包括北京、深圳、广州等在内的 11 个城市提出了各自的碳排放达峰目标，之后又有 12 个城市加入。《"十三五"控制温室气体排放工作方案》进一步要求支持优化开发区域率先达标，力争 2020 年左右部分重化工领域率先达标。"十三五"期间，我国政府已采取了一系列自上而下的措施来加强碳排放总量控制，比如，积极推进节能减排政策，大力发展可再生能源等，减排效果明显。

2015 年，我国选择 7 个省市进行碳交易试点，2021 年前期的试点已经完成。2021 年 7 月，我国建成了全球最大的碳交易市场，目前电力行业 2000 多家发电企业首先进行碳交易，未来其他高能耗企业（包括钢铁、化工、水泥、玻璃等行业），以及能耗大户（年排放 2.6 万吨 CO_2 以上的企业）均逐步进入碳交易市场进行碳交易。

2017 年，发展改革委公布的第三批共计 45 个国家低碳试点城市，也都提出了相应的达峰目标。随着“2020 年碳排放强度较 2005 年下降 40%～45%”的第一阶段温室气体减排目标的实现，我国已正式进入到碳排放峰值的战略轨道，越来越多的区域考虑其碳排放峰值的实现问题。

2020 年 9 月 22 日，国家主席习近平在第七十五届联合国大会一般性辩论上发表重要讲话，指出中国将提高国家自主贡献力度，采取更加有力的政策和措施，二氧化碳排放力争于 2030 年前达到峰值，努力争取 2060 年前实现碳中和。这不仅是我国积极应对气候变化的国策，也是基于科学论证的国家战略。它更明确了“能源革命”的阶段目标，也要求我们为低碳能源转型做出更为扎实、积极的努力。

2020 年 12 月 12 日，习近平总书记在气候雄心峰会上的讲话指出：到 2030 年，我国单位国内生产总值二氧化碳排放将比 2005 年下降 65%以上，非化石能源占一次能源消费比重将达到 25%左右，森林蓄积量将比 2005 年增加 60 亿立方米，风电、太阳能发电总装机容量将达到 12 亿千瓦以上。

2020 年 12 月 16 日至 18 日，习近平总书记在中央经济工作会议发表重要讲话，要求：（1）抓紧制订 2030 年前碳排放达峰行动方案，支持有条件的地方率先达峰；（2）加快调整优化产业结构、能源结构，推动煤炭消费尽早达峰；（3）大力发展新能源，加快建设全国用能权、碳排放权交易市场，完善能源消费双控制度；（4）开展大规模国土绿化行动，提升生态系统碳汇能力。

2021 年 2 月，《碳排放权交易管理办法》（试行）纳入属于全国碳排放权交易市场覆盖行业，年度温室气体排放量达到 2.6 万吨二氧化碳当量（即综合能源消费量约 1 万吨标准煤）。

2021 年 2 月 19 日，习近平主持召开中央全面深化改革委员会第十八次会议，提出建立健全绿色低碳循环发展的经济体系，统筹制订 2030 年前碳排放达峰行动方案，使发展建立在高效利用资源、严格保护生态环境、有效控制温室气体排放的基础上，推动我国绿色发展迈上新台阶。

2021 年 3 月，中央财经委员会第九次会议明确了碳达峰、碳中和工作的定位，从能源体系、重点行业、绿色低碳技术、绿色低碳政策和市场体系、绿色低碳生活、生态碳汇能力、国际合作等 7 个方面进行了部署。建筑领域要提升节能标准，交通领域要加快形成绿色低碳运输方式。

2021 年 5 月 26 日，碳达峰碳中和工作领导小组第一次全体会议在北京召开。中共中央政治局常委、国务院副总理韩正主持会议并讲话。会议深入学习贯彻习近平总书记重要讲话和指示批示精神，贯彻落实党中央、国务院决策部署，审议有关文件，研究部署相关工作。

2021 年 6 月，生态环境部公布了《中国应对气候变化的政策与行动 2020 年度报告》，其中显示，2019 年全国碳排放强度比 2005 年下降 47.9%，已提前实现“十三五”2020 年碳排放强度比 2005 年下降 40%～45%的承诺，相当于减排 55 亿吨二氧化碳，非化石能源占能源消费总量比重达到 15.3%，基本扭转了二氧化碳排放快速增长的局面，未来全国碳市场的顺利运行，预期将对我国实现二氧化碳排放在 2030 年之前尽早达峰这一目标，发挥积极促进作用。

2021 年 7 月 13 日，在碳达峰碳中和工作领导小组统一部署下，发展改革委正会同有关部门制定碳达峰、碳中和顶层设计文件，抓紧编制 2030 年前碳达峰行动方案和分领域分行业实施方案，谋划金融、价格、财税、土地、政府采购、标准等保障方案，加快构建碳达峰碳中和“1+N”政策体系。

2021 年 9 月，启动绿电交易试点，全国共 17 个省份 259 家市场主体参与。由用电企业寻找省内符合条件的光伏、风电发电企业，进行协商后，通过北京、广州电力交易中心的平台，进行双边协商或集中撮合，并通过电网安全校验，形成最终交易。绿色电力交易可完善新型电力系统成本的市场化分担机制，实现绿电的环境价值和社会价值，培育全社会绿色消费理念，并进而引导整个能源系统的生产消费模式发生变革。绿色电力交易是指用电企业直接对接光伏、风电等发电企业，购买绿色电能，并获得相应的绿色电力消费认证。

2021 年 10 月 24 日，国务院印发了《2030 年前碳达峰行动方案》（以下简称《方案》），对“十四五”“十五五”期间的减排目标进行了分解，确保 2020 年 12 月 12 日气候雄心峰会上目标的落实。《方案》对能源低碳转型、节能增效、提高碳汇的发展方向提出了具体实施路径，涉及工业、城乡建设、交通运输、生活等领域，鼓励循环经济、科技创新和国际合作，实现各地区梯次有序碳达峰。

2.3 绿色交通的基本理论

2.3.1 我国交通行业发展现状

作为“衣食住行”中的一环，交通与人们的生活息息相关。然而，随着城市化和工业化的进行以及居民生活水平的提高，交通拥堵、尾气污染、能源短缺成了城市居民经常需要面对的问题。我国传统的交通行业较为粗放，在追求满足交通需求的时候缺乏对资源、能源与环境的考虑，早期由于排放管控不到位，交通工具对大气污染的影响非常大。同时，我国传统的交通行业缺乏优质便捷的公共交通系统，居民更多愿意选择私人交通工具出行，而空气污染严重又导致人们不愿意选择更为环保的非机动车，进一步加剧了交通拥堵、能源消耗和污染排放。我国交通运输部门的能耗和碳排放量一直处在高速增长的阶段且尚未达到峰值，而且在终端能耗和碳排放中所占的比重呈现增长趋势。因此，在“十四五”期间实现交通行业的绿色转型至关重要。

2.3.2 绿色交通

绿色交通是指为了减少交通拥挤、降低环境污染、促进社会公平、节省建设维护费用而发展低污染、有利于城市环境的多元化城市交通运输系统。也就是说，绿色交通并不完全等于节能降碳，既不是为了将人类的需求最大化而无休止地破坏环境，也不是以牺牲人类的舒适便捷为代价来保护环境，而是追求二者的和谐共赢。与传统交通方式相比，绿色交通具体表现为如下基本特征：

1. 协和性

在进行绿色交通系统设计的过程中，追求交通与城市布局、土地利用、环境保护等因素的协调性。只有当各种因素之间相互促进而不是相互损害、相互限制时，才能真正实现可持续绿色交通的目标。

2. 可持续性

绿色交通系统的建设应不超过资源与环境的承载能力，减少对不可再生能源的利用和污染物的排放，保证人与自然的长期和谐共生，这样才能保障人类发展的可持续性。

3. 系统性

交通是一个系统性工程，绝不能抛开交通系统去单独考虑某一种交通方式甚至某一条线路。绿色交通在布局和规划阶段应该充分考虑当地及周边地区的需求和资源条件，综合各种交通方式的优劣势作出决定。

2.3.3 我国在绿色交通领域的努力及成效

自从党的十八届五中全会提出绿色发展理念以来，绿色发展的概念上升到前所未有的高度，融入各级政府部门的决策当中，融入各行各业的发展当中，深刻影响着我国经济社会发展的方方面面。“十四五”期间将继续走绿色高质量发展之路，各行各业将加快实施绿色可持续发展战略，以提升行业绿色、低碳和循环经济发展水平。

为了指导交通行业的绿色发展，国家陆续出台了相关政策。2019 年 9 月，中共中央国务院印发《建设交通强国纲要》提出的“推动交通发展由追求速度规模向更加注重质量效益转变，由各种交通方式相对独立发展向更加注重一体化融合发展转变，由依靠传统要素驱动向更加注重创新驱动转变，构建安全、便捷、高效、绿色、经济的现代化综合交通体系”。2021 年 2 月，中共中央、国务院印发了《国家综合立体交通网规划纲要》，构建便捷顺畅、经济高效、绿色集约、智能先进、安全可靠的现代化高质量国家综合立体交通网。2021 年 3 月，《中华人民共和国国民经济和社会发展第十四个五年规划和 2035 年远景目标纲要》，提出加快发展方式绿色转型：坚持生态优先、绿色发展，推进资源总量管理、科学配置、全面节约、循环利用，深化工业、建筑、交通等领域和公共机构节能。“十三五”以来，我国绿色交通事业成就显著。

在交通公共设施建设方面，加快开展陆运、水运、空运和管道运输的基础设施建设，初步形成了互联互通的综合立体交通网络。随着邮政业务的全面普及，经济社会的持续快速发展得到了有力的支撑。

> “截至 2019 年年底，全国铁路营业里程达到 13.9 万公里，其中高速铁路营业里程超过 3.5 万公里；全国公路里程达到 501.3 万公里，其中高速公路里程 15 万公里；拥有生产性码头泊位 2.2 万个，其中万吨级及以上泊位数量 2520 个；内河航道通航里程 12.7 万公里；民用航空颁证运输机场 238 个；全国油气长输管道总里程达到 15.6 万公里，互联互通程度明显加强；邮路和快递服务网络总长度（单程）4085.9 万公里，实现乡乡设所、村村通邮。综合立体交通网络初步形成，有力支撑了经济社会持续快速健康发展。”

在能效提升方面，一方面着力提升交通运输综合效能，一方面稳步推进交通工具的清洁能源替代，提高交通领域的电气化水平，实现交通能源消耗总量和强度的协同下降。

> “全国铁路电气化比例达到 71.9%，新能源公交车超过 40 万辆，新能源货车超过 43 万辆，天然气运营车辆超过 18 万辆，液化天然气（LNG）动力船舶建成 290 余艘，机场新能源车辆设备占比约 14%，飞机辅助动力装置（APU）替代设施全面使用，邮政快递车辆中新能源和清洁能源车辆的保有量及在重点区域的使用比例稳步提升。全国 942 处高速公路服务区（停车区）内建成运营充电桩超过 7400 个，港口岸电设施建成 5800 多套，覆盖泊位 7200 余个，沿江沿海主要港口集装箱码头全面完成‘油改电’。绿色交通省（城市）、绿色公路、绿色港口等示范工程，年节能量超过 63 万吨标准煤。通过中央车购税资金，支持建设综合客运枢纽、货运枢纽、疏港铁路，统筹推进公铁联运、海铁联运等多式联运发展，推进运输结构调整。”

在可持续发展理念的指导下，强化资源的集约、节约利用。通过减少空间利用、工程材料、快递行业耗材使用等实际举措，着力推动交通资源利用方式由粗放型向集约型、节约型转变。

> “结合国土空间规划编制和三条控制线（注 4）划定落实，统筹铁路、公路、水运、民航、邮政等交通运输各领域融合发展，推动铁路、公路、水路、空域等通道资源集约利用，提高线位资源利用效率。因地制宜采用低路基、以桥（隧）代路等，加强公路、铁路沿线土地资源保护和综合利用，减少对周边环境的影响。加强航道建设的生态保护和绿色建养，推进航道疏浚土综合利用，严格港口岸线使用审批管理与监督，提高岸线使用效率，探索建立岸线资源有偿使用制度。推动废旧路面、沥青、废旧轮胎、建筑废料等材料资源化利用。高度重视和推进快递包装的绿色化、减量化、可循环，大力推进可循环中转袋全面替代一次性塑料编织袋，电子面单（注 5）使用率达 98%。”

多措并举强化大气与水污染防治。确立严格的制度法规，加强监管，对高污染的交通工具进行取缔和升级，控制交通行业向水域和大气层的污染排放。2012—2019 年全国机动车污染物排放量下降 65.2%。

> “在沿海和长江干线等水域设立船舶大气污染物排放控制区，按照国际公约要求对进入中国水域的国际航行船舶实施船用燃油硫含量限制措施，推动船舶使用清洁能源和加装尾气污染治理装备，建立船用低硫燃油供应保障和联合监管机制。执行船舶水污染物排放控制国家强制性标准，推动港口船舶含油污水、化学品洗舱水、生活污水和垃圾等接收处置设施建设，开展港口粉尘污染控制。在全国沿海实施‘碧海行动’计划，打捞存在污染环境风险和影响海上交通运输安全的沉船沉物。加快老旧和高能耗、高排放营运车辆、施工机械治理和淘汰更新，推进实施机动车排放检测与强制维护制度（I/M 制度）。中央财政采取‘以奖代补’方式支持京津冀及周边地区、汾渭平原淘汰国Ⅲ及以下排放标准营运柴油货车。”

在生态保护与修复方面，严守生态保护红线，严格落实生态保护和修复制度。交通基础设施建设全面实行“避让—保护—修复”模式，设计选址过程中注意对有价值的生态国土资源的避让，减少交通线路对野生动物的影响，并着力修复已有交通线路的生态破坏。

> “推进生态选线选址，强化生态环保设计，避让耕地、林地、湿地等具有重要生态功能的国土空间，在铁路、公路、航道沿江沿线开展绿化行动，提升生态功能和景观品质。铁路、公路建设工程注重动物通道建设，青藏铁路建设的动物通道有效保障了藏羚羊的顺利迁徙及其他高原动物的自由活动。港口码头建设和航道整治注重减少对水生态和水生生物的影响，建设过鱼通道，促进鱼类洄游。组织实施公路港口生态修复总面积超过 5000 万平方米。推进长江非法码头、非法采砂整治，截至 2019 年年底，完成 1361 座非法码头整改，改善了生态环境条件，更好地保障了长江防洪、供水和航运安全。”

3 国内外典型绿色城市轨道交通评价体系研究

3.1 国内外绿色建筑评价体系

20 世纪 60 年代，随着美籍意大利建筑师保罗·索勒瑞（Paola Soleri）将生态学和建筑学两词合并为“生态建筑学”，绿色建筑的理念从此诞生。1969 年在《设计结合自然》一书中，美国风景建筑师麦克哈格提出人、建筑、自然和社会应协调发展并探索了建造生态建筑的有效途径与设计方法，标志着生态建筑理论的确立。20 世纪 70 年代的石油危机使人们发现，消耗自然资源最多的建筑产业要走可持续发展道路才能有更加长远的发展。同时，人们意识到，传统的建筑模式不仅危害环境，而且对社会经济、生活和居民健康造成很多负面影响，如化石燃料的开采和燃烧、建筑废弃物的处置不当等。因此，发达国家开始重视建筑节能技术的研究，太阳能、地热、风能、节能围护结构等新技术应运而生。几十年间，层出不穷的各种新技术、新材料使绿色建筑从理念到实践，在发达国家日趋完善，形成了较成体系的设计方法、评估方法。

20 世纪 90 年代以来，世界各国都发展了各种不同类型的绿色建筑评价体系，为绿色建筑的实践和推广做出了重大的贡献。按其主要目的，可把它们分为三类：

1. 建筑设计及决策支持工具

这类评估体系主要针对设计方案或新建建筑，以辅助设计与辅助决策为主要目的。它强调在绿色建筑实施的过程中施加影响。预测结果可反馈到设计或实施阶段。通过推荐具体技术、管理方式、计算机模拟分析等手段，使实施者可不断调节方案，以达到设定目标，如 LEED 等。

2. 分析对比与性能评价工具

该类评估体系主要针对已使用建筑。与第一类强调过程不同，它重在考查结果。一般用来对不同建筑进行对比或对建筑的真实性能进行鉴定。通常它采用实测、调查等手段得到评价结果，如 Ecoffect、NABERS 等属于这类工具。

3. 综合工具

此类评估体系为前两类工具的结合，它通过系统结果和内容的设置，综合了辅助设计和性能评价等功能。对设计方案、新建建筑和已使用建筑都能够进行评估，如 BREEAM98。目前 LEED 等也试图通过分册的编写，发展到这类领域。

围绕绿色建筑的概念，这些评估工具大都采用多目标多层次的综合评估方法。

根据国际能源机构（IEA）的调查统计，国际上与绿色建筑评价体系相关的方法、框架和工具就有 100 种以上。本节选取了其中一些具有重要影响的绿色建筑评价体系，列举如表 1-3-1、图 1-3-1 及图 1-3-2 所示。

表 1-3-1 绿色建筑评价体系举例

序号	评价体系名称	国家
1	生态概况 Eco Profile	挪威
2	生态影响 Eco Effect	瑞典
3	生态量子 Eco-Quantum	荷兰
4	全质量建筑 Total Quality Building (TQB)	奥地利
5	优良建筑质量认证体系 HQE	法国
6	建筑研究所环境评价法 Building research establishment environmental assessment method (BREEAM)	英国
7	绿色建筑认证系统 Green building certification criteria (GBCC)	韩国
8	可持续项目评价程序 Sustainable project appraisal routine (SPAR)	英国
9	建筑物综合环境性能评价体系 Comprehensive assessment system for building environmental efficiency (CASBEE)	日本
10	国家建筑环境打分系统 The National Australian Built Environment Rating System (NABERS)	澳大利亚
11	可持续建筑评估工具 Sustainable building assessment tool (SBAT)	南非
12	可持续建筑挑战 Sustainable building challenge (SBTool)	加拿大等
13	能源及环境设计先锋 Leadership in energy and environment design (LEED)	美国
14	环境与可持续建筑 Building for environmental and economic sustainability (BEES)	美国
15	绿色之星 Green Star	澳大利亚
16	可持续建筑评价体系 Deutsche Guetesiegel Nachhalteges Bauen (DGNB)	德国
17	环保基准评估法 HKBEAM	中国香港
18	建筑环境性能评价标准 Building environmental performance assessment criteria (BEPAC)	加拿大

图 1-3-1 主要绿色评价标准指标体系及特点

图 1-3-2 与轨道交通相关的绿色评价标准

3.1.1 美国 LEED 评价标准

国外对于绿色轨道交通领域的发展还在起步阶段。LEED V4.0 for train 是性能标准，主要强调建筑在整体、综合性能方面达到“绿色”要求。包括设计建造和运行维护两个评价标准，其评估为生命周期，从开发准备（包括运输和生产）、施工阶段到用户对建筑的使用和维护分为整合设计、场址与交通、可持续场地、水资源利用效率、能源与大气、材料与资源、室内环境质量、设计创新、地域优先九类评价大类。每个评价大类下包含数量不等的评价指标。评价指标可以分为两种：一种为前提条件，没有分值，要求待评项目必须满足，否则无法参加该类评价；另一种是具体的评分点，每一评分点都具有不同的分值，对其中的某些评分点来说，如果待评项目超出了评分点所规定的最佳性能表现，还可以获得奖励分值。

1. 场址和交通 LT

该部分所关注的主要问题包括场址保护、场址选择、开发密度和社区连通性、混合功能和连接、自行车设施、绿色车辆、防灾设计、无障碍等，见表 1-3-2。

表 1-3-2 场址和交通详细评价指标

指标类型	指标内容	分值
评分项	场址保护 Sensitive Land Protection	1
	优先选址 High Priority Site	2
	周边密度 Surrounding Density and Diverse Uses	6

续表

指标类型	指标内容	分值
评分项	混合功能或连接 Intermodal Connectivity and Placemaking	4
	自行车设施 Bicycle Facilities	1
	减少停车 Reduced Parking Footprint	1
	绿色车辆 Green Vehicles	1
	防灾设计 Disaster Preparedness Planning	1
	社会公平 Social Equity	1

2. 可持续场地 SS

该部分所关注的主要问题包括场址的选择与开发、减少交通排放、保护场址周边的动植物栖息地、管理场地内的地表径流、减轻热岛效应以及减少光污染，见表 1-3-3。

表 1-3-3　可持续场地详细评价指标

指标类型	指标内容	分值
控制项	施工活动污染防治 Construction Activity Pollution Prevention	必须满足
评分项	场地评估 Site Assessment	1
	保护和修复栖息地 Site Development-Protect or Restore Habitat	2
	雨水管理 Rainwater Management	2
	减少热岛效应 Heat Island Reduction	2
	减少光污染 Light Pollution Reduction	1
	畅通性 Universal Accessibility	1

3. 水资源利用效率 WE

该部分关注的问题包括节约建筑景观用水、建筑室内用水以及非传统水源的利用，见表 1-3-4。

表 1-3-4　水资源利用效率详细评价指标

指标类型	指标内容	分值
控制项	室外节水 Outdoor Water Use Reduction	必须满足
	室内节水 Indoor Water Use Reduction	必须满足
	用水计量 Building-Level Water Metering	必须满足
评分项	室外节水 Outdoor Water Use Reduction	1
	室内节水 Indoor Water Use Reduction	6
	冷却水 Cooling Tower Water Use	2
	用水计量 Water Metering	1

4. 能源与大气 EA

该部分关注的问题主要有建筑能耗优化、建筑能源系统的调试与监测、空调制冷剂的管理以及可再生能源的使用等，见表 1-3-5。

表 1-3-5 能源与大气详细评价指标

指标类型	指标内容	分值
控制项	基础调试 Fundamental Commissioning and Verification	Required
	最低节能要求 Minimum Energy Performance	Required
	能耗计量 Energy Metering	Required
	冷媒管理 Fundamental Refrigerant Management	Required
评分项	加强调试 Enhanced Commissioning	5
	能源优化 Optimize Energy Performance	19
	加强计量 Advanced Energy Metering	1
	需求响应 Demand Response	2
	可再生能源 Renewable Energy Production	3
	加强冷媒管控 Enhanced Refrigerant Management	1
	绿电和减碳 Green Power and Carbon Offsets	2

5. 材料和资源 MR

该部分关注两个问题，即减少建筑材料对环境产生的影响和减少废弃物填埋和焚烧对环境的影响，见表 1-3-6。

表 1-3-6 材料和资源详细评价指标

指标类型	指标内容	分值
控制项	可再循环材料 Storage and Collection of Recyclables	Required
	废弃物管理 Construction Demolition Waste and Excavation Management Planning	Required
评分项	生命周期分析 Station Life-Cycle Impact Reduction	4
	环境产品声明 Building Product Disclosure and Optimization-Environmental Product Declarations	2
	采购原材料 Building Product Disclosure and Optimization-Sourcing of Raw Materials	2
	建筑产品披露 Building Product Disclosure and Optimization-Material Ingredients	2
	耐久性 Durability in Material Selection, Design & Operation	1
	废弃物管理 Construction Demolition and Excavation Waste Management	2

6. 室内环境质量 EQ

该部分主要关注室内通风、室内污染源的管控、室内环保低毒材料的使用、自然采光与视野等问题，见表 1-3-7。

表 1-3-7 室内环境质量详细评价指标

指标类型	指标内容	分值
控制项	最低室内环境要求 Minimum Indoor Air Quality Performance	Required
	控烟 Environmental Tobacco Smoke Control	Required
评分项	室内环境质量 Enhanced Indoor Air Quality Strategies	3
	低挥发材料 Low-Emitting Materials	3

续表

指标类型	指标内容	分值
评分项	室内空气质量管理 Construction Indoor Air Quality Management Plan	1
	空气质量评估 Indoor Air Quality Assessment	2
	热舒适 Thermal Comfort	1
	照明 Interior Lighting	1
	天然采光 Daylight	2
	质量监测 Quality Views	1
	声学性能 Acoustic Performance	2

7. 设计创新 IN

该部分主要对建筑的创新设计和进行 LEED 认证进行鼓励，见表 1-3-8。

表 1-3-8　设计创新详细评价指标

编号	评价指标	评价目的
IDc1	设计创新	鼓励项目团队实现比 LEED 要求的最高标准更高的设计性能，或实施 LEED 评价中没有涉及到、但是具有明显的可持续效益的新设计策略
IDc2	LEED 专业认证师	在申请和认证的过程中，支持并鼓励 LEED 所要求的整体性设计

8. 地域优先评价

该部分主要对建筑的地域优先评价进行鼓励，见表 1-3-9。

表 1-3-9　地域优先评价指标

编号	评价指标	评价目的
RPc1	地区优先	对体现特定地理条件下，优先环境关注点，提供一个促进机制。

3.1.2　英国 BREEM 评价标准

BREEAM（Building Research Establishment Environmental Assessment Method）由英国建筑研究所（BRE）于 1990 年开发，是世界上最早问世的绿色建筑综合评价体系。从其评价对象上来看，包括了办公、工业、零售、教育、医疗、监狱、法院等不同建筑类型。

BREEAM 评价指标分为 9 个基本大类和 1 个创新类，共计 49 项。各评价指标下又包含数量不等的性能项，对应不同的分值。针对不同建筑类型，某些评价指标或评价指标中的性能项可以不参评，因此，根据参评建筑类型的不同，评价指标的分值及相应的评价大类的满分会有所差别。

BREEAM 具有独立的权重系统，各评价大类根据相对重要性的差别被赋以不同的权重，见表 1-3-10。

表 1-3-10 BREEAM 评价指标体系及权重系统

指标大类	大类权重	评价指标	分值
能源（Ene）	19%	Ene01CO_2减排	15
		Ene02 能耗监测	依建筑类型（1～2）
		Ene03 外部照明节能	1
		Ene04 低碳或零碳技术应用	5
		Ene05 冷藏设施节能	2（无商用/工业用规模冷藏设备的项目此项不参评）
		Ene06 交通设施节能	2
		Ene07 实验室系统节能	依建筑类型（1～4）（无实验室空间和通风橱的项目此项不参评）
		Ene08 节能设备	2
		Ene09 干衣空间	1（没有居住功能的项目此项不参评）
交通（Tra）	8%	Tra01 公共交通可达性	依建筑类型（1～6）
		Tra02 便利设施可达性	依建筑类型（1）（监狱建筑此项不参评）
		Tra03 自行车设施	依建筑类型（1～2 ）
		Tra04 最大停车量	依建筑类型（1～2）
		Tra05 出行方式规划	1
土地利用与生态（LE）	10%	LE01 场址选择	2
		LE02 保护场地生态特征	1
		LE03 减少生态影响	2
		LE04 提高场地生态质量	依建筑类型（1～4）
		LE05 生物多样性长期影响	依建筑类型（1～3）
健康与舒适（Hea）	15%	Hea01 视觉舒适性	依建筑类型（3～5）
		Hea02 室内空气质量	依建筑类型（6）
		Hea03 热舒适性	2
		Hea04 水质	1
		Hea05 声学性能	依建筑类型（2～4）
		Hea06 安全性与可靠性	2
水（Wat）	6%	Wat01 用水量	5
		Wat02 用水量监测	1
		Wat03 渗漏的发现与防止	2
		Wat04 节水设备	1
废弃物（Wst）	7.5%	Wst01 施工废弃物管理	4
		Wst02 循环利用	1
		Wst03 运行阶段废弃物收集利用	1
		Wst04 地面与天花装修	1（只适用于办公建筑）

续表

指标大类	大类权重	评价指标	分值
材料（Mat）	12.5%	Mat01 全生命周期影响	依建筑类型（1～6）
		Mat02 硬质景观与边界保护	1
		Mat03 负责任的材料来源	3
		Mat04 保温材料	2
		Mat05 坚固与寿命	1
污染（Pol）	10%	Pol01 制冷剂的影响	3
		Pol02 氮化合物排放	依建筑类型（1～3）
		Pol03 地表径流	5
		Pol04 减少夜间光污染	1
		Pol05 降低噪声	1
管理（Man）	12%	Man01 可持续的交付	8
		Man02 负责任的施工	2
		Man03 施工场地影响	5
		Man04 相关利益群体参与	4
		Man05 服役寿命与成本	3
总计	100%		
创新（附加）	10%	新技术、新流程与新实践	10

评价分为 5 个等级，每个等级有相应的总得分率要求，各个认证等级对应一定的市场实践水平，见表 1-3-11。

表 1-3-11 BREEM 评价等级划分

评级等级	总得分率	市场实践水平
杰出（OUTSTANDING）	≥85%	前 1%的市场水平（创新者）
优秀（EXCELLENT）	≥70%	前 10%的市场水平（最佳实践）
很好（VERY GOOD）	≥55%	前 25%的市场水平（出色实践）
好（GOOD）	≥45%	前 50%的市场水平（较好实践）
通过（PASS）	≥30%	前 75%的市场水平（好的实践）

3.1.3 日本 CASBEE 评价标准

CASBEE（Comprehensive Assessment System for Building Environmental Efficiency）全称，即建筑物综合环境性能评价体系。CASBEE 最大的创新之处在于提出了建筑环境效率（Building Environmental Efficiency，BEE）的概念，其定义为：建筑环境质量和建筑环境负荷之间的比值，将其作为评价建筑项目绿色程度的依据，即在创造更好的建筑环境质量，实现更高的建筑环境性能的同时，尽力减少建筑对环境产生的影响，即减少建筑环境负荷。CASBEE 的评价指标分为建筑环境质量 Q 和建筑环境负荷 L 两个大类，每类指标下又包含数量不等的一级子项、二级子项、三级子项和四级子项。根据评价对象类型的不同，评价指标的要求有所差别，且某些三级子项和四级子项可不参评。

1. 建筑环境质量类 Q

本大类一到三级评价指标见表 1-3-12。

表 1-3-12　建筑环境质量类三级评价指标

一级子项	二级子项	三级子项
Q1 室内环境（0.4）	声环境（0.15）	噪声（0.4）
		隔声（0.4）
		吸声（0.2）
	热环境（0.35）	室温控制（0.5）
		湿度控制（0.2）
		空调方式（0.3）
	光环境（0.25）	天然采光（0.3）
		防眩光（0.3）
		照度（0.15）
		照明控制（0.25）
	空气质量（0.25）	污染源防控（0.5）
		新风（0.3）
		运行管理（0.2）
Q2 服务质量（0.3）	功能性（0.4）	功能性与易操作性（0.4）
		心理与心情（0.3）
		维护管理（0.3）
	耐用性与可靠性（0.31）	抗震与减振（0.48）
		部件寿命（0.33）
		可靠性（0.19）
	灵活性与适应性（0.29）	空间裕度（0.31）
		荷载裕度（0.31）
		系统可更新性（0.38）
Q3 建筑用地内的室外环境（0.3）	保护与创造生态群落（0.3）	—
	城市景观与自然景观（0.4）	—
	地方特征与空间亲和性（0.3）	注意地方特征（0.5）
		改善建筑用地内的室外热环境（0.5）

2. 建筑环境负荷类 L

本大类一到三级评价指标见表 1-3-13。

表 1-3-13　建筑环境负荷类三级评价指标

一级子项	二级子项	三级子项
LR1 能耗（0.4）	减少建筑冷热负荷（0.3）	—
	可再生能源利用（0.2）	—
	设备系统高效化（0.3）	—
	运行效率（0.2）	监控（0.5）
		运行管理体制（0.5）
LR2 资源与材料（0.3）	水资源保护（0.15）	节水（0.4）
		雨水利用、污水再利用（0.6）
	使用低环境负荷材料（0.63）	材料使用量的减少（0.07）
		旧建筑结构再利用（0.24）
		结构材料的回收利用（0.20）
		非结构材料回收利用（0.20）
		适用从可持续森林砍伐的木材（0.05）
		提高构件再利用可能性的措施（0.24）
	避免使用含有污染物的材料（0.22）	使用不含有害物质的材料（0.32）
		避免使用氟利昂（0.68）
LR3 建筑用地外环境（0.3）	全球变暖（0.33）	—
	地域环境（0.33）	防止大气污染（0.25）
		降低城市热岛（0.50）
		区域基础设施负荷（0.25）
	周边环境（0.33）	噪声、振动与恶臭的防止（0.4）
		风害与日照（0.4）
		光污染（0.2）

CASBEE 评价体系在最低的四级子项层级开始打分（对某些没有四级子项的指标，打分从三级子项开始），打分等级采取 5 级制，见表 1-3-14。当项目满足建筑法规、规范允许的最低标准时评为 1 分；当项目性能达到当时社会与技术条件的一般水平时评为 3 分；达到最佳水平时评为 5 分。对于建筑环境质量类评价指标来说，最底层的四级子项分数乘以其权重得到该子项加权得分，所有同类子项加权得分求和即得到对应的三级子项加权得分，此分数再乘以该三级子项对应权重，得到二级子项加权得分。以此类推，得到建筑环境质量类评价指标的总分 SQ。

表 1-3-14　CASBEE 评价等级划分

认证等级	BEE 分值
特优	BEE=3.0 以上，并且 Q=50 以上
很好	BEE=1.5～3.0；BEE=3.0 以上并 Q 低于 50
好	BEE=1.0～1.5
一般	BEE=0.5～1.0
劣	BEE 低于 0.5

3.1.4 德国 DGNB 评价标准

DGNB 是德国可持续建筑学会与德国政府在 2008 年共同开发的评价工具。DGNB 评价涵盖了所有与可持续建筑相关的议题，包括：生态、经济、社会、技术、过程、场地。其中，经济方面包含了建造成本、运营成本、回收成本在内的建筑全生命周期成本计算，展示了如何通过提高可持续性获得更大的经济回报。而且，经济方面的考量与生态、社会、技术三个评价大类在评价体系中所占的权重相同，这意味着 DGNB 几乎是唯一的一个将经济性放在和环境与社会同等重要地位的评价体系。DGNB 以建筑性能评价为核心，而不是以措施有无为标准，关注的是对建筑或城市区域整体性能的评价，而非对具体措施的评估。

DGNB 评价体系采用三级结构，见表 1-3-15，最高一级为 6 个评价大类，包括生态质量、经济质量、建筑功能与社会综合质量、技术质量、过程质量和基地质量。第二级为评价项，各评价大类所含的评价项数量不同，总计 11 个评价项。最后一级为具体评价指标。由于设计方对基地质量评价大类控制能力较低，因此该部分单独计分评估，不计入建筑评价总分数。

表 1-3-15 DNGB 评价体系三级评价指标

评价大类及权重	评价项	评价指标	指标权重因子
生态质量（22.5%）	全球和地区环境影响	全球变暖潜能	3
		臭氧耗竭潜能	1
		光化学臭氧形成潜能	1
		酸化潜能	1
		富营养化潜能	1
		当地环境风险	3
		可持续木材	1
	资源需求	一次能源需求	3
		可再生能源比重	2
		饮用水需求与废水处理	2
		土地使用	2
经济质量（22.5%）	生命周期成本	建筑生命周期成本	3
	性能	价值稳定性	2
社会文化和功能质量（22.5%）	健康舒适和使用满意度	冬季热舒适度	2
		夏季热舒适度	3
		室内空气质量	3
		声环境舒适度	1
		视觉舒适度	3
		使用者干预和可控性	2
		建筑室外空间质量	1
		安全性	1

续表

评价大类及权重	评价项	评价指标	指标权重因子
社会文化和功能质量（22.5%）	功能质量	无障碍设计	2
		空间效率	1
		功能适应性	2
		公共可达性	2
		自行车使用舒适性	1
	确保设计质量	设计与城市质量	3
		建筑的艺术性	1
技术质量（22.5%）	技术执行	隔声	2
		保温与防止冷凝	2
		清洁维护	2
		拆解、分离与再利用	2
过程质量（10%）	管理和设计	项目准备	3
		整合设计	3
		设计步骤方法的优化和完整性	3
		投标中考虑的可持续因素	2
		最优使用和管理要求	2
	施工	建筑工地、建设过程	2
		施工单位的质量、资格审查	3
		施工质量保证	3
		系统调试	2
场地质量（单独评价）	场地质量	场地局部环境的风险	2
		场地局部环境的条件	2
		场地形象与特征	3
		公共交通连接	2
		临近市政服务设施	2
		临近城市基础设施	2

DGNB 为每条评价指标都分配了一定的分值，每条指标最高得分为 10 分，各评价项得分率由评价指标得分按照权重因子（1～3）加权求和后，除以该项可得总分；然后将同一评价大类下各评价项得分率加总求和，得到该评价大类的得分率；最后将评价大类得分率乘以该评价大类权重，得到各评价大类的加权得分率，并求和。最终根据总得分率的不同划分为铜级、银级和金级三个等级，见表 1-3-16。同时，为了保证待评项目在所有评价大类上表现均衡，DGNB 还对除场地质量外的评价大类，按照认证等级的不同，规定了最低得分率。

表 1-3-16　DNGB 评价体系评价等级划分

总得分率	评价大类最低得分率	评价等级
≥50%	35%	铜级
≥65%	50%	银级
≥80%	65%	金级

3.1.5　国家标准《绿色建筑评价标准》GB 50378—2019

1. 构建了新的指标体系

以人为本，以性能为导向，构建具有中国特色和时代特色的新的绿色建筑指标。我国《绿色建筑评价标准》修订前为四节一环保，修订后为五大性能指标。新的指标体系特点为：安全耐久、健康舒适、生活便利、资源节约、环境宜居，如图 1-1-1 所示。

2. 拓展了绿色建筑内涵

以“四节一环保”为基本约束，同时将建筑工业化、海绵城市、健康建筑、建筑信息模型等高新建筑技术和理念融入绿色建筑要求中，同时通过考虑建筑的安全、耐久、服务、健康、宜居、全龄友好等内容而设置技术要求，进一步引导绿色生活、绿色家庭、绿色社区、绿色出行等，拓展了绿色建筑的内涵。

3. 更新了绿色建筑术语

结合构建的绿色建筑指标体系及绿色建筑新内涵，对绿色建筑的术语进行了更新，使其更加确切地阐明新时代的绿色建筑定义。将绿色建筑术语更新为：在全寿命周期内，节约资源、保护环境、减少污染，为人们提供健康、适用、高效的使用空间，最大限度地实现人与自然和谐共生的高质量建筑。

4. 分层级设置绿色建筑星级性能要求

为提升绿色建筑性能和品质，对一星级、二星级和三星级绿色建筑的等级认定分 4 个层级，提出了不同的性能要求：(1) 满足所有控制项要求且每类指标设置最低得分；(2) 应进行全装修；(3) 总得分达到 60、70 或 85 分；(4) 满足对应星级在围护结构热工性能、节水器具用水效率、住宅建筑隔声性能、室内主要空气污染物浓度、外窗气密性能等附加技术要求，见表 1-3-17。

表 1-3-17　分星级附加要求

	一星级	二星级	三星级
围护结构热工性能的提高比例，或建筑供暖空调负荷降低比例	围护结构提高 5%，或负荷降低 5%	围护结构提高 10%，或负荷降低 10%	围护结构提高 20%，或负荷降低 15%
严寒和寒冷地区住宅建筑外窗传热系数降低比例	5%	10%	20%
节水器具用水效率等级	3 级	2 级	2 级
住宅建筑隔声性能		室外与卧室之间、分户墙（楼板）两侧卧室之间的空气声隔声性能及卧室楼板的撞击声隔声性能达到低限标准限值和高要求标准限值的平均值	室外与卧室之间、分户墙（楼板）两侧卧室之间的空气声隔声性能及卧室楼板的撞击声隔声性能达到高要求标准限值

续表

	一星级	二星级	三星级
室内主要空气污染物浓度降低比例	10%	20%	20%
外窗气密性能	符合国家现行相关节能设计标准的规定，且外窗洞口与外窗本体的结合部位应严密		

5. 提升了绿色建筑性能

更新和提升建筑在安全耐久、节约能源、节约资源等方面的技术性能要求，提高和新增全装修、室内空气质量、水质、健身设施、垃圾分类、全龄友好、服务等的有关要求，综合提升了绿色建筑的性能要求。

6. 增强了评价的可操作性

计分方式由2006年版《标准》的条目法、2014年版《标准》的权重打分法改变为2019年版《标准》的绝对分值累加法，简便、易于操作。条文的设置综合考虑了气候、地域及建筑类型的适用性，通过条款的合理设置，避免了评分项的不参评项，整体条文数量也较2014年版《标准》大幅减少，进一步增强了评价的可操作性。

3.1.6 国内外典型评价标准的比较和总结

1. 评价指标比较

评价指标的比较可以从评价大类的划分和评价指标自身两个层面出发进行考查。就评价大类而言，它所反映的实际上是评价指标的聚类方式。国内外绿色建筑评价标准的指标大类对比见表1-3-18。

表1-3-18 国内外绿色建筑评价标准的指标大类对比

LEED	BREEAM	CASBEE	DGNB	国家标准GB 50378—2019
可持续场地	土地利用与生态	建筑用地内的室外环境	场地质量	安全耐久
水资源利用效率	水	—	—	—
能源与大气	能源	能耗	生态质量	环境友好
材料与资源	材料	资源与材料	技术质量	资源节约
室内环境质量	健康与舒适	室内环境	社会文化和功能质量	健康舒适
—	管理	建筑用地外环境	过程质量	运营管理
场址和交通	交通	—	—	出行便利
—	污染	服务质量	—	—
—	废弃物	—	经济质量	—

（1）各评价体系的分类

各评价体系在评价大类的划分方式上表现出不同程度的差异，即评价指标的聚类方式各不相同。这反映出各评价体系对绿色建筑相关属性的不同认知和差异化的视角，如DGNB将绿色建筑的经济性和建筑的社会文化属性列为单独考察的评价类别，而LEED对此则没有特殊的考虑。

（2）各评价体系对某些绿色建筑的关键属性都有考查

通过评价大类的比较，可以看出场地规划、水资源利用、建筑能耗、材料、室内环境质量5类是各个评价体系共有的评价大类，这反映出这些问题在任一国家或地区的绿色建筑评价中都是关键指标，各国都对此高度重视。同时，这5类也是LEED的全部评价大类。

对某一个评价指标来说，不同的评价体系有可能将其划分为不同的评价大类，因此，单纯对比评价大类，还不足以厘清各评价体系在指标构成上的差异，有必要对指标自身进行进一步的比较。但是由于某些评价体系所包含的指标层次太多，如CASBEE包含了4层指标，因此，对各评价体系的底层指标进行比较势必陷入烦琐与混乱，只对评价大类下的二级指标进行对比。以国际标准化组织（ISO）发布的ISO TC59（2002a）中建议的环境性能评价内容进行比较，见表1-3-19。

表1-3-19　国内外绿色建筑评价标准二级指标对比

类别	内容	LEED	BREEAM	CASBEE	DGNB
室内环境	1. 热舒适性	√	√	√	√
	2. 采光照明	√	√	√	√
	3. 空气质量	√	√	√	√
	4. 声环境	√	√	√	√
能源	1. 运行能耗	√	√	√	√
	2. 运行效率	√	√	√	—
	3. 热负荷	√	√	√	—
	4. 自然资源利用	√	√	√	√
	5. 建筑系统效率	√	—	√	—
材料与资源	1. 水消耗	√	√	√	√
	2. 资源生产力	√	√	√	√
	3. 避免材料污染	√	√	√	√
对周边环境的冲击	1. 污染	√	√	√	√
	2. 基础设施荷载	√	√	√	√
	3. 风害	—	—	√	√
	4. 光污染	√	√	√	√
	5. 热岛效应	√	—	√	√
	6. 其他基础设施	—	—	√	√
服务质量	1. 服务能力	—	√	√	√
	2. 耐久性	—	—	√	√
	3. 弹性与可适性	—	—	√	√
室外环境	1. 生态环境营建	√	√	√	√
	2. 城市景观	—	—	√	√
	3. 当地文化特性	—	—	√	√

各评价体系在能耗、材料、室内环境质量方面指标的重合性较高，显示出对这些问题

的普遍重视。

2. 权重比较

从权重的形式来分析，可以总结为以下几种类型：

（1）隐性权重

无独立权重体系，评价体系采用指标打分制，通过评价指标的不同分值，体现评价指标间的相对重要性。评价体系简明、易于理解和计算，对设计的指导性强。但在评价对象和地域改变，需要对某些评价指标分值进行调整时，由于总分是固定的，因此需要通盘考虑所有指标的分值调整，费时费力。代表性评价体系如 LEED。

（2）独立权重

评价大类或大类之下的各级指标具有独立权重，有时权重呈现多级。评价体系结构复杂，科学性强，能够根据不同项目类型和地域，灵活调整各级权重，适应性强。但是计算过程往往较为烦琐，多层嵌套式的权重层级对设计的指导性弱。代表性评价体系如 CASBEE。

权重制定方法在国内外都有广泛的研究和应用，目前确定的方法也有数十种之多。这些方法根据计算时原始数据源的不同，大体上可分为主观赋权法和客观赋权法两大类。这两种方法各有利弊：主观赋权法往往没有统一的标准，它是研究者根据其主观价值判断来指定各个指标权数的一种方法，主要有专家评判法、Delphi 法和层次分析法等；客观赋权法是与主观赋权法相对而言的，它是直接根据指标的原始信息，通过数学或统计方法处理后获得权数的一种方法。常用的方法包括主成分分析法、因子分析法、相关法、回归法等。目前，在绿色建筑评价领域，使用较多的仍然是主观赋权法。

BREEAM 的权重是通过组织专家小组，经过多轮的专家调查，在形成共识的基础上得到的，具体操作要遵守英国建筑研究院（BRE）的核心流程标准。

CASBEE 评价体系认为：权重的制定不能单纯依靠科学认知，必须充分考虑不同利益群体的价值判断和个人感受，包括设计者、建筑业主、管理者及其他相关群体。在制定 CASBEE 版本权重时，研发团队向相关利益方大规模发放了权重调查问卷，通过使用层次分析法（AHP）决定权重。

3.2 国内外绿色城市轨道交通评价体系

我国自 2006 年发布国家标准《绿色建筑评价标准》以来，除了对该标准的持续修订外，也十分重视绿色建筑标准的分类和细化，《绿色商店建筑评价标准》《绿色医院建筑评价标准》和《既有建筑改造绿色评价标准》等多部国家评价标准的发布，正在形成符合国情、兼具科学性与适用性的绿色建筑评价体系。

近 10 年，国内部分地铁公司陆续开展了供地区或企业使用的绿色轨道相关标准的研究与编制：2013 年深圳地铁公司和中国铁道科学研究院深圳院编制《深圳市绿色城市轨道交通工程建设与运营评价标准》；2013 年《长沙市绿色城市轨道交通评价标准》和《长沙市城市轨道交通绿色车站设计导则》发布；2016 年上海地铁与美国绿色建筑委员(USGBC)签署框架协议，共同推进绿色轨道交通行业标准的编制。各标准体系对比如图 1-3-3 所示。

	评价	设计	施工	运行及改造	检测
国家标准	绿色建筑评价标准 GB/T 50376—2019 既有建筑绿色改造评价标准 GB/T 51141—2015		建筑工程绿色施工评价标准 GB/T 50640—2010 建筑工程绿色施工规范 GB/T 50905—2014		
行业标准		民用建筑绿色设计规范 JGJ/T 229 民用建筑绿色性能计算标准 JGJ/T 449		绿色建筑运行维护技术规范 JGJ/T 391	
团体标准	《绿色城市轨道交通车站评价标准》T/CAMET 02001—2019 《绿色城市轨道交通建筑评价标准》T/CECS 724—2020 《绿色轨道交通综合利用区域评价标准》（征求意见稿）		基于BIM的绿色施工监控信息化管理规程 装配式建筑绿色建造评价标准	绿色建筑运营后评估标准 T/CECS 608 既有建筑绿色改造技术规程 T/CECS 465	绿色建筑检测技术标准 CSUS/GBC 05 绿色建筑检测技术规程 CECS在编
地方标准	北京、上海、黑龙江、四川、广东、广西、安徽等地方标准9部 《深圳市绿色城市轨道交通工程建设与运营评价标准》2013 《长沙市绿色城市轨道交通评价标准》2013	北京、江苏、浙江等地方绿色设计标准6部 《包头市轨道交通绿色车站设计导则》 《长沙市城市轨道交通绿色车站设计导则》			

备注：图框中浅色底为与轨道交通直接相关的标准，图框中无底色的为可参考使用标准

图 1-3-3　国内轨道交通相关绿色标准体系

3.2.1 《绿色城市轨道交通车站评价标准》T/CAMET 02001—2019

将评价体系分为场地（节地与可持续发展的场地）、交通（交通规划与衔接）、能源（节能与能源利用）、水（节水与水资源利用）、材料（节材与材料资源利用）、站内环境（室内环境与污染物控制）、运营（运营管理）七类指标，每类指标包括控制项和评分项。此外，针对创新技术设置加分项。

1. 交通效能提升

专门设立"交通"章节，从绿色车站内部交通组织和外部交通衔接两个层面进行评价。主要包括车站内部设施设备布置、车站内部交通组织、车站外部出入口设置及便利性、车站外部各种交通方式衔接四个方面的内容。

2. 城市空间协同设计

通过分地块的连通与整合，可以提升城市商业、文化品质等功能。公共空间整合设计由于涉及很多专业与主管部门，其综合性很强，从管理、设计理念、实施时序等方面进行更系统地总结与提升 。《标准》在规划阶段以"绿色规划先行"为指导理念，强调车站与周边环境的一体化规划。在规划选址方面，突破传统认知的线路层面规划引导，更加强调城市轨道交通线路和车站在城市层面的规划引导作用，倡导 TOD 的设计理念，强调轨道沿线的城市集聚功能，强化公共交通支撑和引导城市土地使用的开发模式，鼓励城市轨道交通车站与周边物业发展、交通换乘空间及城市公共空间形成立体衔接关系，关注站点与客源服务、道路衔接的关系，实现空间一体化设计的目标。

3. 土地节约利用

从站型布局方案、站内空间利用、附属设施与用地环境的整合设置三个方面突出节地的设计理念。考虑城市轨道交通车站作为城市综合交通运输网络的重要节点，一般都设置在城市重要区域，需占用一定规模的城市用地空间方能满足城市轨道交通的建设需求，而车站站型方案采用线路叠落压缩车站宽度，用竖向空间来换取横向空间，避免了对城市地下空间更大规模的占用和破坏，符合节地的设计目标。此外，还可采用浅覆土方案降低车站地下开挖深度，或利用地形高差大的特点将车站开挖空间进行整体利用，减少土方回填，实现对车站范围横向或竖向城市空间，减少占用及整合利用的目标。

4. 站内环境优化

（1）城市轨道交通车站高峰时期客流密集，二氧化碳、污染物不能有效排出或稀释，有可能导致乘客明显不适甚至疾病，因此对空气质量的要求相对较高。《标准》的编制充分考虑城市轨道交通车站环境需求，相对突出"空气质量"评分比重（30%），不规定具体环境温湿度参数，不追求过低的环境温湿度，引导绿色车站成为根据监测参数自动调控的小梯度变化环境。

（2）城市轨道交通列车进、出车站是不可避免的，这个过程对站内环境有着重要的影响。站内噪声包括背景噪声和列车进出站噪声，后者往往是影响声环境的主要因素（增加噪声可达 10～15dB），因此《标准》根据车站内列车运行状态分别给出评分标准。另一方面，要保障广播信息有效传达至乘客，扩声系统声压级以及语言清晰度要给出明确评分标准。

（3）活塞风加强了区间与车站、室外与车站的空气交换，导致较多的区间颗粒物、室外热湿空气进入车站，对站内气流组织、温湿度、污染物浓度有明显影响。

（4）《标准》提出优化车站空间、平面布局及构造设计，并规定最大瞬时风速，以降低活塞风对站内环境的影响。

5. 信息化运营管理

（1）乘客信息系统终端除显示运营信息外，还向乘客、运营管理人员实时显示车站内温度、湿度、二氧化碳浓度、新闻、天气预报、道路交通状况公共信息、公益广告及紧急事态（如火灾）等信息，可极大提升车站服务质量。

（2）自动检票设备支持传统单程票、储值票进出站功能，为进一步提升乘客快进快出，方便旅客出行，《标准》提出以银联闪付、NFC、二维码为代表的多种新型支付技术直接过闸方式，提升车站服务水平。

（3）在枢纽换乘车站内公共区设置列车、航班、轮船到发时刻显示系统，接收车站、机场、码头的列车、航班、轮船到达和出发信息，并在城市轨道交通车站内设置面向乘客的显示终端，向站内乘客提供各换乘交通工具的到发时刻信息，进一步方便乘客出行。

3.2.2 《绿色城市轨道交通建筑评价标准》T/CECS 724—2020

这是国内首个同时兼顾车站建筑和车辆基地建筑的绿色城市轨道交通建筑评价标准，从安全耐久、环境健康、资源节约（节地、节能、节水、节材）、施工管理和运营服务等方面全方位规范了绿色城市轨道交通建筑的综合性。此外，针对创新技术设加分项。

1. 安全耐久

本指标主要考虑建筑的结构和构件的坚固耐久性，并在设计过程中添加预防防灾等保障人员安全的措施。

2. 环境健康

本指标主要目的是为城市轨道交通建筑内部营造健康舒适的环境，以保证建筑内部活动人员的身体健康，并减少建筑对周边环境的影响。主要从室内环境和室外环境两方面进行评价，以内部环境为主，室内环境包括光环境、声环境、热湿环境、控制质量等方面，通过采取相关措施对内部环境质量进行保障；室外环境涉及较少，主要对污染物的排放在控制项进行了规定。

3. 资源节约

资源节约章节主要对用地、用能或用水、材料三个方面进行了规定。其中用地节约主要规定通过前期规划使城市轨道交通建筑利用有限的空间发挥尽可能多的作用，加强与其他交通方式的衔接；用能和用水方面对照明系统、空调系统、冷热源、用水器具的设计和选择进行了评分；材料主要对建设施工过程中节约材料的相关措施进行了评价。

4. 施工管理

施工管理章节对建筑施工过程中通过采取可以减少施工对周围的噪声和光环境影响、控制施工污染物和废弃物、用水量等方面的措施进行评价，意在对绿色施工进行引导。

5. 运营服务

运营服务章节主要对三个方向进行评价：遵循的服务标准、信息化运营设备设施和智能系统。

3.2.3　印度《绿色新建捷运系统评价标准》

2014年，印度绿色建筑协会（IGBC）启动了《绿色捷运系统评价标准》（IGBC：Green Mass Rapid Transit System Rating），该标准是第一个在新建地铁和新建单轨铁路系统中解决可持续性问题的评级标准，适用于各种地铁和单轨铁路项目，适用于地下站、高架站及地面站。IGBC《绿色捷运系统评价标准》和现在主流的绿色评价标准之一的LEED评估体系类似。评价系统由少数的前提条件即“必要项”和多数的“得分项”构成。待评估项目需满足所有“必要项”，并取得一定的“得分项”分值，方能获得表1-3-20相应等级的认证。

表1-3-20　印度评价体系评价等级划分

地下站	高架站/地面站	认证等级
50～59	45～53	认证级
60～69	54～62	银级
70～79	63～71	金级
80～100	72～90	铂金级

该评价标准由六部分内容构成，分别为选址与规划、用水效率、用能效率、节材、室内环境与舒适性、创新，除创新项外其他五项都由“先决条件”和“得分条款”组成。

选址与规划章节的先决条件包括场地环境管理和建筑工人基本能设施，得分项包括整合其他交通形式、联运通勤交通、促进替代燃料车辆的使用、残障人士适用性、树木保护和恢复、降低热岛效应和非屋顶、降低热岛效应和屋顶项、经济内部收益率和绿色教育。

用水效率章节的先决条件包括节水设施、车站雨水收集，得分项包括超高效节水设施、车站和高架桥雨水收集和水计量。

用能效率章节的先决条件包括设备系统调试和低能源效率、牵引和非牵引，得分项包括提高能源效率、牵引和非牵引、环保型制冷剂和无卤化烃系统、场址可再生能源、非场址可再生能源、能耗监测和温室气体减排。

节材章节的先决条件为运行期间隔离废物，得分项包括施工中对废弃材料的处理、材料回收措施和本地化材料。

室内环境与舒服性章节的先决条件为新风系统，得分项包括室内空气品质监测、施工期间的室内空气品质、车站吹吸排污、低释放有害气体的材料、污染物隔离、自然采光、环保型清洁化学品和交通设施。

3.2.4　国内外典型城市轨道交通评价标准的比较和总结

评价指标的比较可以从评价大类的划分和评价指标自身两个层面出发进行考查。就评价大类而言，它所反映的实际上是评价指标的聚类方式。

通过表1-3-21所示的国内外评价标准调研分析，国家或行业标准未涵盖城市轨道交通专项的绿色评价标准，存在空白。

国家或行业标准仅涉及建筑行业相关专业，城市轨道交通系特殊专业，其车辆、轨道、信号等专业的绿色评价仍然缺失。

表 1-3-21 国内绿色城市轨道交通评价标准的指标大类对比

长沙市绿色城市轨道交通评价标准	深圳市绿色城市轨道交通工程建设与运营评价标准	绿色城市轨道交通车站评价标准	绿色城市轨道交通建筑评价标准	IGBC
节地与周边环境	车辆	场地	安全耐久	可持续场地
节能与能源利用	建筑与装修	交通	环境健康	水资源利用效率
节水与水资源利用	供电	能源	资源节约	能源与大气
节材与材料资源利用	通风空调	水	施工管理	材料与资源
环境质量	其他设备	材料	运营服务	室内环境质量
轨道运营管理和轨道交通服务	新能源和可再生能源	站内环境	—	—
—	—	运营	—	—

3.3 本章小结

根据国际能源机构（IEA）的调查统计，国际上与绿色建筑评价体系相关的方法、框架和工具就有 100 种以上。通过深入了解和对比几个国家的重点绿色建筑评价标准，可以看出场地规划、水资源利用、建筑能耗、材料、室内环境质量五类是各个评价体系共有的评价大类，这反映出各国绿色建筑评价标准涉及因素总体类似，仅根据各国不同的适用性略有不同的侧重，其中以美国的 LEED 最有名、用得最多。

国内《绿色建筑评价标准》已经发展多年，经过了多次修订，其评价标准体系非常完整，在吸收国外优秀评价体系的同时已经充分和本国国情相结合。最新版绿色建筑评级标准中的指标体系为：安全耐久、健康舒适、生活便利、资源节约、环境宜居。与国外绿色建筑评价标准相似，广泛使用的评价标准都主要以单体“建筑”为对象，针对“建筑群”的园区标准数量少，且更少应用。

国家或行业标准未涵盖城市轨道交通专项的绿色评价标准，存在空白。国家或行业标准仅涉及建筑行业相关专业，城市轨道交通特殊专业：车辆、轨道、信号等专业的绿色评价缺失。进一步比较 LEED 与国标绿建，对于城市轨道交通建筑应用时，存在以下几种情况：

（1）不适用条款。

人车分流、容积率、地下空间利用、功能适变性、可再生能源利用比例、健身场地和空间等。

（2）部分不适用条款

地下车站其围护结构节能、自然采光、室内自然通风、遮阳等不适用。

（3）采纳条款

公共区域全龄化设计（室内外无障碍、圆角及安全扶手、担架电梯）、选用绿色建材、全装修、冷热源能效、输配系统节能、节能控制、节水系统等。

（4）增加条款

TOD综合开发、客流预测、站内外交通流线、换乘、噪声控制、隧道内空气压力变化、活塞风控制等。

4 绿色城市轨道交通的评价

前文中提到，为了践行绿色发展理念、助力“双碳”目标、促进城市轨道交通节能降耗控制碳排放，行业内部需要开展绿色轨道交通可持续绿色设计体系与评价技术体系研究，以促进关键技术和成套技术研究成果转化为标准规范。该标准的实施可以强化现有设计标准、工程施工标准与绿色低碳环保标准之间的衔接，协同推进标准、设计、施工、运营各个环节有机结合，逐步建立完善覆盖“站、场、线”的绿色轨道交通技术体系，填补行业空白。本章主要介绍涵盖城市轨道交通车站、车辆中心、车辆以及轨道全线绿色轨道交通的评价技术体系的构建。

4.1 绿色城市轨道交通指标体系

4.1.1 评价指标体系的构建方法

1. 绿色城市轨道交通的评价特点

（1）相互作用的多学科交叉性

绿色城市轨道交通评价属于建筑环境性能评价范畴。建筑环境性能是建筑在全寿命周期内对周边及内部环境产生的影响，它不仅涉及建筑、轨道交通、环境、结构、材料、能源等科学技术学科的知识，还与艺术、哲学、社会学、心理学等其他学科相互联系发挥作用。因此，只有多领域、多学科的专家或决策者进行合作，共同参与评价体系的制定，这样才能制定出有标准性和权威性的评价体系。

（2）层次递进的多层次性

城市轨道交通车站建筑、车辆基地建筑或全线路从设计、建造到使用甚至拆除，涉及不同领域和学科的内容，是一个高度综合化的系统，绿色城市轨道交通评价体系包含不同阶段的目标及系统要素，涉及设计建造、使用、运营或后期改造各个方面，对于不同阶段和过程应形成相对应的评价体系。

（3）可调节的动态性

发展绿色城市轨道交通评价是为了更好地满足建造者、运营者、使用者及社会、环境、经济、时代等各方面的要求，相应的评价标准的建立和运用应充分考虑各类影响因素的差异性。不同使用对象的要求千差万别，不同的地域环境及不同的运营者均会造成运营模式的差异性。制定的绿色城市轨道交通评价标准应考虑各种影响因素的差异性。

（4）操作的简洁性

绿色城市轨道交通评价体系的制定和使用过程一般都需要跨学科进行，同时，为使更多社会群众更多地了解绿色城市轨道交通相关知识，制定的评价体系应易学易懂、操作简单。

（5）评价的客观性

绿色城市轨道交通评价体系的建立目的是规范和引导绿色城市轨道交通车站建筑、车辆基地建筑或全线路的建设与发展，为了使评价结果不受外部多方因素的影响而变化，制定的评价体系应在符合城市轨道交通特点的基础上，保证评价体系的客观性、公正性。

2. 评价指标体系的构建原则

（1）引导性原则

指标体系的构建和运行主要目的在于引导和促进被评估事务向着某一目标发展，体系内每一项指标的选择及其权重的确立均应具有积极的指导意义。绿色城市轨道交通评价指标体系的建立是为了能够在指导和规范城市轨道交通绿色化发展建设中起到关键作用。

（2）整体性原则

由于城市轨道交通车站建筑、车辆基地建筑或全线路从设计、建造到使用甚至拆除，涉及到不同领域和学科的内容，是一个高度综合化的系统。评价指标体系应从多角度对该系统的抽象和概括。为了全面整体地反映绿色城市轨道交通车站建筑、车辆基地建筑或全线路的各方面特征，评价指标的制定和选取需从不同角度出发，充分运行系统分析的方法，使其能够较为全面和准确地描述绿色城市轨道交通的基本特征。

（3）重点性原则

由于城市轨道交通的复杂性，根据关注角度的不同其衡量标准可以说数不胜数。在构建绿色城市轨道交通评价指标体系时，对其进行全面整体的描述固然重要，但全部罗列又太烦琐，评价时也不易操作。因此，须重点关注城市轨道交通的主要矛盾，把握重点指标，找到重点性和整体性的平衡。

（4）独立性原则

应尽量避免出现评价指标体系中各指标子项的内容交叉、重叠的现象，保持各指标的相对独立性，确保各指标都是对城市轨道交通绿色化某一特性的描述，互不取代。

（5）适用性原则

目前，国家或行业标准缺乏涵盖城市轨道交通专项的绿色评价标准。特别是对城市轨道交通特殊专业：车辆、轨道、信号等专业的绿色评价缺失。绿色城市轨道交通评价指标体系构建过程中应充分考虑体现城市轨道交通车站建筑、车辆基地建筑或全线路特性的指标，确保评价体系对城市轨道交通的适用性。

3. 构建依据

（1）低碳可持续理论

绿色建筑是建筑领域为适应低碳可持续发展的总体战略而形成并得以推广的建筑形式，将绿色低碳理念引入城市轨道交通行业中，形成绿色城市轨道交通是国家“双碳”战略的重要组成部分。因此，对绿色城市轨道交通评价的过程必须以低碳可持续发展为指导，将诸如城市轨道交通的碳排放指标、能耗指标等体现在绿色城市轨道交通的评价体系中。

（2）系统工程理论

系统工程理论是一门高度综合化的管理工程技术，它涉及到社会学、系统技术、管理学等若干相关领域的指数内容。绿色城市轨道交通的评价与建筑、环境、经济、技术科学、人文等各方面因素息息相关，且各因素之间也存在相互影响。在构建绿色城市轨道交通评价指标体系时，要利用系统工程的相关理论，在众多影响因素中选取具有决定作用的评价因素，并充分考虑其内在联系，有层次、有逻辑地建立一个科学的评价指标体系。

（3）全寿命周期理论

根据《绿色建筑评价标准》GB/T 50378—2019 对绿色建筑的定义："在全寿命期内，节约资源、保护环境、减少污染，为人们提供健康、适用、高效的使用框架，最大限度地实现人与自然和谐共生的高质量建筑"。绿色建筑注重全寿命期内资源节约与环境保护的性能，因此，绿色城市轨道交通评价是针对涵盖城市轨道交通车站、车辆中心、车辆以及轨道全线全寿命期中各个阶段进行的综合测评。在构建绿色城市轨道交通评价指标体系时，应综合考虑"站、场、线"从规划设计—施工—运营维护等不同阶段对资源节约和环境保护的要求。

（4）综合评价理论

对城市轨道交通车站建筑、车辆基地建筑或全线路的评价涉及不同领域和学科的内容，是一个高度综合化的系统，涉及多项评价指标，需要结合多学科、多专业的评价指标进行综合评价。同时，在绿色城市轨道交通评价体系的建立与赋权过程中，主要运用专家评价法、层次分析法等综合评价方法来确定评价指标，确定各级权重，建立评价模型，分析评价结果等。

4. 构建流程

（1）理论准备

在前期的理论研究中，对国内外大量绿色建筑相关标准体系的优缺点及对城市轨道交通的适用性进行了研究和对比分析，为绿色城市轨道交通评价指标体系的构建奠定了理论基础。

（2）指标体系的初选

在理论准备的基础上，针对城市轨道交通的特殊性，分别针对车站、车辆基地及全线的特点及全寿命期内不同阶段的评价要素等进行分析，建立了初步的层次分析模型。

（3）指标体系的优化

在指标体系初选的基础上，通过专家咨询、项目试评等方式，对绿色城市轨道交通评价指标体系进行优化。

4.1.2 车站与车辆基地评价指标体系的构建

综合考虑国内外评价标准的覆盖范围、技术要点、权重分配等内容，以及与我国建设制度的匹配度，对于车站与车辆基地将沿用《绿色建筑评价标准》GB/T 50378，基于安全耐久、健康舒适、资源节约、生活便利、环境宜居等原则，建立绿色城市轨道交通评价指标的一级指标，并按照各指标在城市轨道交通中的重要性重新排序，同时考虑城市轨道交通运营管理阶段的要求，设置运营管理指标。我们在建立了"安全耐久、便捷高效、健康舒适、资源节约、环境友好、运营管理”的绿色城市轨道交通评价指标体系的同时，应研究建立“宏观-微观”“设计-运行”等多维度、多层级的可供实际操作的城市轨道交通绿色低碳技术体系，确定评价因子、评价方法。评价指标体系设置达到绿色城市轨道交通的必备条件，即控制项；同时在每类一级指标下设置评分项。为了鼓励采用提高、创新的技术和产品建造更高性能的绿色城市轨道交通车站与车辆基地，评价指标体系统一设置“提高创新”加分项。

1. 控制项评价指标

控制项评价指标包括规划、建筑、结构、通风空调、给水排水、电气等内容。设置的评价指标见表1-4-1。

表1-4-1 控制项评价指标

评价指标	评价因子
规划	场地选址安全
建筑	建筑造型
	安全防护警示和引导标识系统
	地上车站围护结构的安全、耐久和防护
	地上车站围护结构热工性能
	禁限建材
	车站建筑室内的空气质量
	车站及附属风亭周边环境噪声
	主要功能区噪声
	无障碍系统
	配建绿地
结构	结构工程的安全等级和使用年限
	结构构件的抗力和耐久性
通风空调	室内热环境
	部分负荷或部分空间使用下的供暖空调系统能耗降低措施
给水排水	水资源利用方案
	给水排水系统的水质、储水设施定期清洗消毒、非传统水源管道和设备设置标识
电气	建筑照明的数量和质量
	照明产品性能、无危险类照明产品的使用
	主要功能区照明功率密度
	照明系统控制
	能耗分项计量设置
	电梯节能控制

2. 安全耐久评价指标

对于车站和车辆基地，在安全耐久评价指标下，设置建筑、结构与材料2个分项，并分别设置多项评价因子，见表1-4-2。

表 1-4-2 安全耐久评价指标

二级评价指标	三级评价因子
Ⅰ建筑	安全防护功能的产品或配件
	保障围护结构、装饰装修构件的安全措施
	室内外地面或路面防滑
	采用线路叠落、站台错位、楔形或鱼腹式站台等设计形式的安全保障措施
	医疗服务和紧急救援设施
	紧急撤离时间
	提升消防安全措施
	车辆基地的人车分流设计
Ⅱ结构与材料	抗震性能
	建筑适变性
	高性能建筑结构材料及构件的使用
	高耐久、易维护装饰材料的使用

3. 便捷高效评价指标

对于车站和车辆基地，在便捷高效评价指标下，设置客流、接驳、人员活动相关设施等 3 个分项，并分别设置多项评价因子，见表 1-4-3。

表 1-4-3 便捷高效评价指标

二级评价指标	三级评价因子
Ⅰ客流	出入口数量和位置
	客流流线设置
	换乘形式及路径
Ⅱ接驳	非机动车停车设施
	与常规公交换乘
	出租车接驳设施设置
	停车设施的布设
Ⅲ人员活动相关设施	导向系统的设置
	站内客运设施设备配备
	公共区域全龄化设计
	与相邻街区的融合

4. 健康舒适评价指标

对于车站和车辆基地，在健康舒适评价指标下，设置室内空气品质、室内环境、水质 3 个分项，并分别设置多项评价因子，见表 1-4-4。

表 1-4-4　健康舒适评价指标

二级评价指标	三级评价因子
Ⅰ室内空气品质	室内空气质量评价
	装饰装修材料有害物质限量评价
	管理用房空气颗粒物浓度
	空调系统设置净化消毒装置
	空气质量监控系统
Ⅱ室内环境	防结露、防霉措施
	车辆基地建筑可调节外遮阳设施
	主要功能区声环境
	办公、休息功能房间隔声性能
	站内扩声系统声压级及语言清晰度
	天然采光
	站内光环境
	室内热湿环境
	气流组织
	防止污浊空气及污染物扩散
	环境监控系统
	电磁环境
Ⅲ水质	生活用水、空调系统用水水质
	储水设施
	永久性标识

5. 资源节约评价指标

对于车站和车辆基地，在资源节约评价指标下，设置节地、节能、节水、节材 4 个分项，并分别设置多项评价因子，见表 1-4-5。

表 1-4-5　资源节约评价指标

二级评价指标	三级评价因子
Ⅰ节地	车站选址
	减小车站占用空间
	车站服务开发利用
	附属设施与地块内建筑物或景观一体化设计
	预留续建连接条件
Ⅱ节能	围护结构热工性能优化
	地上建筑屋顶、东西墙通风隔热措施
	地上车站公共区自然通风与遮阳
	冷热源设备能效
	车站空调制冷系统全年运行能效

续表

二级评价指标	三级评价因子
Ⅱ节能	输配系统能耗
	部分负荷、部分空间使用下暖通系统能耗降低措施
	节能型电力主变器和配电变压器
	节能型电气设备及节能控制
	能源管理系统
	能耗分类分项计量
	可再生能源应用
	车站单位面积运行能耗
Ⅲ节水	高效卫生器具
	空调冷却水节水
	非传统水源利用
	平均日用水量
Ⅳ节材	可再利用、可再循环材料和利废建材
	绿色建材应用
	工业化内装部品
	土建装修一体化设计与施工

6. 环境友好评价指标

对于车站和车辆基地，在环境友好评价指标下，设置生态环境、物理环境、人文环境3个分项，并分别设置多项评价因子，见表1-4-6。

表1-4-6 环境友好评价指标

二级评价指标	三级评价因子
Ⅰ生态环境	场地生态环境保护或修复
	场地径流控制
	绿色雨水基础设施
	雨污分流排水
Ⅱ物理环境	场地内环境噪声
	车辆基地振动和噪声
	场地内风环境
	光污染控制
	日照
	场地热岛效应
Ⅲ人文环境	无障碍服务设施体系
	寄存处、便民设施租赁、自动零售柜
	垃圾分类
	闸机口宽度、安检机器高度
	充值便利

7. 运营管理评价指标

对于车站和车辆基地，在运营管理评价指标下，设置管理制度、运营效果评估 2 个分项，并分别设置多项评价因子，见表 1-4-7。

表 1-4-7 运营管理评价指标

二级评价指标	三级评价因子
Ⅰ管理制度	能源资源管理制度、操作规程、应急预案、考核激励
	乘客服务管理、培训
	绿色教育宣传和实践，满意度调查
Ⅱ运营效果评估	运营效果定期评估优化

8. 提高与创新评价指标

在其他指标的基础上，加入提高与创新指标，以鼓励新技术的应用，主要内容包括规划选址、低能耗措施、便民设施、绿色施工等方向，见表 1-4-8。

表 1-4-8 提高与创新评价指标

	评价因子
车站与车辆基地 提高与创新	建筑风貌设计，历史建筑保护与利用
	废弃场地利用
	周边开发容积率
	一体化综合开发
	减震、隔震
	工业化建造体系
	BIM 技术应用
	碳排放量评价
	超低能耗、近零能耗、零能耗建筑技术标准设计
	光导措施
	节水灌溉
	丰富车站服务属性
	自动人行道设置
	安检区防疫检疫
	绿色施工

4.1.3 全线评价指标体系的构建

全线评价指标体系与车站与车辆基地评价指标体系类似，全线评价指标体系也采用“安全耐久、便捷高效、健康舒适、资源节约、环境友好、运营管理”的指标体系。评价指标体系设置控制项、评分项、加分项。

1. 控制项评价指标

控制项评价指标包括建筑、运行、车辆、环境影响、供电等内容。设置的评价指标见表 1-4-9。

表 1-4-9 全线评价指标体系

评价指标	评价因子
建筑	车站、车辆基地评价至少达到基本级
	指挥中心至少达到基本级
运行	线路布置
	行车组织
	最高运行速度
	列车运行控制
	运行图
车辆	车辆符合现行标准规定
	车辆材料环保要求
	车体结构的隔热、降噪、防振
	列车资源共享
环境影响	列车运行振动影响
	沿线敏感建筑室内二次辐射噪声
	沿线文物建筑振动速度
供电	牵引系统及非线性用电产生的谐波
	供电安全和维修安全
	一级负荷双电源双回线路供电

2. 安全耐久评价指标

对于整条线路的评价，在安全耐久评价指标下，设置车辆、线路与轨道、结构、供电4个分项，并分别设置多项评价因子，见表 1-4-10。

表 1-4-10 安全耐久评价指标

二级评价指标	三级评价因子
Ⅰ车辆	车辆的结构设计寿命
	采用全密封、免维护轨道车辆专用型蓄电池
	设置雷达辅助防护系统
	配置水基灭火器
	设置智能分析系统
	紧急疏散标识标志
Ⅱ线路与轨道	正线停车线设置
	无砟轨道主体结构设计使用年限
	无砟轨道道床面按区间疏散通道设计
	车辆脱轨防护安全措施
	道床结构杂散电流防护
	道床横向排水坡度
Ⅲ结构	安全等级和使用年限
	预应力构件的使用

续表

二级评价指标	三级评价因子
Ⅳ供电	变电所结构寿命
	电气和电缆材料产品的安全耐久
	高峰小时牵引负荷

3. 便捷高效评价指标

对于整条线路的评价，在便捷高效评价指标下，设置站点及线路布置、便民设施 2 个分项，并分别设置多项评价因子，见表 1-4-11。

表 1-4-11　便捷高效评价指标

二级评价指标	三级评价因子
Ⅰ站点及线路布置	车站站点和站点间间距布置
	换乘站的设置
Ⅱ便民设施	车内民用 WiFi 系统

4. 健康舒适评价指标

对于整条线的评价，在健康舒适评价指标下，设置车辆本体、车辆内部 2 个分项，并分别设置多项评价因子，见表 1-4-12。

表 1-4-12　健康舒适评价指标

二级评价指标	三级评价因子
Ⅰ车辆本体	车体结构隔热、降噪、防振设计
	车辆密封性能
	车辆噪声
	车辆空调机组
Ⅱ车辆内部	车内空气质量
	车辆内部照明
	座椅设计
	人性化数据显示

5. 资源节约评价指标

对于整条线路的评价，在资源节约评价指标下，设置车辆及线路与轨道、供电 2 个分项，并分别设置多项评价因子，见表 1-4-13。

表 1-4-13　资源节约评价指标

二级评价指标	三级评价因子
Ⅰ车辆及线路与轨道	车辆轻量化
	列车节能
	车辆空调节能
	车辆空调机组能效比
	列车资源共享
	节能坡

续表

二级评价指标	三级评价因子
Ⅱ供电	变电所资源共享
	供电系预留统续建延伸条件
	智慧供电
	供电系统中压网络负荷
	变电所接入中压网络
	交流制接触网同相单边供电
	直流制上下行接触网分别独立供电
	用电综合评定
	单位客运周转量综合电耗

6. 环境友好评价指标

对于整条线路的评价，在环境友好评价指标下，设置减震降噪、其他 2 个分项，并分别设置多项评价因子，见表 1-4-14。

表 1-4-14　环境友好评价指标

二级评价指标	三级评价因子
Ⅰ减振降噪	列车内部噪声
	列车外部噪声
	无缝线路设计
	桥上无缝线路减少钢轨伸缩调节器
	钢轨润滑装置
	轨道振动控制
	振动加速度级
	上盖建筑与城市轨道交通建筑结构不共构
Ⅱ其他	环保型制冷剂

7. 运营管理评价指标

对于整条线路的评价，在运营管理评价指标下，设置运营管理制度、运营方案 2 个分项，并分别设置多项评价因子，见表 1-4-15。

表 1-4-15　运营管理评价指标

二级评价指标	三级评价因子
Ⅰ运营管理制度	运营管理机构和人员设置
	运营管理流程与制度设置
	建立能耗指标体系
Ⅱ运营方案	规模化、专业化、区域化维修
	统一规划备品配件的仓储及配送
	全自动运行系统

8. 提高与创新评价指标

对于整条线路的评价，在提高与创新评价指标下，设置车辆、线路与轨道、结构、供电 4 个分项，并分别设置多项评价因子，见表 1-4-16。

表 1-4-16　提高与创新评价指标

	评价因子
全线提高与创新	影响行车安全的设备故障率
	为乘客提供出行信息服务的方便程度
	无障碍普及度
	车公里牵引能耗
	单位客运周转量综合碳排放量
	绿色施工

4.2　绿色城市轨道交通评价方法

4.2.1　评分方法

评价指标体系的 6 类基础指标满分值分别为 100 分，每类指标评分项得分累计值为本类指标得分。有不参评项的，本类指标得分按式（1-4-1）进行计算。

$$Q_i=\frac{q_i}{(100-\bar{q}_i)}\times 100 \tag{1-4-1}$$

式中　Q_i——第 i 类指标得分，$i=1\sim6$；

q_i——按参评项计算的第 i 类指标得分直接累计值，$i=1\sim6$；

$\bar{q}_i$——第 i 类指标不参评项的累计分值，$i=1\sim6$。

评价总得分按式（1-4-2）计算。“提高创新”指标最高累计得分为 10 分，当得分达到 70 分以上时，按式（1-4-3）计入提高创新项得分作为总得分。

$$Q=\sum_{i=1}^{6}w_iQ_i \tag{1-4-2}$$

$$Q=\sum_{i=1}^{6}w_iQ_i+Q_a \tag{1-4-3}$$

式中　Q——评价总得分；

Q_i——6 类基础指标的得分，$i=1\sim6$；

w_i——6 类基础指标的权重，$i=1\sim6$，参考表 1-4-29；

Q_a——提高创新项累计得分，最高可得 10 分。

4.2.2　赋权方法

指标权重的确定是多要素综合评价中的关键环节，权重确定的是否合理将直接影响评价结果的可靠性和有效性。

1. 常见的赋权方法

综观国内外的研究可以发现，指标权重确定的方法多种多样，但归纳起来大致可分为三大类，分别是主观赋权法、客观赋权法以及主客观综合集成赋权法。其中，主观赋权法多是依赖于专家的知识经验进行主观判断来确定指标权重，客观赋权法主要是依靠样本数据分析计算出权重，而主客观综合集成赋权法是基于主、客观赋权法各自的不足和优势，将两者所得的权重综合集成。不同赋权方法的原理、思想不同，导致所依赖的理论模型、原始数据、对数据的处理方式等都会存在差异，从而使最终的权重分配也产生很大的差异。因此，不同的指标体系要根据自身特点选择其所适合的权重确定方法，这样才能使其指标的权重分配比较合理。

（1）主观赋权法

一般来讲，主观赋权法在确定权重时主要依据决策者和专家的知识经验或偏好，将各指标按重要程度进行比较、分配权值或计算得出其权重，其认为权重的实质是评价指标对于评价目标相对重要程度的量化体现。此类方法的主观随意性比较强，但指标权重大小的排序基本与评价对象的实际情况相符合。目前比较常用的主观赋权方法可归为 4 类：专家估测法、层次分析法、二项系数法、环比评分法，各种方法的基本思想、优缺点及适用范围见表 1-4-17。

（2）客观赋权法

客观赋权法是依赖一定的数学理论，完全基于对指标实际数据的定量分析而确定指标权重的方法，保证了权重的绝对客观性，对样本数据有较高的要求。但客观赋权法忽略了人的经验等主观信息，有可能会出现权重分配结果与实际情况相悖的现象，且依赖于实际业务领域，缺乏通用性。目前主要的客观赋权法有：变异系数法、基于主成分分析与因子分析的多元统计法、向量相似度法、灰色关联度法、熵值法、粗糙集法以及神经网络法，各种方法的基本思想、优缺点及适用范围见表 1-4-17 和表 1-4-18。

表 1-4-17 常用的主观赋权方法比较

分类	基本思想	优点	缺点	适用范围
专家估测法	由相关领域专家依据自身的经验知识，主观判断各指标的重要性，指标最终的权重分配值可直接由 K 个专家独立给出的权重值的平均得出，或者利用频数统计法来确定权重，即对于每个指标，将其 K 个权重分配值按照一定的组距进行分组，计算每组内权重的频数，频数最大的分组的组中值就是相应指标的最终权重值	一是充分利用专家的经验知识，能根据专家经验综合全面考虑各种外界影响因素，方法的可靠性较高；二是指标权重的计算以传统的描述性统计为主，如求解均值和统计频数，简单直接；三是不受是否有样本数据的限制，能对大量非技术性无法定量分析的指标做出概率性估计	一是权重的分配完全受专家经验知识的影响，不同的专家组成可能就会产生不同的评价结果，存在很大程度的主观随意性；二是当指标较多时，不易保证判断思维过程的一致性，较难做到一定会客观合理	适用于指标数量适中的各种评价体系，特别是对于那些没有样本数据、难以建立数学模型的实际问题，比较行之有效

续表

分类	基本思想	优点	缺点	适用范围
层次分析法	把复杂问题的各指标按相互间的从属关系分解为若干个有序的递阶层次结构，每层内部指标请领域专家根据一定的比值标度进行两两比较，将主观判断量化形成判断矩阵，再利用数学方法计算每层判断矩阵中各指标相对于上一层的权重值，最后进行层次总排序，计算出全部指标相对于总目标的权重系数。目前关于判断矩阵中指标权重系数的计算方法有 20 多种，包括特征向量法、最小二乘法、方根法、线性规划法等，不同方法所确定的指标权重排序存在一定差异	一是把决策者依据主观经验知识的定性判断定量化，将定性分析与定量分析有机结合起来，充分发挥了两者的优势，一方面蕴含着决策者的逻辑判断和理论分析，另一方面又通过客观的推演与精确计算，使决策过程具有很强的科学性，从而使得决策结果具有较高的可信度；二是将复杂评价问题进行层次化分解，形成递阶的层次结构，使复杂问题的评价更清晰、明确、有层次；三是不受是否有样本数据的限制，能解决传统最优化技术无法处理的实际问题	一是指标权重的确定主要依赖于专家经验知识，专家选择的不同很可能会导致权重分配结果的差异，具有主观随意性和不确定性；二是层次分析法的判断矩阵很容易出现严重不一致的情况，当同一层的指标很多，并且由于九级比值标度法很难准确掌握，决策者很容易做出矛盾且混乱的相对重要性判断	适用范围很广，特别适用于缺乏样本数据且评价目标结构复杂，以及领域专家对指标相对重要性大小程度有较为清晰认识的指标数量适中的评价体系
二项系数法	先由 K 个专家独立对 n 个指标的重要性进行两两比较，经过复式循环比以及统计处理得到代表优先次序的各指标的指标值，再根据指标值的大小将指标按照从中间向两边的顺序依次排开，形成指标优先级序列，对序列中的指标重新按从左到右的顺序进行编号得到指标序列 l_1、l_2…、l_i…$l_{n-1}l_n$，从而根据二项系数的原理，第 i 个指标的权重分配值为$w_i=C_{n-1}^{i-1}/2^{n-1}$	一是将定性分析与定量计算有机结合，将主观经验知识定量化，增加了评价过程的科学性和条理性；二是不需要对指标的重要性大小进行具体量化，只需要判断指标间的相对大小情况，专家判断相对容易，不会产生矛盾且混乱的判断；三是采用二项展开式进行权重计算，方法简单易操作；四是不受是否有样本数据的限制，能解决传统最优化技术无法处理的实际问题	一是权重的确定主要依赖于专家经验知识的主观判断，存在随机性和不确定性；二是在利用二项系数公式计算不同优先级的指标权重时会出现权重相同的情况，在指标优先级序列中左右对称的两指标计算出的权重值会相同，与实际情况会产生一定的偏差；三是该方法只注重指标重要性的级别次序，而不关注指标间相对重要性的差异程度，权重分配会存在偏差	该方法对是否有样本数据没有限制，适用范围较广，尤其适用于那些缺乏先例，缺乏定量赋权经验的指标数量适中的多因素评价问题
环比评分法	依据专家经验知识，将指标依次与相邻下一个指标进行重要性比较，综合多个专家的判断确定相邻指标间的重要性比值，再以最后一项指标为基准，逆向计算出各指标的对比权，并进一步做归一化处理得到各指标权重	一是将定性判断与定量计算有机结合，使评价过程更具条理性和科学性；二是专家所需确定的指标重要性评价值数量较少，赋值过程相对简单；三是单向依次确定指标相对重要度，不容易产生判断上的矛盾，也不需要进行层次分析法中的一致性检验，能有效解决复杂决策问题；四是不受是否有样本数据的限制，能解决传统最优化技术无法处理的实际问题	一是对专家知识的要求较高，需要专家对评判指标的重要性有很清晰的认识，并能对每对相邻指标进行精准的量化比较，否则很容易使整个指标体系的权重分配产生较大偏差；二是权重的确定主要依赖于主观经验知识，具有较大的不确定性和主观随意性	对是否有样本数据无限制，适用范围较广，特别适用于能够对相邻评价指标的相对重要性做出较为准确的定量判断的各种评价问题

表 1-4-18 常用的客观赋权方法比较

分类	基本思想	优点	缺点	适用范围
变异系数法	通过计算各指标实测数据的差异程度来确定指标权重的大小，指标内部数据差异性较大，则该指标对评价对象的区分作用越大，其权重分配值也就越大。变异系数法确定权重所依据的数学理论主要包括标准差和离差最大化两种，即通过各指标内部数据的标准差（最大离差）的计算与归一化处理，得到各指标权重分配	一是指标权重的计算方式比较简单，方便实用；二是充分利用样本数据，客观体现了各指标分辨能力的大小，保证了指标权重的绝对客观性；三是该方法对评价指标的数量没有限制，适用范围较广	一是评价结果与数据样本的选择有很大相关性，不同的数据样本可能会产生不同的权重分配结果，当样本容量很小且不具有普遍性时，方法的精度会很低；二是对于样本数据中的异常值没有解决能力，如果有异常值出现，该方法在权重的确定上就会存在很大误差；三是它不能反映指标内在的联系，只是对每个指标单独进行分析判断；四是纯粹进行客观计算，不能体现决策者对指标重要性的理解	适用于评价指标间的独立性较强，指标的样本数据具有普遍性、相对完整且样本量较大，样本数据中没有异常值的综合评价
基于主成分分析与因子分析的多元统计法	主成分分析法：利用降维的思想，依据指标的方差贡献率将一组具有一定相关性的指标转化为另一组不相关的少数几个综合性指标，即主成分，并进一步归一化处理得到各指标的权重	一是其用较少的独立性指标来替代较多的相关性指标，解决了指标间信息重叠的问题，简化了指标结构；二是指标权重是依赖客观数据，由各主成分的方差贡献率计算确定的，避免了主观因素影响，较为客观合理；三是对指标数量和样本数量没有具体限制，适用范围广泛	一是指标权重的计算过程较为复杂，权重确定的结果与样本的选择有很大相关性；二是损失了一定的样本数据信息，有些具有现实意义的指标在该方法中可能会被剔除，与实际情况产生偏差；三是其假定指标间都是线性关系，实际问题中很多非线性关系的指标体系使用该方法时会产生偏差；四是纯粹依赖客观数据确定权重，忽略了主观经验知识，评价结果可能产生与实际情况相悖的现象	适用于样本数据相对完整并具有代表性，指标间存在一定相关关系且指标间基本为线性关系的复杂评价体系中的指标权重确定
	因子分析法：将具有相关性的指标转化为少数几个不相关的指标，再根据各因子的方差贡献率确定指标权重。所不同的是，主成分分析法是将原始指标进行线性组合，而因子分析法将原始指标拆分成共同具有的公共因子以及每个指标所特有的特殊因子来线性表示，因子表示具有更明确的实际意义	优缺点与主成分分析法类似，但因子的个数小于原指标个数，而主成分的个数可与原指标数相等，因而因子分析法的缺失信息一般比主成分分析法要多，其精确度一般比不上主成分分析法，计算过程也更为复杂，且因子分析法严格要求评价体系的指标间要存在相关关系。不过，因子分析法能很明确地解释原指标的具体内容，能解释指标间相关的原因，能对指标内容有更深层次的认识		适用于需要对社会经济现象等相关评价对象进行较为深层次分析，且指标间存在很大关联性、有大量具有代表性的完整数据样本的复杂评价问题

续表

分类	基本思想	优点	缺点	适用范围
向量相似度法	利用每个指标的样本数据组成的特征向量与所有指标的理想值组成的参考向量求解相似度，由向量相似度大小来反映各指标对系统发挥最佳效能的贡献度，并将其归一化处理得到各指标权重	一是计算简单易操作，将指标数据向量与所有指标的理想值组成的向量进行相似度计算，巧妙地利用了所有指标组成的理想参考向量经过无量纲化后变为全部元素值为 1 的单位向量，就与同一指标的理想值与该指标的数据求解相似度是一样的，减少了计算次数；二是结果易理解，方法考虑到与最优方案间的关系，实用性强；三是充分利用样本数据，没有人为因素的干扰，客观性强；四是对指标数量和样本量没有具体限制，适用范围较广	一是方法的精度会受数据样本的影响，样本容量很小且不具有代表性时，该方法评价结果的精度就很低；二是方法不能解决指标间的相关性所造成的信息重复问题，容易造成部分相关指标的权重因重复计算而变大的现象；三是纯粹利用客观数据进行权重计算，忽略了主观经验知识，可能会产生与实际相悖的情况	适用于有适量的、较为完整的样本数据，且样本数据具有典型性和代表性，评价指标间较为独立的综合评价体系
灰色关联度法	将数据对比与几何曲线变化趋势相结合来计算权重，即利用各方案与最优方案间的关联度大小来确定指标权重。该方法具体通过各方案与理想方案的灰色关联判断矩阵及关联系数，计算出各指标对整个系统发挥最优效能的贡献度，并进一步归一化处理得到指标权重	一是方法的计算过程相对简便，考虑到与理想决策方案之间的关系，结果直观易理解；二是无需大量样本，只需少量具有代表性的数据样本即可，且对指标数量无限制；三是方法具有一定的容错能力，因为关联度计算时用到的是两极最大差与最小差，使某些由于数据部分缺失或人为误差所导致的数据不准确问题得以弱化，使分析结果相对合理；四是依靠样本数据进行权重计算，避免了人为因素的干扰，客观性强	一是在计算灰色关联系数时的分辨系数值是人为主观决定的，不存在固定标准，取值的不同会影响最终的权重分配，使可信度降低；二是方法的准确性会受样本的影响，样本选择的不同可能会导致最终评判结果的差异；三是方法不能解决指标间相关所造成的信息重叠问题；四是没有考虑主观经验知识，评价结果可能会与实际情况相悖	适用范围较广，对指标数量和样本数量无限制，比较适用于样本数据较为完备、样本具有代表性和典型性且指标间相对独立的综合评价体系
熵值法	从指标的无序程度，即指标熵的角度来反映指标对评价对象的区分程度，某指标的熵值越小，该指标的样本数据就越有序，样本数据间的差异就越大，对评价对象的区分能力也越大，相应的权重也就越大。该方法首先根据熵值函数求出每个指标的熵值，再将熵值归一化转化为指标权重	一是方法的计算过程相对简单，从指标对评价对象的区分程度角度来确定指标权重，结果直观易理解，方法实用性强；二是完全依赖样本数据进行权重计算，避免了主观因素的干扰，客观性强；三是方法对指标数量没有限制，适用范围较广	一是方法的精度会受数据样本的影响，不同的样本选择可能会产生不同的权重分配结果，且对样本数据的完备性以及样本量有较高要求；二是不能反映指标间的相关关系，不能解决信息重叠问题；三是不能体现决策者对各指标重要性的理解，在一定程度上可能会产生与事实相悖的情况	适用于样本量较大、样本数据信息完备且具有普遍性的指标间相对独立的综合评价体系

续表

分类	基本思想	优点	缺点	适用范围
粗糙集法	先按体系内所有指标对评价对象进行原始分类，每次约简一个指标，考虑约简后的对象分类与原始分类相比的变化程度，指标重要性与变化程度成正比。粗糙集中属性（指标）重要度的概念可归结为代数表示的定义与信息表示的定义两种，进一步按指标的等价关系、优势关系和容差关系的思想衍生出多种细分赋权方法	一是能处理的数据类型广泛，包括离散型数据和连续型数据，对连续型数据的有效处理减少了因数据离散化所造成的信息损失问题；二是具有较强的容错能力，能处理缺失型样本数据，有效解决了数据缺失下的赋权问题；三是信息表示的重要度能弥补代数表示的重要度中指标权重值可能为零的缺陷，提高了方法的精度；四是方法对指标数量没有限制，适用范围广；五是完全依赖客观数据进行权重计算，避免了主观因素的干扰	一是方法的精度会受数据样本的影响，不同的样本选择可能会产生不同的决策结果；二是不能解决指标间相关所造成的信息重叠问题；三是不需要先验信息的客观赋权，计算结果可能会与决策者的理解相悖	客观赋权方法里是应用范围最广的，适用于数据样本具有一定普遍性，且样本量较大的指标间相对独立的多属性决策问题
神经网络法	神经网络法中最常用的是BP神经网络算法，赋权的基本思想是根据一定的学习机制，对大量数据样本进行非线性的并行学习训练，具体是根据误差的精度要求对输出数据与已知样本输出数据差值的不断迭代调整，得到符合要求的输入层到隐含层间的连接权矩阵，将每个输入层节点到所有隐含层节点连接权的绝对值求和并归一化处理得到指标权重	一是其能处理非线性的复杂系统评价问题，并且能进行动态评估，对体系分析处理的功能强大；二是通过对样本的学习训练，能够获得经实际检验是合理、科学且符合实际的指标相对重要性信息，保证了指标权重的客观性和实用性；三是对评价指标的数量没有限制，应用范围很广	一是其完全建立在训练样本基础上，就对样本的要求很高，训练样本要具有正确性且面广量大（主要强调样本的覆盖类型广，量并非越大越好），才能保证结果的可靠；一定程度上忽略了主观经验知识，评估结果可能会与决策者的主观偏好相悖	对于复杂系统的评价问题具有很强的处理能力，比较适用于样本数据量较多且涵盖面较广，指标间相对独立的各类复杂体系的指标权重确定问题

（3）主客观综合集成赋权法

综合集成赋权法是依据不同的偏好系数将主观赋权法和客观赋权法相结合来确定指标权重的综合方法。基于主观赋权法中对专家经验知识与决策者主观意向的信息体现，以及基于客观赋权法中对指标与评价对象间内在联系的信息表现，综合集成赋权法通过一定的数学运算将两者有效结合起来，达到了优势互补的效果。目前，依据不同原理的综合集成赋权方法有多种形式，但大致可将其归为 4 类，分别是基于加法或乘法合成归一化的综合集成赋权法，基于离差平方和的综合集成赋权法，基于博弈论的综合集成赋权法，基于目标最优化的综合集成赋权方法。

基于加法或乘法合成归一化的综合集成赋权方法是直接将主、客观赋权法所得的指标权重以同等偏好的形式直接相加或相乘，并进行归一化处理得到各指标的综合权重。例如，L. Yang 等在供应链风险评估中，利用该方法对层次分析法确定的主观权重与变异系数法确定的客观权重等权相乘，再归一化处理得到各指标综合权重，评估结果具有较高的精度。

基于离差平方和的综合集成赋权法是从决策方案的区分有利性角度，来求解能使决策方案的综合评价值尽可能分散，即各方案综合评价值间的总离差平方和最大的主客观权重分配系数。例如，B. Meng 等将该方法用于银行信用风险评估中，根据主客观赋权法对不同对象评价值的整体离差平方和最大化原则，计算出主客观权重的最优调整系数，归一化得到各指标综合权重，评价结果相比主、客观单一赋权法具有较高的准确性。

基于博弈论的综合集成赋权法是在主客观的不同权重之间寻求妥协或一致，尽可能保持主客观权重的原始信息，求解与主客观权重离差极小化的权重分配系数。例如，C. Lu 等在教育信息化发展水平的评估中，利用该方法的思想将层次分析法确定的指标主观权重与变异系数法确定的客观权重进行计算分配权重系数，并归一化处理得到各指标的综合集成权重，该模型在对苏州 11 个地区学校的教育信息化发展水平的评价中取得了较好的效果。

基于目标最优化的综合集成赋权法是基于综合决策结果最优的原则来求解主客观权重系数分配，包括综合目标值最大、与负理想解的偏离程度最大两种具体求解方法。例如，J. Yan 等在学习型城市的评估中，将专家估测法得到的指标主观权重与熵值法得到的客观权重根据总体综合评价值的最大化原则，计算分配出主、客观权重系数，并依据此模型对四个学习型城市进行了较准确的评价。

总之，各种综合赋权法都有一定的理论依据，并通过线性方程组、矩阵运算等数学思想来进行具体求解，有些方法集成计算简单，而有些方法则给评估过程带来了较大的计算量，但各方法间没有绝对的好坏程度之分，并且目前实际应用中对于何种评估问题选择何种综合赋权方法还没有一致性结论。另外，综合赋权法与主、客观赋权法相比，得到的评价结果相对更加科学、合理，但也可能存在较大的随机性偏差，导致结果与实际情况不符，其不能完全取代单一赋权法，所以在实际问题研究中选择赋权方法时要有理性的认识。

2. 绿色城市轨道交通评价赋权方法

为了验证构建的评价标准体系的科学合理性，采用专家咨询法向城市轨道交通、绿色建筑等领域专家发放调查问卷，通过专家对不同层次指标的打分以及同级指标间重要程度的认可，最终获得科学合理的绿色城市轨道交通评价指标。为了方便专家打分，我们将问卷设计采用层次分析法对评价指标体系设置为 3 个层级，用比较判断矩阵模型，将评价指标一一列出，能直观形象地反映评价指标间的关系。

笔者通过整理和总结国内外绿色建筑相关评价指标体系，结合城市轨道交通的基本特征和属性，初步建立了绿色城市轨道交通评价指标体系。结合层次分析法要求，将指标体系分为目标层、准则层和指标层 3 个层级，见表 1-4-19。

表 1-4-19　车站与车辆基地建筑评价指标体系汇总

目标层	准则层	指标层
绿色车站与车辆基地建筑	安全耐久 B1	建筑 C11
		结构与材料 C12
	便捷高效 B2	客流 C21
		接驳 C22
		人员活动相关设施 C23
	健康舒适 B3	室内空气品质 C31
		室内环境 C32
		水质 C33
	资源节约 B4	节地 C41
		节能 C42
		节水 C43
		节材 C44
	环境友好 B5	生态环境 C51
		物理环境 C52
		人文环境 C53
	运营管理 B6	管理制度 C61
		运营效果评估 C62

通过对调查问卷的收集与整理，依托层次分析法，对专家的比较判断矩阵打分结果进行统计分析，运用层次分析法可以尽量减少判断矩阵中数据的主观性，保证数据的客观性与科学性，从而确保得出的指标权重具有较高的可信度，指标权重能代表该项指标在整个评价体系中的重要性。

层次分析法把复杂问题的各指标按相互间的从属关系分解为若干个有序的递阶层次结构，每层内部指标请领域专家根据一定的比值标度进行两两比较，将主观判断量化形成判断矩阵，再利用数学方法计算每层判断矩阵中各指标相对于上一层的权重值，最后进行层次总排序，计算出全部指标相对于总目标的权重系数。

目前关于判断矩阵中指标权重系数的计算方法有 20 多种，包括特征向量法、最小二乘法、方根法、线性规划法等，不同方法所确定的指标权重排序存在一定差异。本研究中采用了特征向量法。

按照层次分析法，首先建立准则层的判断矩阵，如式（1-4-4）所示。

$$\mathbf{A}_{ij} = \begin{bmatrix} a_{11} & a_{12} & \cdots & a_{1j} \\ a_{21} & a_{22} & \cdots & a_{2j} \\ \vdots & \vdots & \ddots & \vdots \\ a_{i1} & a_{i2} & \cdots & a_{ij} \end{bmatrix} \tag{1-4-4}$$

其中，a_{ij} 是指标 i 和指标 j 之间的重要关系。a_{ij} 的选择依据表 1-4-20，若 $i=j$，则 $a_{ij}=1$。

表 1-4-20　层次分析法重要性数值对照表

数值	代表意义
1	表示两个因素相比具有相同的重要性
3	表示两个因素相比前者比后者稍重要
5	表示两个因素相比前者比后者明显重要
7	表示两个因素相比前者比后者强烈重要
9	表示两个因素相比前者比后者极端重要
2、4、6、8	表示上述相邻判断的中间值
倒数	若因素 i 与因素 j 之间的重要性之比为 a_{ij}，则因素 j 与因素 i 之间的重要性之比为 $1/a_{ij}$

此外，通过对指标重要性的两两比较，需要注意判断的一致性检验。例如，指标 1 相对于指标 2 的重要性为 2，指标 2 相对于指标 3 的重要性为 3，那么指标 1 相对于指标 3 的重要性应为 6。如果实际比较结果为 3，则说明对于三者相对重要性的主观判断不够准确。不过，很难实现多个指标之间的相对重要性判断完全一致，因此需要引入一致性检验，定义一致性比例 CR 如式（1-4-5）：

$$CR = \frac{CI}{RI} \tag{1-4-5}$$

如果 $CR < 0.1$，则认为判断矩阵的不一致程度可以接受，否则应对判断矩阵进行修正。

式中，CI 为一致性指标，通过判断矩阵的特征根 λ 和矩阵阶数 n 进行定义如式（1-4-6）：

$$CI = \frac{\lambda - n}{n - 1} \tag{1-4-6}$$

RI 为随机一致性指标，通过统计 500 个随机生成的比较矩阵的 CI 值获得，如式（1-4-7）。

$$RI = \frac{1}{500}\sum_{i=1}^{500}\left(\frac{\lambda_i - n}{n - 1}\right) \tag{1-4-7}$$

不同阶数的随机一致性指标见表 1-4-21。

表 1-4-21　随机一致性指标

n	1	2	3	4	5	6	7	8	9	10	11
RI	0	0	0.58	0.9	1.12	1.24	1.32	1.41	1.45	1.49	1.51

得到具有一定一致性的判断矩阵后，通过计算判断矩阵最大特征值对应的特征向量，并对特征向量进行归一化，则可以获得指标的权重 w。

4.2.3　赋权实例

以车站为例，介绍本研究应用层次分析法对绿色车站建筑评价指标体系权重的确定。

4.2.3.1　准则层权重的确定

构造判断矩阵 A-B，见表 1-4-22，计算特征向量等值，并进行一致性检验。

表 1-4-22 判断矩阵 A-B

A	B1	B2	B3	B4	B5	B6	w
B1	1						
B2		1					
B3			1				
B4				1			
B5					1		
B6						1	

4.2.3.2 指标层权重的确定

构造判断矩阵 B1-C 见表 1-4-23，计算特征向量等值，并进行一致性检验。

表 1-4-23 判断矩阵 B1-C

B1	C11	C12	w
C11	1		
C12		1	

构造判断矩阵 B2-C 见表 1-4-24，计算特征向量等值，并进行一致性检验。

表 1-4-24 判断矩阵 B2-C

B2	C21	C22	C23	w
C21	1			
C22		1		
C23			1	

构造判断矩阵 B3-C 见表 1-4-25，计算特征向量等值，并进行一致性检验。

表 1-4-25 判断矩阵 B3-C

B3	C31	C32	C33	w
C31	1			
C32		1		
C33		.	1	

构造判断矩阵 B4-C 见表 1-4-26，计算特征向量等值，并进行一致性检验。

表 1-4-26 判断矩阵 B4-C

B4	C41	C42	C43	C44	w
C41	1				
C42		1			
C43			1		
C44				1	

构造判断矩阵 B5-C 见表 1-4-27，计算特征向量等值，并进行一致性检验。

表 1-4-27 判断矩阵 B5-C

B5	C51	C52	C53	w
C51	1			
C52		1		
C53			1	

构造判断矩阵 B6-C 见表 1-4-28，计算特征向量等值，并进行一致性检验。

表 1-4-28 判断矩阵 B6-C

B6	C61	C62	w
C61	1		
C62		1	

4.2.4 最终权重的确定

由于车站、车辆基地及全线路的功能和用能特点各不相同，宜对三种评价类型的评价分别赋予权重。根据层次分析法，不同评价类型的六种准则层评价指标权重赋值见表 1-4-29。

表 1-4-29 准则层评价指标赋权结果

序号	指标		车站权重	车辆基地权重	全线权重
1	安全耐久	w_1	0.1	0.1	0.1
2	便捷高效	w_2	0.2	0.2	0.15
3	健康舒适	w_3	0.15	0.2	0.1
4	资源节约	w_4	0.3	0.25	0.35
5	环境友好	w_5	0.1	0.1	0.1
6	运营管理	w_6	0.15	0.15	0.2

第二篇　绿色城市轨道交通专项技术研究

5　城市轨道交通地下车站疫情防控措施

5.1　前言

公认的新冠病毒传播方式为飞沫、气溶胶、接触这三大类，其中气溶胶指通过空气远距离传播。公共建筑是人们生活和工作的主要场所，除飞沫和接触传播外，公共建筑中的空调通风系统为新冠病毒气溶胶传播的主要载体。目前国内外一致认为合理运行公共建筑空调通风系统可以在一定程度上缓解新冠病毒在建筑中的传播。同时，从各部委发布的防控指南、行业协会编制的团体标准中均可看到对空调通风系统运行管理的原则性建议，包括全新风运行、提高过滤等级等。然而，不同类型的公共建筑由于其功能性的差异，空调通风系统形式和特点都不尽相同，若建筑内各区域都遵循全新风和提升过滤等级的要求，既增加了能耗、又未达到相应的效果，显然是缺乏科学性的，也是不经济的。

因此，针对新冠肺炎疫情下各类公共建筑的空调通风系统提高防疫性能的实际需求，需要开展典型公共建筑功能区风险等级划分研究，构建空调通风系统防控性能提升技术体系，降低人员感染的风险，提升公共建筑应对突发公共卫生事件的能力。

对交通枢纽类建筑，考虑到与城市公共交通密切配合，大型站点设在城市中心外围的主要干道，附近有多条辅助道路网与主要干道相连。空间组合是以大型空间作为主体穿插辅助空间的组合，这类建筑通常都有一个比较大的空间作为活动的中心，而在大空间的周围，布置附属的空间，并且它们之间有比较密切的联系。

交通枢纽类建筑分区明确、联系方便，并按主、次、外、闹、静关系合理安排，使其各得其所；同时还根据实际使用要求，按人流活动的顺序关系安排位置。空间组合、划分以主要空间为核心，次要空间的安排有利于主要空间功能的发挥；对外联系的空间靠近交通枢纽，内部使用的空间相对隐蔽。

交通枢纽建筑是人流的集散中心，每时每刻都有来自不同地区、不同城市，乃至不同国家的人流聚集、疏散，交通枢纽建筑的功能就在于集散，所以它的集散效果是所用公共建筑中最为出色的。交通枢纽建筑是人们出行的地方，与每个人的生活息息相关。

交通枢纽类建筑是人员流动性最大、人员复杂程度最高的公共场所。主要涉及两类人员：站场内工作人员和外来人员即旅客。而工作人员又分为频繁接触外来人员的岗位和维护站场正常运行不接触外来人员的岗位；旅客性质复杂，分为省内、国内、国际等。因此，交通枢纽类建筑的疫情防控有其复杂性和特殊性，是疫情防控的重点关注场所。

5.2 国内外相关标准规范

总体而言，国内外有关交通运输系统阻断突发重大疫情传播的成果还比较少。世界卫生组织（WHO）发布的有关突发重大疫情防范和应对指导文件中，均未涉及此部分内容。2008年12月，美国公共交通运输协会（American Public Transportation Association，APTA）安全风险管理工作组发布了技术标准APTA）SS-S-SEM-005-09《制定传染性病毒应对计划》（Developing a Contagious Virus Response Plan），并于2013年4月完成第一次修订。该标准介绍了美国公共交通运输部门应对传染性病毒计划的主要思路和基本措施，包括载运工具消杀防疫、公共交通服务调整、疫情防控知识传播等。为控制检疫传染病通过交通工具及其乘运的人员、物资传播，防止检疫传染病流行，保障人体健康，国务院于1998年11月发布了《国内交通卫生检疫条例》，卫生部、铁道部、交通部、民航总局根据该条例于1999年9月发布了《国内交通卫生检疫条例实施方案》；在SARS疫情后，为应对突发公共卫生事件，卫生部、交通部于2003年11月发布了《突发公共卫生事件交通应急规定》；2020年1月，国务院应对新型冠状病毒感染的肺炎疫情联防联控机制印发《公共交通工具消毒操作技术指南》。但上述指导性文件更多的还是在强调对公共交通运输工具的消杀防疫以及对疑似患者的筛查、隔离等，并未过多涉及突发重大疫情下的城市轨道交通运行组织问题。

交通运输部发布《道路货运车辆、从业人员及场站新冠肺炎疫情防控工作指南》，规定了不同风险等级区域的车辆消毒频次、响度位置、通风频次、人员信息等级、卫生防护知识宣传等防控措施内容。《客运场站和交通运输工具新冠肺炎疫情分区分级防控指南（第五版）》针对不同风险等级地区分别从消毒、通风、运输组织、人员防护、宣传五个方面对疫情防控措施内容进行了规定。其中，对车站的空调系统提出通风时长为运行时段增加0.5～1h，通风模式为全新风和正常工况。夏季，中风险、高风险地区所在区县车站通风模式可调整为小新风，列车通风模式可调整为正常通风量不间断通风。

针对城市轨道交通运行，各省陆续发布疫情防控工作指南。哈尔滨对地铁车厢、车站等重点设备设施进行消毒处理，对人员进行登记，对员工进行防护，部分地铁采取局部或全部线路停运，调整行车间隔；为了进一步做好疫情防控和运营成本管理，哈尔滨地铁适时对运营行车间隔进行调整，建立了每日运营关键数据监控，并根据监控数据对后期客流进行预测，以确保列车满载率在疫情防控要求以内。宁波城市轨道交通多措并举，从严从紧从实落实疫情防控常态化措施；全线网启动测温进站工作，严格车站防控措施，运营车站通风空调系统开启全新风模式，每天全面消毒1次车站公共区域，电梯、安检机、售票机、闸机以及卫生间每天消毒2次；根据运营实际，加强口罩、消毒液、手套等防疫物资的增购和储备工作，以及采取加强公共场所等重点区域管控、加强人员日常管控等措施。全国范围，各地城市轨道交通运营公司疫情防控措施整体上保持一致，个别在频率上和设备配备上存在区别，分别从测量体温、佩戴口罩、限流、调整运营时间、消毒、通风、宣传疫情相关知识、员工防疫、应急物资储备等方面落实疫情防控措施，其中通风措施内容为确保车站和列车内新风有效流通。根据疫情具体情况，调整车站空调通风系统运行模式，增大车站通风量，确保车站公共区域空调通风顺畅，加强对于空调通风系统的清洗及维护工作，在列车上线运行中增强通风量，确保空气畅通。

5.3　建筑分区

城市轨道交通车站一般由站厅层、站台层及人行通道、地面出入口、风道、地面风停等使用空间组成。车站使用空间按运营要求划分功能分区，可分为乘客公共区、设备与管理用房区。站厅区域一般划分为公共区（付费区和非付费区）、设备及管理用房区两部分。站台区域一般划分为候车区及部分设备用房区，详见表 2-5-1。

表 2-5-1　城市轨道交通地下车站功能区

序号	区域名称		空间名称
1	主要使用空间	站厅	检票口
2			安检口
3			票务室
4		站台	便民配套设施
5			站台
6			卫生间
7	次要使用空间（辅助空间）		环控电控室
8			蓄电池室
9			商业通信机房
10			环控机房
11			走道
12			照明配电室
13			通信配线间
14			气瓶室
15			强电井
16			弱电井
17			真空泵房
18			车站控制室
19			通号电源室
20			通号设备室
21			PIDS 室
22			综合监控设备室
23			警务设备室
24			AFC 设备及维修室
25			屏蔽门控制室
26			蓄电池室

续表

序号	区域名称	空间名称
27	次要使用空间（辅助空间）	控制室
28		0.4、33kV 开关柜室
29		站长室
30		票务管理室
31		安全办公室
32		接处警室
33		男、女更衣室
34		会议室
35		保洁间
36		保洁工具间
37		检修储藏室
38		冷水机房
39		消防泵房
40	交通空间	出入口通道
41		自动扶梯
42		电梯

5.4　空调系统

5.4.1　空调系统现状

地铁车站是一个相对特殊的场所，由于地铁的运行及大量乘客的集散，地铁车站负荷具有明显的峰值时段，大部分时间内乘客少于定员人数，负荷较低，而高峰时段负荷远远高于平时。地铁车站独特的负荷特点决定了地铁的通风空调系统必须满足以下要求：

（1）列车正常运行情况下排除余热余湿，为乘客创造一个往返于地面街道至地铁列车内的过渡性热舒适环境；

（2）对列车各种设备和管理用房按工艺和功能要求提供一定的温湿度条件及舒适性条件或通风换气次数；

（3）列车阻塞在区间隧道时，向阻塞区间提供一定送风量，保证列车空调冷凝器正常工作，维持车厢内乘客能接受的热环境；

（4）当发生火灾事故时，提供迅速有效的排烟手段，向乘客提供必要的新风量，形成一定的迎面风速，引导乘客安全迅速撤离。

目前国内外地铁车站的空调系统一般分为开式系统、闭式系统和屏蔽门系统。开式系统车站一般采用横向送排风，也可将车站与区间隧道连成一体进行纵向通风；闭式系统通常将送风管沿车站长度方向布置在站台两侧，风口朝下均匀送风，在站台和轨顶设置排风系统；屏蔽门系统中车站成为独立的空调场所，一般将送风管沿车站长度方向布置在站台和站厅上方两侧，风口朝下均匀送风，回风管设置在车站中间上部，也可采用在车站两端集中回风的形式。

开式系统多用于当地夏季最热月的月平均温度低于25℃且运量较少的地铁系统。这种系统一般分为带空调和不带空调两种方式。不带空调的开式系统就是在地铁沿线车站与车站之间设置多座通风竖井，借助机械通风或列车在隧道内运行所产生的“活塞效应”使地铁内空气与外界空气相互连通，利用外界空气冷却车站和区间隧道。带空调的开式系统在站与站之间设置通风井，车站内设有空调系统，正常运行时，所有通风井全部开启，使外界空气和隧道内空气进行交换。

闭式系统地铁车站内部基本不与外界空气相连通，仅在车站两端设置端头活塞风井，以保证闭式系统在开式与闭式运行工况之间转换运行。这种系统多用于当地夏季最热月的月平均温度高于25℃且运量较大、高峰时段内每小时的列车运行对数和每列列车车辆数的乘积大于180的地铁系统。该系统是一种车站和区间隧道内的空气基本上与室外空气不相连通的方式，即地铁车站内所有与室外连通的通风井及风门均关闭，车站内采用空调系统，当室外空气焓值大于空调回风空气焓值时，中央空调箱循环使用车站回风，仅通过风机从室外为车站内乘客提供所需的最小新风量；当室外空气焓值低于空调回风空气焓值，而室外空气温度又大于空调送风温度时，采用全新风空调系统。区间隧道则借助于列车行驶时的“活塞效应”将车站内的空调风送入区间隧道，由此降低区间隧道内的温度，并在车站站台层两端设置迂回风道，以满足闭式工况运行时列车进站前活塞风的泄压要求。

屏蔽门系统是在车站站台与区间隧道之间纵向安装可滑动的屏蔽门，将车站与隧道彻底隔离，车站安装空调系统，区间隧道采用活塞通风或机械通风，或两者兼用，通过通风竖井排除余热和余湿。在新建线路及旧有线路的改造工程中，站台屏蔽门的应用日趋广泛。采用全封闭屏蔽门系统不但可以将来自隧道对站台候车环境的影响降低到最小，而且可以防止乘客跌落或跳下轨道而发生危险，降低气流噪声，为乘客提供舒适、卫生、安全的候车环境。世界上第1套屏蔽门系统于1988年安装于新加坡NEL线，此后又有美国、法国、英国、日本、澳大利亚、俄罗斯、中国香港等国家和地区安装了屏蔽门系统。

车站空调一般采用全空气系统，分为大系统和小系统。主要使用空间和交通空间根据位置划分为不同的大系统；次要使用空间按房间使用时间、性质、负荷需求等要求分为不同的小系统。地铁车站公共区（俗称“大系统”），如图2-5-1所示，主要包含站厅、站台两部分。站厅主要功能包括乘客安检、进出站、票务等，是站外空间与站台之间的过渡空间，与各出入口相连，并通过电梯、楼梯等开口与站台相通；站台则主要满足旅客等候、上下车等需求，除了通过楼梯口、电梯口与站厅相连通外，站台通常通过屏蔽门与列车运行的隧道相连接。

站厅层面积通常为2000～4000m^2，受出入口数量及车站规模的影响。站台层面积则相对固定，根据不同的列车编组形式会有不同，以单节车厢所占长度20m、站台宽度15m估算，则6节编组、8节编组列车对应的地下车站标准站台面积分别约为1800m^2、2400m^2。因而，对于常见的地下非换乘车站，站厅、站台的总有效面积为4000～

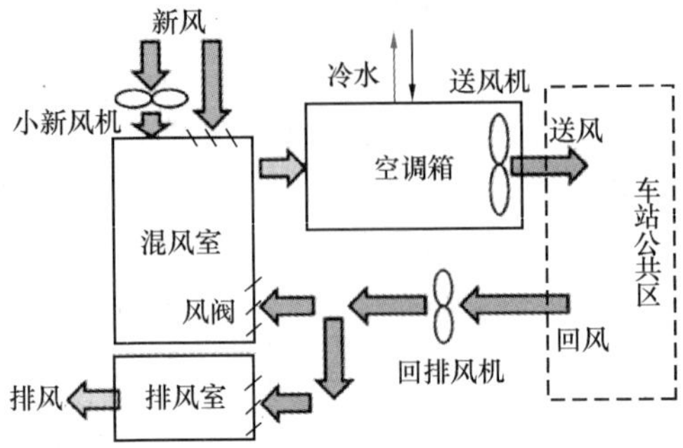

图 2-5-1　大系统通风空调原理

$6000m^2$，与中小型公共建筑服务的面积范围相当。

除车站公共区域外，地铁车站还包括由各类辅助用房组成的小系统，小系统主要包括各类人员办公用房、通信用房、设备用房等，服务面积通常约为大系统（公共区）所服务面积的一半左右。因此，对于通常的地铁车站，车站公共区及辅助用房（即大、小系统）的总面积在数千平方米左右。

图 2-5-2 显示了地铁车站小系统、大系统的主要区域及环控需求。可以看出：小系统中包含人员活动状况和与普通办公房间类似的休息室、会议室等，其环控需求与普通办公建筑相同；而对于以设备发热为主、几乎没有人员的通信机房等房间，其环控需求以排出热量为主，但需要系统 24h 连续运行；对于冷水机房、环控机房等场合，则几乎仅供人员巡检作业，环控要求最低。大系统中站厅层、站台层又有不同的功能特点，站台层仅用于乘客上下车及等候过程的短暂停留，而站厅层除了旅客进站通过的功能外，还包含较多的车站工作人员活动，如安检、票务等功能。

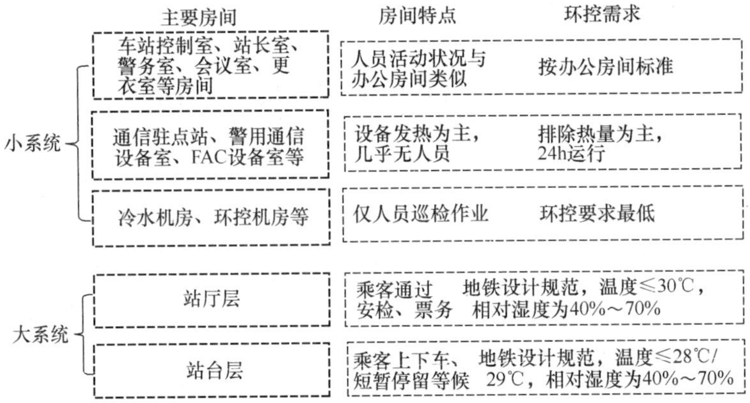

图 2-5-2　大系统、小系统特点

5.4.2　针对疫情问题思考

总体来看，城市轨道交通地下车站空调通风系统除卫生间、保洁间、设备间采用排风系统外，其余空间不设置单独的排风系统。即存在一定的清洁区至污染区的空气流向。但其他区域并没有根据疫情防控的需求设置区域间的压差控制气流流向，没有考虑辅助用房人员常驻区域回风过滤，避免相互感染（通常为一个系统）、辅助用房人员常驻区域正压、风道压力是否平衡等问题。

因此首先需识别功能区风险，进行风险等级划分，确定清洁区与污染区。针对主要矛盾采取技术及管理措施，最大限度控制疫情传播。

5.5 传染病传播机制

在进行建筑功能区风险识别之前，要搞清楚空气传播病毒机制。搞清楚病毒传播由哪些过程组成，每个环节的风险因素都是什么，作为后续构建建筑功能区风险等级评价体系的依据。

疫病传播过程有三个最基本的环节。

第一个环节是传染源。所谓传染源，是体内有病原体繁殖，并且能够排出病原体的人和动物。也就是说，传染源要么是人，要么是动物，建筑物不是传染源，只能是传播因素。

第二个环节是传播途径。病原体从人体排出来以后，经过某些物质（常见的如空气、水、食物、土壤、节肢动物等），甚至通过人与人之间的亲密接触（握手、拥抱、亲吻等），把病原体从病人（也就是传染源）带到了易感者，这个过程叫传播途径。传播速度最快的是呼吸道传染病，其传播途径主要有呼吸道传播（包括飞沫核传播、菌尘传播、气溶胶传播）、接触传播（直接接触传播，如接触分泌物、排泄物等；间接接触传播，如飞沫传播等），有些也可通过血液、虫媒、动物抓咬传播。不同的病原体，经过不同的传播途径，流行特点也不一样。同时人口越密集，传播的频率越大。所以在传播途径中，危害最大的、人们最要注意的一个途径就是经空气传播，SARS 和过去的天花、鼠疫这些危害较大的疾病往往都是通过呼吸道传播。

第三个环节是易感人群。易感人群是对某种病原体容易被感染的一个人或者一组人。通过计划免疫，我们对百日咳、白喉、破伤风、麻疹，几乎可以说已不是易感人群。但是对于新的疾病，易感人群越多，发病的可能性就越大，人群发病的数量也就越多。那么疫情传播到什么程度才能停止呢？在流行病学概念中，用人群免疫力来衡量。人群中对这个疾病有免疫力的人达到一定比例的时候，疾病就可以停止传播。而这个比例的大小随着不同疾病的毒力不同而变化。

因此，建筑功能区风险等级的划分应基于疫情传播机制的传染源、传播途径、易感人群三方面，要尽快识别新冠病毒传播的特有风险因素，从而构建建筑功能区风险等级评价体系。

5.6 功能区风险等级划分

5.6.1 风险因素分析

国内流行病学调查显示，疫情早期，各省报告的聚集性疫情主要由湖北及外省市输入病例引起，雷明玉等研究表明，在贵州省 29 起聚集性疫情中，17 起因输入引起本地传播，涉及病例 96 例，其中 11 起由武汉输入，6 起由其他外省输入。广东省前期报道的病例主要为湖北省感染输入病例 534 例（84.36%），其他省感染输入病例 61 例（9.64%），另有 38 例（5.98%）为省内感染。

1. 境外病例及冷链货物输入

2020 年 3 月后，多地出现第二波疫情高峰。洪浚扉等研究表明，丽水市 3 月报告的 4 起聚集性疫情均为境外输入，其中由意大利输入 2 起，由西班牙输入 2 起。郭慧芬等对太原市入境某航班新冠肺炎聚集性疫情进行分析得知，航班确诊 36 人，罹患率 18.64%。所以，严格落实对入境人员点对点的闭环管理，当时实施（14+7）d 的隔离措施十分重要。除了境外病例输入，频繁接触进口冷链货物也引起了多次聚集性疫情，北京、大连、青岛、天津等地先后报道了新冠肺炎聚集性疫情与进口冷链食品有关联。中国疾病预防控制中心对青岛新冠肺炎疫情溯源调查过程中，从工人搬运的进口冷冻鳕鱼的外包装阳性样本中检测分离到活病毒。

2. 暴露方式

（1）家庭聚集

家庭成员之间共处一室的生活环境、长时间相处的生活状态，造成聚集性疫情主要出现在家庭，家庭聚集性疫情占 79%。家庭环境核酸检测发现频繁接触的物体表面新冠病毒核酸检测呈阳性，研究发现在病人房间的各种物表，如马桶、水槽、窗台、桌椅、地板、门把手等部位检出核酸阳性；病人粪便标本也检出核酸阳性，且粪便比呼吸道样本核酸持续阳性的平均时间长（11.2±9.2）d，因此应大力倡导居民养成良好的生活卫生习惯，佩戴口罩，加强家庭环境的物表擦拭和消毒，减少家庭成员间的传播。早期无症状感染者和密接居家隔离的措施可能造成一部分家庭聚集，提示对无症状感染者和密接进行集中隔离的必要性和科学性。

（2）工作场所暴露

对聚集性疫情的研究表明，工作场所暴露占 3%左右，工作场所内人员集中，容易造成聚集性疫情，应做好人员健康管理。刘怡芳等对天津动车客运段新冠聚集性疫情研究发现，确诊的 10 例病例由动车组又蔓延至家庭，且出现三代病例。从事冷冻产品储存、加工、流动和销售等人员具有潜在病毒感染的可能性。陈禹存等对大连市一起暴发疫情研究表明，在境外被污染的海产品进入一家冷冻海鲜产品的加工车间，导致个别操作工人感染，从而在车间内工人之间迅速传播，并蔓延至工人居住社区。应加强冷链食品加工和交易场所从业人员健康管理，做好个人防护、开展健康监测、改善卫生条件、定期核酸检测、上岗集中住宿，从而有效降低此类场所新型冠状病毒的传播风险。

（3）交通工具暴露

交通工具为新冠病毒传播的高危场所。密闭的空调大巴车造成一起“超级传播”事件，1 名病例参加佛事活动，与其同乘大巴车的人员中有 25 人确诊或者无症状感染，感染率达 36.76%。“钻石公主号”“世纪梦号”等游轮发生聚集性疫情；航班也为聚集性疫情的高发场所。乘坐交通工具时应做好防护，隔座乘车，间距应在 1m 以上。

（4）重点场所暴露

暴露于商场、超市、公共浴池、酒店、养老院等场所造成聚集性疫情的事件也屡见报道。杨海燕等研究发现，在新冠肺炎聚集性疫情中商场超市占 6%。天津宝坻百货大楼新冠肺炎聚集性疫情确诊 40 例病例，续发病例涉及 11 起聚集。陈敏红等研究发现，养老院被护理的老人的新冠肺炎续发率最高，为 28.57%。谢许情等对一起农村新冠肺炎聚集性疫情的调查分析发现，农村居民串门聊天、聚众打牌等行为可能促进农村疫情的传播。HERSHOW 研究发现，新冠病毒可在监狱中迅速传播，主要由工作人员和新转移的被监禁者引入。

（5）医院诊疗环境下的交叉感染

新冠病毒在医疗环境中无防护措施下的就医人员之间传播，主要是由于新冠病毒在特定环境下可能会发生一定范围内的气溶胶传播，而且患者免疫力与普通人群相比较为低下，因此容易引起院内传播。陈奕等研究表明，与病例同处一个诊疗大厅的感染率为 1.94%。陈飒等研究发现，首例病例发病后至某医院就诊，导致某医院 7 名直接接触或间接接触人员确诊。提示医疗机构应加强院内感染防护，优化院内发热门诊布局与就医流程，切实发挥预检分诊的作用。SUGANDHI 对印度北部一家三级医院的 256 名卫生工作者进行新冠病毒检测发现 2%呈阳性。WANG 对武汉某医院院内感染情况分析发现 25 名实验室人员确诊，2 名卫生工作者高度疑似，并有 10 名家庭成员感染新冠肺炎。隔离点作为高危暴露场所，也可导致聚集性事件的发生，李辉等对隔离点人群进行核酸检测发现，隔离点阳性率为 5.30%，阳性人员以中老年人为主，女性居多。

3. 国外疫情传播案例

美国传染病专家安东尼·福奇博士在 2020 年 11 月列出了一份新冠病毒感染最容易发生的场所的清单。清单中包括室内聚会、酒吧、餐馆，甚至医院环境中（当员工不穿戴适当的防护设备时）。

针对美国各州新冠感染率持续上升的问题，安东尼·福奇博士阐述了人们感染 COVID-19 风险较大的几个地方。大多数新冠病毒感染发生在封闭的环境中，福奇指出了以下几点：最常见的传播是在家庭接触者中，在不使用个人防护设备的集体或保健环境中，以及在封闭环境中（如游轮、疗养院、监狱）。可能增加空气传播风险的因素包括：拥挤、封闭、通风不良的空间、唱歌、大声说话或深呼吸。

例如，2020 年 8 月下旬在佛罗里达州一家社交俱乐部举行的卡拉 OK 聚会导致了 50 多人感染，多人住院，甚至还有少数人死亡。在家庭聚会上也有社区传播，还有教堂活动，人们在没有戴口罩的情况下挤在一起。

2020 年 11 月中下旬，朋友和家人等团体因为天气寒冷而在室内聚会吃饭，正在成为晚宴或社交活动中的团体无症状传播的主要来源，现在看来，比起酒吧和其他场所，这更容易导致感染。以下地方是大多数社区暴露于新冠病毒的场所：餐馆、酒吧和咖啡馆、宗教集会、健身房和公共交通。

总体来看，经过目前大量聚集性疫情流行病学分析，得到如下结论：

（1）易感人群涉及全年龄，范围较广，但患有基础病的老年人、儿童更为易感；

（2）接触传播除了人与人的近距离接触外，还有接触被污染的物品、排泄物及携带病毒的动物；

（3）暴露场所有工作场所、交通枢纽、医院建筑等类型，还应注意商超、市场等人员、物品性质较复杂的场所以及密闭的人员密集娱乐场所，如酒吧、咖啡馆、健身房和 KTV 等。

因此，公共建筑功能区风险等级的评价应考虑传染源、传播途径、易感人群三方面。

传染源考虑人、物、排泄物等几种已经确认的污染源；传播途径则考虑在公共建筑空调通风系统中气溶胶途径及有可能聚集的位置、产生的原因；易感人群则考虑已发病例所在地点、所在地点的活动性质、防护等级、人员性质、热源密度等因素。

5.6.2　风险等级的划分

依据上述调研建立公共建筑风险评价指标，见表 2-5-2。对城市轨道交通地下车站功能区进行风险等级评价，得到以下结论，见表 2-5-3。

表 2-5-2　公共建筑风险等级评价指标

序号	分类	风险一级指标	风险二级指标	分值	评价标准
1	1. 传染源	1.1 新冠病人	1.1.1 空间有新冠病人的可能性	5	可能性从低到高 0～5 分
2		1.2 外部人员	1.2.1 来访人员患病的可能性	5	可能性从低到高 0～5 分
3		1.3 内部人员	1.3.1 内部人员患病的可能性	5	可能性从低到高 0～5 分
4			1.3.2 内部患病人员频繁接触所有人员的可能性	5	可能性从低到高 0～5 分
5		1.4 物的传染	1.4.1 空间有患病动物的可能性	5	可能性从低到高 0～5 分
6			1.4.2 空间有携带病毒的物品	5	可能性从低到高 0～5 分
7			1.4.3 空间有携带病毒的排泄物	1	有 1 分，无 0 分
8	2. 易感人群	2.1 人群密度	2.1.1 人员密集区域	5	密集程度从低到高 0～5 分
9		2.2 人群性质	2.2.1 是否为易感人群，如老人、儿童、免疫缺陷人群	1	有 1 分，无 0 分
10		2.3 人群流动性	2.3.1 空间内人员停留时间	5	停留时间由短到长 0～5 分
11		2.4 人群行为	2.4.1 空间内人员体力劳动强度	5	强度从低到高为 0～5 分
12			2.4.2 空间人员个人防护程度	5	防护程度从高到低 0～5 分

表 2-5-3　城市轨道交通地下车站功能区风险强度

序号	区域名称	风险强度
1	安检口	25
2	站台	24
3	卫生间	22
4	会议室	21
5	出入口通道	20
6	办公室	19
7	保洁间	19
8	检票口	18
9	电梯	18
10	票务室	17
11	便民配套设施	16
12	更衣室	16
13	控制室	15
14	设备间	12

其中安检口、站台考虑人员密度和内部人员频繁接触乘客的风险因素；卫生间主要考虑存在排泄物的风险因素；会议室主要考虑人员停留时间的风险因素；出入口通道则主要考虑人员密度的风险因素。将表的各功能区风险强度分别取 33%、66%为风险等级分界线，划分出低、中、高三类风险等级，见表 2-5-4。

表 2-5-4　城市轨道交通地下车站功能区风险等级

序号	区域名称
高风险	安检口
	站台
	卫生间
	会议室
	出入口通道
中风险	办公室
	保洁间
	检票口
	电梯
	票务室
低风险	便民配套设施
	更衣室
	控制室
	设备间

5.7　空调通风系统疫情防控技术措施

城市轨道交通车站内空调通风系统疫情防控技术应基于空气净化技术、生物安全技术，借鉴 SARS、MERS 等空气传播病毒疫情防控技术措施，从运行空调系统的系统分区、系统设置、气流组织、设备与材料、过滤与消杀、自动控制等 8 个方面，归纳控制方法、控制参数及其他指标等疫情防控关键技术内容，梳理现有的空气传播病毒疫情防控技术措施。

5.7.1　系统分区

（1）在相关现行标准的基础上，空调系统分区方式宜考虑将相同风险等级区域划分为一个空调区域。

（2）应根据建筑物实际使用功能、使用人员和使用时间将建筑物划分为不同性质的使用区域。

（3）环境类型相同，运行时间相同，可作为同一系统。

（4）对下列情况应单独设置排风系统，并应通过合适的除污装置，从排气口排到屋外且排风机应设在排风管路末端，使整个管路为负压，并应在工作地点处设排风机运行状态显示信号：

① 产生放射废气；

② 产生有害气溶胶，有害气体；

③ 通过空气传染的诊室、病房等污染区，严重污染的房间。

（5）空气要求清洁的房间，室内应保持正压，放散有害气体、放射废气、气溶胶及各污染区的房间应保持负压。当要求空气清洁程度不同或与有异味的房间比邻且有门（孔）相通时应使气流从较清洁的房间流向污染较严重的房间。

（6）产生不良气味的房间，如卫生间、处置室、污物室、淋浴间的排风，应不使局部空气滞留，且排风量为每小时换气 10～15 次。

（7）机房的面积和机组的位置，要考虑到日常检查、维修及更新，不宜将空调机、新风机设在顶棚内。

（8）空调通风系统的新风采集口的周边环境应保持清洁，应远离建筑物排风口和开放式冷却塔，不得从机房、楼道及吊顶内吸入新风。新风采集口的下端应距地面 3m 以上，设在屋顶时距屋面 0.9m 以上。

（9）空调通风设备多而散，宜采用集中监控系统。

（10）通风、空调系统的运行管理措施、控制和使用方法、运行使用说明以及不同工况设置等应作为技术资料管理，委托设计部门专业人员研究制定，并应在实践中予以不断完善。

（11）一般来说，门诊各部门 8 小时运行，急救中心各室、输液室、感染性疾病科、产房、病房 24 小时运行，设计者应与医院管理者磋商后，再确定各部门运行时间。

（12）应区分房间的朝向细分供暖、空调区域，并应对系统进行分区控制以利于疫情期间空调系统的分区控制，降低交叉感染风险。

（13）如不同风险等级功能区共用空调系统，宜增加独立控制措施。

（14）为了突发传染性疫情时能进行快速改造并使对建筑使用功能流线的改动工作量最小，可采用三区三廊模式，即清洁区、半污染区和污染区，清洁走廊、半清洁走廊和污染走廊。

（15）应根据平面区划的要求，通过空气流向控制建筑内整体的空气流向。

5.7.2 空调风系统设置

（1）对于采用集中空调的建筑，要防止通过回风将有致病微生物的空气送入其他房间，避免交叉感染。

（2）风系统应具备应急关闭回风和新风的装置。

（3）应具有控制空调系统分区域运行的装置。

（4）总送、排风系统主干管到房间的支风管上除安装风量调节阀外，还可预留电动密闭阀安装位置，突发传染性疫情后可安装电动密闭阀进行单独关断，以便对相关房间进行消杀处理。

（5）设计时尽量放大风管管径，避免局部改造后风速过大，风量达不到要求，无法保证压力梯度。

（6）风机盘管一定要设计为带回风静压箱的回风口，直接抽取室内风，严禁从吊顶回风。

（7）既有建筑可改造为从室内直接回风，不能采用吊顶回风。

（8）室内送回/排风不应发生短路。

（9）送风口和回风口应当设置防鼠装置，并定期清洗，保持风口表面清洁。

（10）回风管应处于负压状态，运行前应进行漏风量检测，保证风管处于负压状态。

（11）吸烟室、复印室、打印室、垃圾间、清洁间等房间，应设置机械排风系统，将工作过程产生的异味和污染物直接排至室外。

（12）回风段可加设空气加热器和紫外线杀菌灯，从而减少向外界排放的微生物数量。

（13）减少回风比例，加大人均新风量，可以稀释室内微生物气溶胶浓度，降低人体直接暴露于微生物气溶胶中的感染量。

（14）应在空调箱的回风段增加亚高效过滤器，但是要定期更换亚高效过滤器，并妥善处理旧的过滤器，旧过滤器上可能会有病毒，建议喷消毒水后再作为有害垃圾处理。

（15）集中空调系统和风机盘管系统的回风口应设初阻力小于50Pa、微生物一次通过率不大于10%和颗粒物一次计重通过率不大于5%的过滤设备。

5.7.3 新风系统设置

（1）通风空调系统新风口应合理设置，尽可能减少新风口数量。

（2）新风口不应设置在排风口下风向或下方高度，与排风口保持一定距离，避免送风和排风气流短路。

（3）新风口距离室外地面高度不宜过低，应设置在无污染空气区域。

（4）在新风口加设初中效过滤装置和紫外线灭菌，初步过滤气流中的尘埃颗粒，防止系统中积尘，同时杀灭微生物，减少其在系统内的定植。

（5）有条件的场所可以采用新风机组。将新风直接送入人员活动区域，合理组织气流，最大限度降低活动区域微生物浓度。

（6）空调通风系统新风口的周边环境应清洁，并应远离化学性或生物性污染源、建筑物排风口和开放式冷却塔。

（7）不得从机房、建筑物楼道及吊顶内吸入新风，新风口处的保护网及防雨措施应定期检查、清洗。

（8）全空气系统最好采用同层取新风，每层设置新风百叶，如采用变新风比运行，应增大核心筒的新风竖井，需要增大新风百叶或新风竖井，并设计与新风量配比合适的排风系统。

（9）中小型系统适当提高新风百分比到20%～50%。

（10）不使用空调时应当关闭回风通道，避免新风反吹。

（11）为了防止新风口处的过滤器吸入积雪或雨水而受潮，可在新风引入口处安装防水百叶，增加新风管坡度，添加上弯的新风管弯头；为防止第二级及以后空气过滤器由于效率较低的挡水器引起的浸湿，可将进入挡水器的最高风速限制在3.5m/s。

（12）设计时如果条件允许，新风系统建议设计为可变新风量运行，同时设计相应的排风系统，排风口接至每个房间。

（13）可结合过渡季节或冬季新风供冷需求，设计时适当加大新风量标准，空调季节根据室内二氧化碳浓度自动控制新风量供应，过渡季节或疫情期间转换为最大新风量运行。

5.7.4 空调水系统

（1）在条件允许时，对于有供热需求的建筑，将新风机组和空调机组的热水供水温度尽可能提高，降低因为采用加大新风带来的对室温的影响；对于有供冷需求的建筑，则宜将冷水供水温度降至 5～6℃ 。

（2）空调冷凝水不能单独排至室外，应随各区污水和废水接入污水处理站集中处理后排放。

（3）空调冷却水系统采用无蒸发耗水量的冷却技术，利于避免因冷却塔漂水导致病毒病菌传播。

5.7.5 末端系统设置

（1）风机盘管加新风的空调系统，应能确保各房间独立通风。

（2）转轮式热回收装置新风受排风的污染率为 10%～30%，采用“纸芯”空调主机末端设备回风出风，半室外式空调的传质式热回收装置新风受排风的污染率为 6%～9%，此两类热回收装置应关闭。

（3）对于以冬季供暖为主的系统，能量回收装置建议采用显热回收方式。

（4）建议北方严寒地区供暖使用散热片，供冷使用风机盘管。

（5）表冷器换热面积比设计工况加大 20%～30%。

（6）热回收设备选择时应保证：

① 应尽量降低热回收装置的漏风率，内部漏风率不宜大于 3%。

② 以冬季供暖为主的系统，可采用显热回收形式。医院等空气污染风险较大的场合可采用分离式热回收系统（乙二醇液体热回收、热管式热回收等）。

③ 当采用转轮热回收时应采用具有新排风风机独立控制的功能，疫情期间可加大新风量或减小回风量，使新风侧保持正压，避免排风对新风的污染。同时转轮宜停止运行，放弃热回收。

④ 热回收装置应具有旁通控制功能，可全部关闭热回收通路。

⑤ 当采用板式全热回收时，疫情期间可将全热回收换热机芯更换为显热回收换热机芯。

（7）温湿度独立控制空调系统应用。温湿度独立控制空调系统的干式末端减少了对湿表面依赖性较强的细菌、病毒的滋生，是一种天然的有利于疫情防控的系统形式。

5.7.6 系统运行参数

（1）人均新风量应达到 $30m^3/h$，室内湿度宜控制在 40%～60%之间，室内温度宜控制在 18～26℃之间。该区间为机体免疫系统抵抗病毒和细菌感染的最佳范围，液滴携带的病毒或细菌在该湿度下传染性小。

（2）空调通风系统在运行期间，应合理控制新风量，空调房间内二氧化碳浓度应小于0.1%。

（3）高风险区域宜增加通风换气次数。

（4）室内$PM_{2.5}$年均浓度不高于$25\mu g/m^3$，且室内PM_{10}年均浓度不高于$50\mu g/m^3$。环境中的病毒附着在比它们大数倍的尘粒表面，依附于气溶胶颗粒物质而生存，较少以单体的形式存在。通过控制外窗气密性能降低室外$PM_{2.5}$通过外窗穿透进入室内，通过采取室内空气净化或通风换气等措施控制室内$PM_{2.5}$和PM_{10}的浓度，降低携带病毒的媒介。

5.7.7 气流组织

1. 全楼气流组织

（1）多层建筑应保证所有楼层压力相同，对外保持微正压。

（2）在新建建筑设计中，应考虑混合采用穿越式通风、浮力烟囱式通风、单侧式局部通风、副楼板的烟囱式通风等几种自然通风方式以满足房屋通风要求。

（3）气流组织设计应做到空调通风气流、消毒空气气流、排风系统气流之间流向统一。

（4）外窗、玻璃幕墙的可开启部分能使建筑获得良好的通风，要求幕墙透明部分可开启面积比达到5%，外窗可开启面积比达到30%。合理的室内平面和室内空间设计，以及门窗位置、尺寸与开启方式的精细化设计，可以有效利用自然通风。

（5）房间平面布局宜有利于形成穿堂风，避免单侧通风出现的进排气流混流与短路。

（6）通过烟囱效应原理，采用导风墙、捕风墙、拔风井、太阳能拔风道等措施，加强建筑内部的自然通风。

（7）住区规划布局应与当地主导风向相符合，形成气流通道，充分利用自然风，并控制污染源，使住区空气质量满足标准要求。

（8）厨卫空间应组织好进、出风口及气流走向，采用全面或局部换气设施，防止公共排气道烟气倒灌、串气和串味。

2. 局部区域气流组织

（1）应通过合理设计空调通风系统，控制气流流向，保证不同污染等级区域的压力梯度，避免洁净空气与污染空气的交叉。

（2）气流组织应同时满足室内通风效率、局部换气效率与热舒适性的要求。

（3）气流组织合理，避免卫生间、餐厅、地下车库等区域的空气和污染物串通到其他空间或室外活动场所。

（4）寒冷季节应增加新风量，并在冷梁下布置加热器削弱气流贴壁流动，抑制人员活动区域内的热分层现象，降低交叉感染风险。

（5）下送风的气流组织形式有更好的颗粒物去除能力，但存在二次扬尘的问题。

（6）在人员位置固定的小尺度公共空间，如办公室、飞机机舱等，采用个体送风系统；在大尺度公共空间应采用分区送风系统。

3. 高风险区气流组织

（1）封闭式空调房间应保持排风系统开启，保持室内压力平衡或微负压状态，非封闭式空调房间，尽可能保持门窗有一定开度。

（2）高风险区独立空间气流组织应设置为上送风、下回风。

（3）高风险区域进行空气压差控制，保证污染区负压。

（4）为保证有效地通风换气，应在封闭房间内同时设置送、排风系统；排风系统的设置比较简单，排风量建议按送风量的 1.1 倍选用，排风量比送风量稍大是为了使封闭前室内保持适度的负压。

（5）排风口与送风口应按前室的对角线布置，起码为两端布置，并且送风口在下，排风口在上。

（6）为保证火灾时能自动全部关闭，应选用可由消控中心远距离控制启闭的排风口，并且为防止排风污染周围环境，应将排风机设于建筑物的屋顶。

（7）高风险区禁止跨区域回风。

5.7.8 过滤与消杀

（1）不同分区应采用不同过滤与消杀手段，在保证经济性同时确保高风险区获得更有效的过滤效果。

（2）当空调通风系统中存在病原微生物污染时，宜采取有效措施对空气处理设备、风管及其服务的功能房间进行消毒，并应采用国家相关部门认可的消毒药剂和器械。消毒过程中应采取措施保护人员、财产不受损害。

（3）风管应先清洗，后消毒。可采用化学消毒剂喷雾消毒，金属管壁首选季铵盐类消毒剂，非金属管壁首选过氧化物类消毒剂。

（4）在高风险区域宜单独安装紫外线杀菌空气净化装置。

（5）采用含氯消毒剂、紫外线、56℃热水或热风进行消杀。

（6）集中空调系统消毒后，其自然菌去除率应大于 90%，风管内表面细菌总数、真菌总数应小于 100CFU/cm^2 且致病微生物不得检出。

5.7.9 自动控制系统

（1）设置 PM_{10}、$PM_{2.5}$、CO_2 浓度的空气质量监测系统，且具有存储至少一年的监测数据和实时显示等功能。

（2）监控系统强调建筑楼宇的 24 小时监控、出入口管理和人员活动轨迹与接触人员的可溯源性。

（3）安防系统强调与人脸识别、体温监测系统的对接，对人员的体温情况及时进行监测，同时对人员密集情况进行报警提示与处理。

（4）监测点位应在地面上 1.1～1.7m 之间，距离门窗和排气口大于 1m。

（5）CO_2 与 $PM_{2.5}$ 测量时间间隔不宜超过 10 分钟，其他污染物测量间隔不宜超过半小时。

（6）一旦 $PM_{2.5}$ 或 CO_2 值超过阈值，应控制增加新风比，有条件时应开启外窗增加自然通风。

（7）在高风险封闭区域定期对空气压差进行监测。

（8）定期维护和检查空气质量传感器、压差传感器等监测仪器。

（9）设置水质在线监测系统，监测生活饮用水、管道直饮水、游泳池水、非传统水源、空调冷却水的水质指标，记录并保存水质监测结果，且能随时供用户查询。

5.8 城市轨道交通建筑运行管理措施

基于当前国内外城市轨道交通权威部门给出的防控指南、导则，筛选如下城市轨道交通车站运行管理防控措施。

5.8.1 运行管理措施

各地城市轨道交通运营公司疫情防控措施整体上保持一致，个别在频率上和设备配备上存在区别。本文对各项防控措施加以汇总、整理，并给出建议。

1. 测量体温

根据测量体温设备的原理，分为电子体温计和热成像仪。目前各地社区普遍使用电子体温计，优点是成本低，缺点是误差大。热成像仪按照结构组成分为移动式和固定式两种。移动式一般为手持式，需要工作人员手持操作；固定式不需要人工辅助，一般放置在固定通道，乘客正常通行即可。热成像仪的优点是误差小，缺点是成本较高，且固定式比移动式成本高。

建议采用差异化方案。客流量大的重点车站采用固定式热成像仪，客流量小的车站由工作人员穿戴防护服使用手持式热成像仪或电子体温计对乘客进行体温检测。客流量较小的车站，可以只开设1条安检进站通道，并做好保持适当间距的排队引导。对于体温超常者，一经发现，应进行一系列流程操作：退票→引导至隔离区→等候120安排车辆送医→记录乘客相关信息方便防疫部门后续跟踪→处置完立即消毒。

2. 佩戴口罩

要求进站、乘坐地铁的乘客全程佩戴口罩，对于不配合者，运营公司有权进行劝离。建议在车站广播系统配合宣传。

3. 限流

为做好疫情防控，控制站内人员密度，运营公司可根据客流及其在车站的分布情况适时采取限流措施，降低排队及站厅、站台、换乘通道等处的人群密集度，控制减少乘客在有限空间内的聚集。限流措施包括站内限流、线路远端限流（即其他车站配合限流），同时也可视情况启动站外限流，并做好提示及引导工作。

4. 调整运营时间

根据疫情实际情况，调整运营时间及行车间隔，可以适当缩短运营时间、延长行车间隔，鼓励乘客在乘车时保持间距，科学引导乘客降低人群聚集密度，适当关闭车站内客流较少的安检点或客服中心。

5. 消毒

消毒分为列车消毒、车站消毒、办公区域消毒。在高峰时间外增加列车及车站的清洁与消毒。

(1) 列车消毒。在正常清洁和消毒的基础上，增加消毒频率。推荐在列车车厢进行消毒日期、时间的标注。

(2) 车站消毒。按照乘客接触设备的程度进行分等级消毒，可以分为3个级别：①一级包含回收的单程票及车站安检设备；②二级包含电扶梯扶手带、自动售票机、自动进站检票机、自动出站检票机、垃圾桶、站台座椅、卫生间等公共区域的设备设施；③三级包含沿途商业设备设施。根据疫情程度对于不同级别的设备设施进行不同频率的消毒工作。每日运营结束后进行深度清洁、消毒。

(3) 办公区域消毒。对于员工办公区域进行一天多次消毒。

6. 宣传疫情相关知识

运营公司可以充分利用列车和站台的乘客信息系统显示屏、LED屏、官方网站、微信公众号、微博等平台，进行有关预防知识的宣传。鼓励乘客尽量通过app等方式购买电子票，减少或停止售卖普通单程票。

7. 员工防疫

员工每日上岗前需进行体温测量，必须佩戴口罩、手套上岗，视物资储备情况佩戴护目镜，对随身携带的工作物品进行消毒。开展员工教育，提高一线员工的自我意识和防护能力。

8. 应急物资储备

启动紧急采购程序。要做到物资的合理分配，在大客流的重要车站，对安检员配置护目镜、一次性手套、防护服等。要进行综合统筹调配，每天对防护物资消耗和库存进行统计，实时掌控储备情况，进行合理调配。

9. 其他

可以设置专门垃圾桶，用于车站回收废弃口罩。

5.8.2　空调通风系统运行管理措施

1. 公共区域

(1) 首选自然通风，确保排气扇运转正常，保持室内空气流通。无法采用自然通风的，必须采用机械通风。

(2) 加强集中空调通风系统的维护，确保所有通风设备保持正常运转，每周对运行的开放式冷却塔、过滤网、过滤器、净化器、风口、空气处理机组、表冷器、加热（湿）器、冷凝水盘等设备和部件进行清洗、消毒或更换。

(3) 采用全新风运行方式，关闭回风管。

(4) 无法全新风运行的，应有空气净化消毒装置，特别是空调通风系统风机房、回风口可采用加装紫外线灯等消毒方式进行空气消毒，并保证有效运行。

(5) 每日各站点投入运营前和停止运营后30～60分钟，集中空调通风系统应保持运行。所有排风均需直接排到室外。

（6）在条件允许时，对于有供热需求的建筑将新风机组和空调机组的热水供水温度尽可能提高，降低因为采用加大新风带来的对室温的影响；对于有供冷需求的建筑，则宜将冷水供水温度降至 5～46℃ 。

2. 地铁人员管理用房

人员管理用房主要为以车控室为核心区域的站务人员用房和设备区内走道，且归纳为车站管理用房和设备用房空调通风系统（ 俗称小系统）。此外，按照全国地铁通用的做法，为防止重要设备用房及车控室空调失效，这些重要房间均设置备用空调系统。因此，提出以下建议。

（1）地铁人员管理用房在采用全新风的模式下，可再同时开启备用空调，以防止在外界空气温度过高且又要保证新风量的情况下，不能为运营管理人员提供舒适的工作环境和设备正常工作提供必需的运行环境。

（2）地铁人员管理用房在采用小新风的模式下，为保证空气质量，在以车控室为核心区域的站务人员用房增加带消毒功能的空气过滤机，以保证空气质量。

5.9 结论

城市轨道交通在促进经济发展、保障社会民生等方面发挥着非常重要的作用，当突发重大疫情出现时，城市轨道交通网络存在车站环境复杂、人员密集度高、运输工具封闭、串联城区组团等特点，是内防疫情扩散、阻断疫情传播的主战场之一。合理运行管理空调通风系统可以有效解决病毒传播问题。因此，城市轨道交通地下车站应对功能区进行风险等级划分，重点对高风险区域采取本文提到的技术措施和运行管理措施，最大限度地降低站内感染。

6 高效制冷机房专项技术研究

6.1 背景

制冷机房是中央空调系统中能耗最大、投资成本最高的部分，制冷机房的能耗包括冷水机组、冷冻水泵、冷却水泵以及冷却塔的能耗，提高制冷机房系统运行能效，发展高效制冷机房，不但可显著降低中央空调系统的生命周期成本，同时可降低建筑能耗，起到良好的节能减排效果。高效制冷机房即指制冷机房系统全年平均运行能效比达到某一水平的制冷机房。2019 年 6 月发展改革委、工业和信息化部、财政部等七部委联合印发了《绿色高效制冷行动方案》，提出到 2030 年，大型公共建筑制冷能效提升 30%，制冷总体能效水平提升 25%以上，有力推动了高效制冷机房的发展。2020 年 9 月 22 日，国家主席习近平在第七十五届联合国大会上宣布，中国二氧化碳排放力争于 2030 年前达到峰值，努力争取 2060 年前实现碳中和，“双碳”目标政策将进一步推动高效制冷机房的快速发展。

城市轨道交通作为城市公共交通系统的一个重要组成部分，近年来得到了迅速发展，其能耗也在不断增加，城市轨道交通的能耗主要为牵引能耗和动力照明能耗。据广州地铁运营公司的不完全统计，城市轨道交通的运营支出约有 25%为电费支出，电费支出中约有 35%为空调系统支出，空调系统能耗中 60%～80%为制冷机房系统能耗。城市轨道交通建筑中央空调系统建设高效制冷机房是城市轨道交通建筑实现节能减碳的一项有效措施。

6.2 发展历程

6.2.1 国外

为了提升制冷机房的能效，在 20 世纪 90 年代末，国外有关机构和学者开展了相关的科研工作。

1997 年，由加利福尼亚公用事业客户提供资金，太平洋煤气和电力公司（PG&E）实施了一项名为 Cool Tools TM 的项目。Cool Tools TM 旨在开发、传播和推广一套综合的工具、指南和服务。该项目的产品可为业主、设计专业人员和运行人员在制冷机房新建或改造过程中提供最经济有效的设备选型、系统设计和运行策略的方法。

1999 年，业界最权威的全变频系统控制专家 Hartman 发布“Hartman Loop”专利控制逻辑，包括相等边际效能原则、自然曲线以及按需控制三个基本算法，基本控制原理是采用一定的时间步长对制冷机房各个设备的运行能效和系统运行能耗进行持续调整，直至找到最优工况点。

2009 年，作为 Cool Tools TM 的成果之一，由 Energy design resources 发布 *Chilled Water Plant Design Guide*，是首部专门介绍制冷机房设计的著作，主要包括冷负荷计算、机房主要设备、空调水系统、控制仪表、优化设计、设备采购和调适等内容。

2012 年，新加坡建设局发布第三版 *The code for environment of sustainability of buildings*，其中第 4.1.8 条，对公共建筑中央空调系统制冷机房设计能效最低限值做出规定，包括水冷式制冷机房和风冷式制冷机房或单元式空调器，详见表 2-6-1 和表 2-6-2。

2017 年 ASHRAE 学院推出了一项名为“Fundamentals of Design and Control of Central Chilled-Water Plants”的自主学习课程（SDL）。旨在通过提供基于严格的生命周期成本分析的新设计方法来改进现有设计方法，以提供最佳的制冷机房生命周期成本。

表 2-6-1　新加坡水冷式制冷机房设计能效限值

系统设计能效最低限值	建筑峰值负荷（*RT*）	
	<500	≥500
	系统设计能效最低限值（kW/kW）	
	4.4	5.0

表 2-6-2　新加坡风冷式制冷机房或单元式空调器设计能效限值

系统设计能效最低限值	建筑峰值负荷（*RT*）	
	<500	≥500
	系统设计能效最低限值（kW/kW）	
	3.9	4.4

6.2.2　国内

针对制冷机房系统能效的提升，早期开展的节能工作主要是设备节能，随后在保证设备能效的基础上开始重视优化控制来实现系统节能。

在新建、改扩建公共建筑的冷源设备设计选型阶段，针对冷水机组，我国主要采用性能系数（以下简称“COP”）和综合部分负荷性能系数（以下简称“IPLV”）指标来评价冷水机组的能效。《公共建筑节能设计标准》GB 50189—2015 规定了选用冷水机组的 COP 和 IPLV 的最低限值，较 2005 版标准中规定的冷水机组能效限值有较大提升。已发布的《建筑节能与可再生能源利用通用规范》GB 55015—2021 规定的冷水机组能效限值在 2015 年版公共建筑节能标准的基础上又有进一步的提高，这将进一步促进设备厂家加大研发力度提高机组能效，推动电制冷机组的快速发展。针对空调冷（热）水泵，GB 50189—2015 规定了空调水系统耗电输冷（热）比的计算方法并对其进行了限制，从而保证水泵选择在合理的范围，降低水泵能耗。GB 50189—2015 规定了 SCOP 的限值，间接对冷却水泵、冷却塔的能效提出了要求。

既有建筑空调冷源系统的节能改造大致经历了以下几个阶段：

第一阶段：早期冷源系统的设计普遍存在设备选型偏大的问题，并且冷水机组、冷冻水泵、冷却水泵、冷却塔风机多为工频运行，测试发现，很多项目在大部分时间都处于大流量小温差的运行状态，于是，出现了为冷冻水泵加装变频装置的节能改造方案，从而达到一定的节能效果。当然，也存在一些项目改造并不彻底，水泵的变频装置未能实现实时控制，而是运行人员根据经验手动调节频率。

第二阶段：出现了变频冷水机组，冷水机组在部分负荷运行时能效有了大幅提升，因此对于使用年代久远、性能系数衰减严重的冷水机组一般采用更换为变频冷水机组，或变频、定频组合配置方案，也有些项目采用了为既有定频机组增设变频装置的改造方案。

第三阶段：实现冷源设备全变频，即冷水机组、冷冻冷却水泵、冷却塔风扇均加装变频装置，通过冷源群控系统实现整个冷源系统的高效运行。

第四阶段：近年来开始关注制冷机房的整体能效指标，通过设计、施工到运行全过程的精细化设计与自动控制来保障冷源系统整个制冷季的高效运行，即建设高效制冷机房。采取的主要技术措施包含：基于全年负荷特性优化冷源设备的选型、设计参数的优化、设备、管网降阻优化、设置高效冷源节能控制系统、利用 BIM 技术进行精细化制图和施工管理、实施精细化调适以及高质量运行维护等。

目前，国内针对什么是高效制冷机房，当前业内普遍认可的是采用美国 *ASHRAE* 指南中提出的全年冷源系统能效比高于 5.0 可称为高效制冷机房。《公共建筑节能设计标准》GB 50189—2015 中对电冷源综合制冷性能系数（以下简称“SCOP”）进行了限定，SCOP 为设计工况下，电驱动的制冷系统的制冷量与制冷机、冷却水泵、冷却塔输入能量之比，但 SCOP 指标计算未包含冷冻水泵的耗功。《公共建筑节能检测标准》JGJ/T 177—2009 中规定了冷源系统能效系数（EER-sys）的限值，见表 2-6-3，EER-sys 即为冷源系统单位时间供冷量与单位时间冷水机组、冷冻水泵、冷却水泵和冷却塔风机能耗之和的比值。JGJ/T 177 对冷源系统能效系数的检测工况及相关要求做出了明确规定，但由于标准编制年代相对较早，标准规定的 EER-sys 的限值也相对较低。广东省地标《集中空调制冷机房系统能效监测及评价标准》DBJ/T 15-129—2017 提出了集中式空调制冷机房系统能效比的概念，即制冷机房系统总制冷量和总用电量的比值，总用电量包含了制冷机、冷冻水泵、冷却水泵和冷却塔的用电量，DBJ/T 15-129—2017 将制冷机房系统能效划分了三个等级，规定设计阶段制冷机房系统名义工况能效、制冷机房系统全年平均设计能效不应低于三级要求。在运行阶段，制冷机房系统全年平均设计能效同样不应低于三级要求。系统能效等级最低限值见表 2-6-4。中国工程建设标准化协会标准《高效制冷机房技术规程》T/CECS 1012—2022 提出了冷源系统能效比的概念，同 DBJ/T 15-129—2017 提出的制冷机房系统能效比，该规程在运行评价章节，规定了高效机房能效等级按冷源系统全年能效比的大小划分为 1、2、3 三个等级，其中 1 级表示能效最高，高效机房能效等级见表 2-6-5，系统能效较 DBJ/T 15-129—2017 有进一步的提升。

表 2-6-3　JGJ/T 177—2009 规定的冷源系统能效限值

类型	额定制冷量（kW）	冷源系统能效（kW/kW）
水冷式冷水机组	<528	2.3
	528～1163	2.6
	>1163	3.1

表 2-6-4　DBJ/T 15-129—2017 规定的系统能效等级限值

系统额定制冷量（kW）	系统能效等级	系统能效最低要求
<1758	三级	3.2
	二级	3.8
	一级	4.6
≥1758	三级	3.6
	二级	4.1
	一级	5.0

表 2-6-5　T/CECS 1012—2022 规定的高效机房能效等级

能效等级	1 级	2 级	3 级
冷源系统全年能效比	6.0	5.5	5.0

6.3　设计方法

高效制冷机房采用以冷源系统全年能效比为约束目标的性能化设计方法，与传统的合规性设计方法不同，高效制冷机房性能化设计面向机房系统性能指标要求，通过目标分解，依次进行冷源设备选型、水系统设计和控制策略制定工作，同时对各分项指标进行验证，在全寿命周期成本最低的原则下，通过不同组合方案的比选，选取最佳设计方案。

性能化设计是一种基于目标的闭环设计方法，该方法以制定性能量化指标为约束目标，以节能措施集成与参数优化为基础，以全工况模拟分析为基本手段进行设计，并通过模拟仿真等手段验证，以判定是否满足目标值。

性能化设计是一个迭代分析过程，当采用的技术措施不能满足系统性能目标要求时，需对相关参数或措施重新进行调整，直至满足要求为止；同时随着分析过程的深入，当发现系统性能目标难以实现或经济性不合理时，可对系统性能目标进行调整。

高校制冷机房性能化设计方法可采用下列流程：

（1）建筑负荷计算；

（2）确定设计性能指标；

（3）冷源设备选型与性能验证；

（4）空调水系统设计与性能验证；

（5）确定控制策略；

（6）设计评价。

6.3.1　建筑负荷计算

建筑负荷计算作为高效机房设计的基础工作，其结果的准确性直接影响设计方案的合理性、制冷机房节能效果和初投资。由于整个空调季节室外气象参数存在较大的变化，因此有必要进行整个制冷季的动态负荷计算，分析建筑负荷特性，指导冷源设备的优化选型，使冷源设备在整个制冷季均能运行在高效区。

常用的动态负荷计算软件有 TRNSYS、Dest、Energyplus 和 Equest 等，具体计算流程如下：

1. 收集资料，主要内容包括：

（1）明确由集中冷源提供供冷服务的功能区域，并划分计算热区；

（2）统计各功能区域围护结构的面积尺寸及热工参数；

（3）统计各功能区域内热源参数。和建设方沟通确认各功能区域的内扰参数，包含：逐时客流量、灯光、广告箱、电气设备等的功率及开启时间表、使用率等相关资料；

（4）参照相关设计标准分析确定室内设计参数，包含室内温湿度、人员新风量、设备用房新风量等参数；

（5）参照相关设计标准及建筑节能气象参数标准确定土壤温度、室外典型气象年气象参数等，广州市典型气象年逐时干球温度如图 2-6-1 所示。

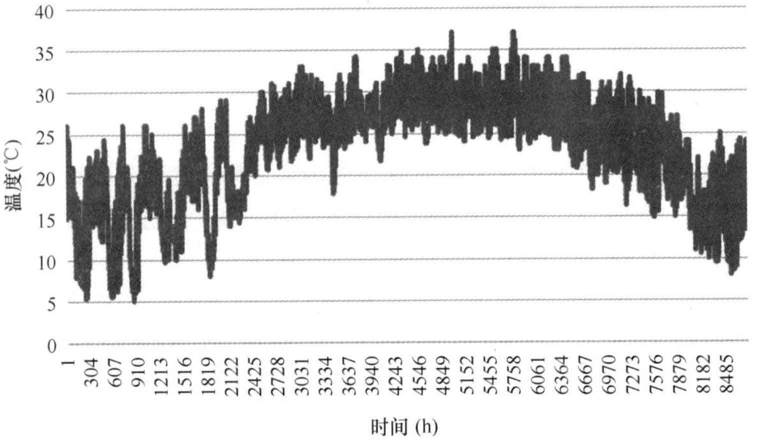

图 2-6-1　广州市典型气象年室外逐时干球温度

2. 选取动态负荷计算软件，建立建筑模型，进行动态负荷计算

3. 对建筑全年动态负荷进行特性分析

（1）选取全年动态负荷的峰值负荷作为建筑设计负荷；

（2）对全供冷季逐时负荷特性进行分析，为冷源设备的优化选型提供依据。

6.3.2　确定设计性能指标

设计性能指标的目标值主要包括冷源系统全年能效比设计值、冷水机组全年性能系数设计值和附属设备全年耗电比预设值。

冷源系统全年能效比设计值是设计阶段由设计人员根据相关标准中规定的高效机房能效等级评价指标、负荷特点及项目建设要求确定的。然后设计团队根据负荷特点、建筑规模、冷水机组性能平均值以及水系统形式等因素预先设定附属设备全年耗电比，然后根据式（2-6-1）计算确定冷水机组全年性能系数设计值。

$$COP_a = \frac{EER_a}{1-\lambda_a} \tag{2-6-1}$$

式中　COP_a——冷水机组全年性能系数设计值；

EER_a——冷源系统全年能效比设计值；

λ_a——附属设备全年耗电比预设值。

附属设备全年耗电比预设值（λ_a）和冷水机组全年性能系数（COP_a）是实现冷源系统全年能效比设计值的基础指标，是判定冷源设备选型和水系统设计是否满足要求的依据。λ_a代表了冷水泵、冷却水泵和冷却塔等附属设备选型的目标值；COP_a代表了冷水机组设计选型的目标值。在冷源系统全年能效比确定的情况下，λ_a和COP_a二者数值大小成正比关系，λ_a和COP_a存在不同的取值组合，同时也代表了不同的技术措施组合和投资成本，如当冷源系统全年均能效比EER_a确定为5.0，附属设备全年平均耗电比λ_a预设为20%时，则冷水机组全年性能系数COP_a要求达到6.3；若λ_a提高至35%，则COP_a需提高至7.7。由此可见，冷水泵、冷却水泵和冷却塔这三种附属设备的耗电占比越大，对冷水机组性能要求越高。降低附属设备全年耗电比，在相同的冷源系统能效比下，可以有效缓解对冷水机组性能的要求，具有很好的经济效益。设计人员在设计过程中可从安全、节能和经济等角度综合考虑，对上述两项基础指标进行调整，从而对设计方案进行优化。

6.3.3 冷水机组选型

冷水机组选型步骤包含确定冷冻水/冷却水设计参数、确定冷水机组类型、台数及容量、冷却水机组全年性能系数设计值的验证。

1. 冷冻水/冷却水设计温度

根据《城市轨道交通通风空气调节与供暖设计标准》，地下车站、站厅、站台公共区夏季室内空气设计温度要求不超过30℃，空气相对湿度设计在40%～70%，可以看出城市轨道交通较办公商业等公共建筑的室内空气设计温度更高，空气相对湿度要求也更加宽泛，因此，集中空调冷源系统冷冻水供水设计温度可以适当提高，也可以仍采用常规设计温度7℃，在运行阶段通过提高冷水机组冷冻水供水温度降低机组的运行能耗。设计人员可根据室内空气设计温湿度、室外空气计算温湿度等相关参数初步确定冷冻水和冷却水的设计供回水温度。

2. 冷水机组的选型

首先，根据全年逐时冷负荷的峰值负荷确定冷水机组的总装机容量。其次，根据全年冷负荷变化特性、市场主流冷水机组产品特点，并考虑安全、稳定、运行等因素初步确定冷水机组的形式、台数和单台设备容量。

3. 冷水机组全年性能系数设计值验证

根据冷水机组厂家提供的变工况性能数据搭建冷水机组仿真模型，并预设冷水机组全年运行模拟工况和控制策略，对冷水机组全年性能系数设计值进行验证。

根据冷水机组性能曲线，在冷水供水温度保持不变的情况下，降低冷却水供水温度（即冷却塔出水温度），可降低冷水机组压缩机压头（冷凝压力-蒸发压力），提升冷水机组性能系数，根据厂家性能数据调研，一般冷却水供水温度每降低1℃，冷水机组性能系数可提高2%～4%。因此在冷水机组选型过程中，应将降低冷却水供水温度作为提升冷水机组能效的重要节能措施进行考虑。在预设冷水机组模拟运行工况时，可采取冷却水供水温度重设策略，在较低的冷却塔逼近度下，根据室外湿球温度逐时值进行动态设定，当室外湿球温度降低时，冷却水供水温度设定值相应降低，并通过控制冷却塔开启台数或风机转速等措施满足设定值要求。

需要强调的是在高效机房性能化设计过程中，冷却水供水温度是冷却塔选型阶段判定冷却塔选型是否满足要求的重要验证指标，因此在冷水机组选型阶段应对冷却水供水温度设定策略进行详细说明，作为冷却塔选型的重要依据。

通过仿真计算得出的全年性能系数高于设计值，则证明冷水机组选型方案满足要求，否则应调整冷水机组型号和台数并重新模拟计算，直至模拟得到的全年性能系数高于设计值为止，从而确定冷水机组的选型配置。

6.3.4　冷却塔选型

冷却塔选型时，应根据冷水机组选型阶段确定的冷却水流量、冷却水供回水设计温度和冷却水温设定策略，确定冷却塔型号和台数；利用仿真模型工具搭建冷却塔性能仿真模型，在预设冷却塔模拟运行工况的基础上，计算该方案下冷却水供水温度（T_{cwi}），并与冷水机组要求的冷却塔供水温度设定值（T_{cw}）进行比对，若 $T_{cwi} \leqslant T_{cw}$，则证明冷却塔选型方案满足要求，否则应调整冷却塔型号和台数并重新对 T_{cwi} 和 T_{cw} 进行比对直至满足 $T_{cwi} \leqslant T_{cw}$ 为止。

冷却塔布置位置应通风良好，以保证冷却塔的散热效果。长条形状摆放的冷却塔，其摆放方向宜与当地夏季季风方向垂直。且冷却塔不宜采取矩阵布置方式，以免相互影响。

6.3.5　水系统设计及性能验证

空调水系统设计包括冷水系统和冷却水系统。该阶段的主要工作内容是通过对空调水系统进行优化设计合理选取冷水泵和冷却水泵及其阀部件。空调水系统设计主要包括确定水系统形式、管网设计、水力平衡设计、水泵及阀部件选型、水泵全年能耗计算、附属设备全年耗电比预设值验证等主要步骤。

1. 确定水系统形式

集中空调冷水系统负荷侧一般采用两通阀或电动调节阀进行变流量调节，针对负荷侧变流量系统，较为常用的冷水系统形式有定流量一级泵、变流量一级泵、变流量二级泵及多级泵系统。不同的冷水系统形式根据自身特点具有相应的适用范围，设计人员应根据项目规模、系统作用半径、系统阻力、不同区域水温设计参数、运行时间等因素综合考虑选择合理的冷水系统形式。

冷却水系统多采用冷却水泵和冷却塔先并后串的系统形式，冷水机组、冷却水泵与冷却塔相互之间并非一一对应关系，在部分负荷下可采用多塔低频的运行方式，可以降低冷却水供水温度，提升冷水机组能效，同时也能降低冷却塔风机耗电量。

2. 管网降阻设计

空调水系统常用的降耗措施主要有大温差设计、设备阻力优化、局部阻力优化以及管路优化。

1）大温差设计

（1）冷冻水供回水温差

对于给定的冷冻水供水温度，提高供回水温差，一般不会对冷机能效产生影响，在相同制冷量下，可降低冷冻水流量，进而降低水泵能耗，同时可降低主管尺寸、水泵和电机型号以及变频器型号，可以减少设备投资。

提高冷冻水供回水温差，末端空调设备的调整措施有两种：

① 固定冷冻水供水温度，增大换热盘管尺寸；

② 降低冷冻水供水温度，固定换热盘管尺寸。

第一种方法导致冷却盘管排数增加，盘管费用增加；第二种方法会导致冷水机组运行能耗升高，但冷冻水泵的能耗下降。我们可通过初投资和运行费用计算分析来确定冷冻水温差设计值。

（2）冷却水供回水温差

冷却水供水温度和冷水机组之间有很强的耦合关系，提高冷却水温差和冷却水回水温度对冷机效率影响很大，同时会降低冷却塔的冷却能力，在相同冷却热负荷下，需选择较大型号冷却塔，增加初投资。提高冷却水供回水温差，应综合考虑冷水机组、冷却水泵和冷却塔的运行能耗及初投资。

2）设备阻力优化

空调水系统中的主要设备有冷水机组蒸发器和冷凝器、板式换热器、冷却塔、空调机组、风机盘管等。在水系统设计中应尽量选择低阻力设备以降低水系统输配能耗。高效制冷机房水系统主要设备降阻措施见表 2-6-6。

表 2-6-6　水系统主要设备降阻措施

设备名称	常规设备阻力（mH_2O）	主要降阻措施	低阻设备阻力（mH_2O）
冷水机组	7～10	增加换热管束尺寸，改变管程数	≤5m
板式换热器	5～10	增加换热器板片数，改变板片形式	≤3m
冷却塔	塔体扬程：5m 喷嘴阻力：2～5m	选用横流式冷却塔可节省喷嘴阻力	≤5m
空调机组 风机盘管	3～5m	增加换热管尺寸，改变管程数	≤3m

3）局部阻力优化

水系统中产生局部阻力损失的主要是管路中的管件和阀门，例如弯头、三通、变径、止回阀、过滤器、手动阀门以及平衡调节阀门、分集水器等。

降低管路局部阻力损失的主要措施有：

（1）根据设备杂质粒径要求，选用相应目数过滤器，选用阻力损失小的篮式过滤器或直角式过滤器代替 Y 型过滤器；

（2）选用对夹双瓣旋启式止回阀代替升降式止回阀；

（3）选用顺水弯头代替直角弯头；

（4）选用斜三通或顺水三通代替直角三通；

（5）选用球阀或蝶阀代替闸阀和截止阀；

（6）取消设计落地式分集水器。

4）管路优化

管路优化的主要措施包括管路布置和管路尺寸优化两个方面：

（1）管路布置

通过合理的管路布置以减少弯头、变径等局部阻力管件的使用，进一步降低管网阻力损失，目前常用的管路降阻布置方式有：

① 水泵进出水口高度与冷水机组或换热器进出口置平；

② “以斜代直”：在冷水机组或换热器进出口管段与机房水平干管连接时，使用斜管段代替直管段可减少90°弯头的使用数量；

③ 设置顺水弯头，可降低局部阻力损失50%。

（2）管路尺寸优化

综合考虑初投资、流速限制等因素，适当放大最不利环路管路尺寸，以降低水系统整体阻力。

3. 管网水力平衡计算

可借助水力平衡计算表或流体输配管网仿真模拟软件开展水力平衡计算，进行管网设计。水力平衡计算主要工作内容包括并联环路压力损失平衡计算和确定水力平衡调节装置选型参数等。

当采用仿真软件时，应首先初步确定管路布置方式、管段参数、局部阻力部件、设备流量特性参数搭建水系统仿真模型，并设置流体物理参数、管道规格、管段流速和雷诺数限值以及系统输入流量和定压值等边界条件。当并联环路压力损失不平衡率不满足规范要求时，在合理调整管径的基础上，通过使用仿真软件自带的平衡阀选型模块进行平衡计算，最后根据并联环路阻力损失平衡计算结果，确定水力平衡调节装置选型参数。

4. 水泵选型

完成水力平衡设计后，由最不利环路的阻力损失确定水泵的扬程，根据冷水机组蒸发器的流量需求确定水泵的设计流量，然后根据相关标准对水泵效率的要求进行水泵的选型。

5. 附属设备全年耗电比预设值验证

利用专用仿真工具搭建集中空调制冷机房冷源系统仿真模型，输入冷水机组、冷冻水泵、冷却水泵、冷却塔的变工况性能数据，并结合冷水机组、冷却塔和水泵选型过程预设的控制策略，计算冷源系统全年消耗电量、冷水机组、冷却塔、冷冻水泵、冷却水泵的全年消耗电量，计算附属设备全年耗电比（λ_{ai}）并与附属设备全年平均耗电比预设值（λ_a）进行比对，若$\lambda_{ai} \leqslant \lambda_a$，则证明空调水系统设计满足要求，否则应通过采取管径优化、设备降阻以及管路优化布置等措施，在合理的流速范围内并保证系统水力平衡性的基础上，降低冷水和冷却水系统输配阻力，并对阀部件以及水泵进行重新选型，更新制冷机房系统性能仿真模型，直至满足$\lambda_{ai} \leqslant \lambda_a$。

6.3.6　优化自控策略

针对高效制冷机房的自控系统优化，目前业内的主流做法是以制冷机房总体能耗最低为目标，通过采用不同的优化算法控制机房主要设备在全工况下以最高效率运行，最大限度地降低运行能耗。这里介绍冷源设备常见的优化运行策略。

1. 冷水机组

制冷机组耗电量占冷源系统总耗电量的 80%左右，充分挖掘制冷机组的节能潜力可以显著提升制冷机房整体系统能效。制冷机组的优化运行策略主要包含优化冷水机组分级运行、冷冻水供水温度重设、冷却水回水温度重设等。

（1）优化冷水机组分级运行

首先根据厂家提供的变工况性能数据确定每台冷水机组的最佳负荷率范围，然后根据建筑的逐时负荷计算机组的负荷率，合理开启冷水机组，使得建筑部分负荷率下选用的冷水机组均运行在较高的能效范围内。

（2）冷冻水供水温度重设

提高制冷机组冷冻水出水设定温度可以提高制冷机组的运行能效，根据某品牌机组提供的不同冷冻水出水温度下制冷机组 *COP* 的变化曲线，名义冷却水温度工况下，变频离心式冷水、冷机组、冷冻水出水温度由 6℃升高至 10℃，每升高 1℃，制冷机组 *COP* 约提高 2%。因此，在实际运行过程中，可以将冷冻水出水温度根据室外湿球温度或负荷率进行重设，在满足室内负荷需求的前提下，降低制冷机组的运行能耗。

2. 冷冻水泵

城市轨道交通地下车站项目空调冷冻水系统较常采用的系统形式为一次泵变流量系统，冷冻水泵变频采用设定最不利末端压差的控制方法，保证最不利末端设备的正常运行，其他支路的流量也基本可以达到要求。在最不利末端设备的两端设置压差传感器，将实时压差值与设定压差进行比较，调节水泵转速。需注意的是，由冷水机组厂家提供机组蒸发器要求的最小流量值，冷冻水泵转速调低过程中同时应满足制冷机组冷冻水最小流量的限值要求。

3. 冷却水泵

冷却水泵变频一般采用温差控制，在冷却水供回水管上设置温度传感器，将实时的冷却水供、回水温差与设定温差进行比较，调节冷却水泵的转速。需要注意的是由冷水机组厂家提供机组蒸发器要求的最小流量值，冷却水泵转速调低过程中同时应满足制冷机组冷却水最小流量的限值要求。

4. 冷却塔

冷却塔风机一般采用变频控制，根据冷却塔的冷却水出水温度与室外湿球温度的温差来控制冷却塔风机的频率。

6.4 BIM 技术的应用

在深化设计高效制冷机房中应用 BIM 技术，可发现大量隐藏在设计中的问题，可以使设计思路能详尽地表达给建设项目相关的各个单位，提高沟通效率，为机房的管线设计和施工带来了极大的便利。其优势主要体现在以下几个方面：

1. 三维可视化及精确定位

对于传统机房而言，管道横平竖直，利用 CAD 软件可以表达出管道的走向。而高效制冷机房中管道往往带有倾斜角度，利用二维软件无法清晰表达。BIM 模型可以展现出二维施工图上看不到的问题，利用软件的碰撞检测功能，将管线之间及管线结构之间碰撞问题尽早地反馈出来，大幅度提高施工的生产效率，避免了由施工协调和返工造成的成本增加与工期延误。

2. 设备参数复核计算

在高效制冷机房冷源系统安装的过程中，由于对管线进行了深化设计以及路线调整，在此过程中会增加或减少部分管线长度和弯头数量，对原有系统阻力参数产生一定的影响。采用 BIM 技术后，软件根据 BIM 模型及设备与管道的参数可以对能耗及流量等进行模拟，模拟结果与 BIM 模型实时关联，为设备参数的选择提供了一定的参考。

3. 传感器定位

高效制冷机房空调冷源系统需要安装的传感器数量较多，包括管道水管温度、压力、流量等传感器。若按照常规做法，在管道施工完成后自控工程师再到现场定位，可能会导致传感器安装空间、位置不满足等规范要求，在后续运行中采集的数据会有较大误差。采用 BIM 技术可以在图纸上精确定位传感器，提前判断安装空间及位置能否满足要求，若不满足及时调整管路系统，保证自控传感器的顺利安装，为后续精确的数据采集提供保障。

6.5 调适技术

建筑行业中的调适（Commissioning，以下简称 Cx），源于欧美发达国家，属于北美建筑行业成熟的管理和技术体系。主要通过对设计、施工、验收和运行维护阶段的全过程监督和管理，保证建筑能够按照设计和用户的要求，实现安全、可靠、高效的运行和控制，避免由于设计缺陷、施工质量和设备运行问题，影响建筑的正常和高效运行，甚至造成系统的重大故障。Cx 作为一种质量保证体系，包括调试和优化两重内涵，是保证建筑系统能够实现可靠和优化运行的重要方法。

6.5.1 调适目标

高效制冷机房总体能效目标为冷源系统全年能效比，应根据项目冷源系统配置情况、设计要求、业主要求及项目认证、标识等其他需求，确定冷源系统全年能效比目标值。

设备设施层面的目标主要是指为了满足总体目标需求，对系统设置和性能指标提出要求，一般包括但不局限于以下方面：

1. 设备性能

高效机房设备，包括冷水机组、各级水泵、冷却塔等能力和能效方面的目标。

2. 系统性能指标

包括输送设备能耗比例、冷水输送系数、冷却水输送系数、水力平衡性等系统性能目标。

3. 自控系统的控制要求

指对空调控制系统实现的控制功能、控制逻辑、控制参数、控制精度以及对传感器、执行器等硬件设备的要求。

4. 智慧、智能方面目标

包括测试监控系统监控界面要求，显示内容，监控系统记录报表、导出、分析等管理功能。

具体实施目标主要是指从调适工作具体实施角度所提出的相关要求，包括调适所涉及的系统和设备、调适内容、调适团队、调适实施周期、调适过程中的质量控制要求、合格判定标准、验收方式、成果文件、安全、培训等相关要求。

6.5.2 调适流程

基于制冷机房最终的效果及节能目标的调适宜从设计阶段开始，涵盖设计、施工、交付和运行全过程，考虑国内建设工程管理体系和现状，结合以往调适工程实践，大部分项目调适从施工阶段开始介入，施工阶段调适工作大致包括符合性检查、缺陷检查、设备和系统性能调适、联合调适等工作。

1. 符合性检查

检查阶段开展前进行预检查工作，主要包括基于调适工作整体实施要求的设计图纸核查以及自控系统设计方案核查等，该工作也是设计和施工的有效衔接，并在此基础上建立调适需求书，确定后续各项调适工作的时间计划、组织调适团队制订完善控制方案、逻辑及策略。预检查阶段重点关注以下内容：

（1）调适需要复核计算书、水力平衡计算书等是否完整且满足调适要求；

（2）调适所需要设备表、系统图、大样图、平面图等是否完整，满足调适要求；

（3）静态、动态平衡调节装置是否设置且满足要求；

（4）控制方案是否完善、深度是否满足调适要求、相关系统控制逻辑是否合理等；

（5）各分项工程计划进度是否提供。

检查阶段根据工程进度和业主需求确定检查的次数和时间，如空调系统水系统安装阶段、设备安装阶段、自控系统安装阶段等。检查包括符合性检查和缺陷检查。

符合性检查包含设备型号、参数是否符合设计要求，功能段设置，设备隔声减振设施等是否符合要求、相关部件安装是否符合等。

缺陷检查包括施工缺陷和功能缺陷两类：施工缺陷如阀门漏装、减震措施不到位等，这些缺陷会影响系统的正常运行和安全性；功能缺陷如水泵倒转、管道安装位置不当、设备及主要部件未留检修空间、传感器安装位置不当等，这些缺陷影响检修、调节、控制及使用功能。

2. 设备及系统性能调适

设备系统性能调适包含单机试运转、设备及系统性能调适、平衡调试。

单机试运转的调适工作主要包括：配电、管路安装、安全防护等试运转条件检查确认；设备启动、运行及停机功能、设备及辅助部件状态检查，确认设备正常运转。

设备性能调适工作主要包括：不同工况设备性能参数测试、调整、问题诊断，最终满足业主的需求。不同的设备应根据自身特点制订专项调适方案。

平衡调试主要包括冷却水系统、冷冻水系统平衡调试。

3. 联合调适

联合调适在机电系统相关自控系统安装完成后实施，主要工作内容是控制器、执行器准确性验证、控制功能验证、逻辑验证、系统联动、优化控制效果验证等。

4. 交付和培训

项目交付阶段应组织对业主方和物业团队进行系统培训。培训人员包括设备、部件供应商、弱电分包商、调适顾问，培训组织方应制订培训计划，确定每次培训的内容、培训人员、时间安排。

5. 季节性验证

季节性验证包括供暖季、供冷季，根据工程所在地的气候特点，这个时间可以从半年到一年不等。季节性验证工作基于楼宇自控系统的监测和记录功能开展，主要内容包括：制冷机房综合能效验证宜包括冷源系统全年能效比、附属设备全年耗电比、冷水机组全年性能系数、冷水耗电输冷比、冷却塔性能、冷水回水温度一致性、冷水和冷却水供回水温差等参数。

6.5.3　冷水机组性能调适

在确认与冷水机组连接的循环泵、冷却塔、水系统管路、空调机组等末端设备安装完成且相关检查和验证符合要求的条件下，开展水冷机组性能调适，包括机组蒸发器、冷凝器的进出口水温、水流量、机组的电流、电压等参数，条件具备时对冷冻水供回水温度、制冷量、机组能效进行调适，调适过程中发现某些性能不满足设计或使用时，应进行相关诊断、调整、调试，直到满足要求。操作方法如下：

1. 制冷量检测

1）测点布置

温度传感器应设在靠近机组的进出口处，流量传感器应设在机组进口或出口的直管段上，并应符合冷水机组测试要求。

2）检测步骤与方法

（1）按国家标准《蒸气压缩循环冷水（热泵）机组性能试验方法》GB/T 10870 规定的液体载冷剂法进行检测；

（2）检测时应同时分别对冷水的进、出口水温和流量进行检测，根据进、出口温差和流量检测值计算得到系统的供冷量；

（3）每隔 5～10min 读一次数，连续测量 60min，取每次读数的平均值作为测试的测定值。

3）数据处理

机组的制冷量按式（2-6-2）计算：

$$Q_0 = \frac{V\rho C\Delta t}{3600} \qquad (2\text{-}6\text{-}2)$$

式中　Q_0——机组制冷量，kW；

V——循环侧水平均流量，m^3/h；

Δt——循环侧水进、出口平均温差，℃；

ρ——水平均密度，kg/m^3；

C——水平均定压比热，kJ/（kg·℃）；

ρ、C可根据介质进、出口平均温度由物性参数表查取。

2. 冷水机组性能系数检测

1）检测步骤与方法

（1）被测机组测试状态稳定后，开始测量冷水机组的冷量，并同时测量冷水机组耗功率；

（2）每隔5～10min读一次数，连续测量60min，取每次读数的平均值作为测试的测定值；

（3）工程现场测试冷水机组的校核试验热平衡率偏差不大于15%。

2）数据处理

电驱动压缩机的蒸气压缩循环冷水机组的性能系数（COP）按式（2-6-3）计算：

$$COP = \frac{Q_0}{N_i} \tag{2-6-3}$$

式中　Q_0——机组测定工况下平均制冷量，kW；

N_i——机组平均实际输入功率，kW。

6.5.4　冷却塔性能调适

完成冷却塔的符合性检查、安装检查以及单机试运转工作后，在冷却塔正常运行期间进行冷却塔的性能调适。具体步骤如下：

1. 检测步骤与方法

（1）待被测冷却塔测试状态稳定后，开始测量，冷却水量不低于额定水量的80%；

（2）测量冷却塔进出口水温，并测试冷却塔周围环境空气湿球温度。

2. 数据处理

冷却塔效率应按式（2-6-4）计算：

$$\eta_{iC} = \frac{T_{iC,in} - T_{iC,out}}{T_{iC,in} - T_{iw}} \times 100\% \tag{2-6-4}$$

式中　η_{iC}——冷却塔效率，%；

$T_{iC,in}$——冷却塔进水温度，℃；

$T_{iC,out}$——冷却塔出水温度，℃；

T_{iw}——环境空气湿球温度，℃。

6.5.5　水泵性能调适

完成冷冻、冷却水泵的符合性检查、安装检查以及单机试运转工作后，在水泵正常运行期间进行水泵的性能调适。具体步骤如下：

1. 检测步骤与方法

（1）被测水泵运行稳定后开始测试；

（2）测试过程中测量水泵流量，并测试水泵进出口压差，以及水泵进出口压力表的高差，同时记录水泵输入功率；

（3）检测工况下，应每隔5～10min读数1次，连续测量60min，并应取每次读数的平均值作为检测值。

2. 数据处理

水泵效率按式（2-6-5）计算：

$$\eta = 10^6 V\rho g(\Delta H + Z)/3.6W$$
$$\Delta H = (P_{out} - P_{in})/\rho g \quad (2\text{-}6\text{-}5)$$

式中 V——水泵平均水流量，m^3/h；

ρ——水平均的密度，kg/m^3；

g——自由落体加速度，$9.8m/s^2$；

P_{out}——水泵出口压力，Pa；

P_{in}——水泵进口压力，Pa；

ΔH——水泵平均扬程：进、出口平均压差，mH_2O；

Z——水泵进、出口压力表高度差，m；

W——水泵平均输入功率，kW；

ρ可根据水温由物性参数表查取。

6.5.6 控制功能验证

1. 传感器精度验证

温（湿）度传感器、压（力）差传感器、流量计、风速传感器、液位传感器等均为模拟量传感器。验证步骤如下：

（1）检查所有传感器的型号、精度、量程与所配仪表是否相符，并进行刻度误差校验，是否达到产品技术文件要求；

（2）检查自控系统输入的传感器量程及电参数是否正确；

（3）控制器读取的传感器数据与现场的测量值、状态是否一致。

2. 执行器动作验证

执行器分为开关型和调节型，调节型执行器需测定全行程是否满足要求。验证步骤如下：

（1）执行器进行动作特性校验，验证执行器的动作和动作顺序是否与设计的工艺要求相符；

（2）自控系统读取的执行器状态是否与现场的状态一致；

（3）调节阀和其他执行机构作调节性能模拟试验，测定全行程距离与全行程时间，调整限位开关位置，标出满行程的分度值是否达到产品技术文件要求。

3. 控制逻辑验证

在控制逻辑验证前，需基于设计原则及现有自控点位，对暖通空调系统的控制逻辑进行优化，在传感器、执行器验证及程序编写后进行验证，具体验证项目包含冷源设备根据时间控制启用、冷水机组冷冻水温度重设逻辑验证、水泵变频控制、风机变频控制、压差报警等控制逻辑。

6.6 项目案例

6.6.1 广州地铁21号线苏元站

1. 工程概况

广州地铁苏元地铁站位于科丰路与开创大道交会处，该站为21号线与地铁6号线的换乘站。21号线苏元站设置站厅、站台共3层，为明挖地下3层岛式车站，车站总长度315.4m，标准段宽23.8m，东端最宽处为33.8m，西端最宽处为28.5m，车站两端为设备区，中间为公共区，站厅层公共区面积2003m^2，站台层公共区面积1594m^2。21号线苏元站中央空调冷源系统设置在6号线地下一层站厅西侧制冷机房内，并与6号线冷源系统相互独立（图2-6-2）。

图2-6-2 广州地铁苏元站外观图

2. 空调系统配置

苏元站空调冷源系统配置了2台离心式冷水机组、3台冷冻水泵、3台冷却水泵和2台冷却塔；末端服务区域主要采用全空气空调系统，配置了2台组合式空调机组、5台柜式空调器和2台新风处理机。中央空调系统主要设备参数见表2-6-7。苏元站制冷机房现场图如图2-6-3所示。

表2-6-7 中央空调系统主要设备参数表

设备名称	型号/编号	台数	主要设备参数	备注
离心冷水机组	CCWE250EV	2	制冷量：879kW； 额定功率：139.3kW； 冷冻水进出口温度：17℃/9℃； 冷却水进出口温度：31℃/36℃	—

续表

设备名称	型号/编号	台数	主要设备参数	备注
冷冻水泵	IL80/150-7.5/2	3	流量：95m^3/h； 扬程：22mH_2O； 功率：7.5kW	变频
冷却水泵	IL100/150-15/2	3	流量：174m^3/h； 扬程：20mH_2O； 功率：15kW	变频
冷却塔	PL-36524C	2	流量：265m^3/h； 功率：7.5kW	变频

图 2-6-3 苏元站制冷机房现场图

3. 自控系统配置

中央空调控制系统采用美的 M-BMS 多智能体自适应高效节能控制系统，该系统搭载 AI E+E（能效+环境）优化算法实现系统全自动优化运行。同时该项目设置了云能效管理平台，通过云端大数据接入，实时上传运行数据，使用大数据挖掘算法实现能效评估、系统诊断等功能。节能控制系统上位机界面及云能效管理平台界面如图 2-6-4 所示。

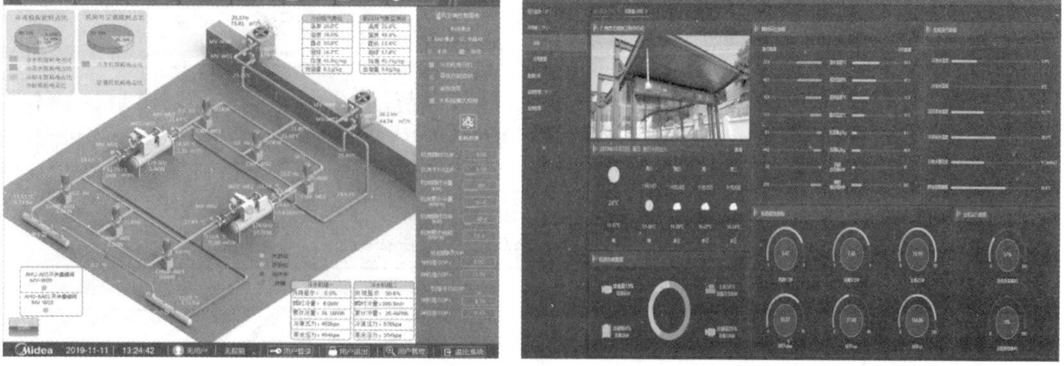

图 2-6-4 节能控制系统上位机界面及云能效管理平台界面

4. 技术特点

（1）选用高效冷水机组

采用美的高效变频直驱降膜离心机（图 2-6-5），整机在全负荷段高能效变频供冷，达到更高的冷源生产效率；蒸发器采用三流程设计更适用于大温差小流量工况；冷凝器加装端盖在线清洗，保证冷凝器的长期高效换热。

图 2-6-5 美的高效变频直驱降膜离心机

（2）选用高效冷却塔

选用高效冷却塔，充分发挥并联冷却塔的散热面积优势；采用逼近温度控制达到极限出水温度，降噪节能。

（3）大温差冷冻水系统

设计工况冷水机组冷冻水进出水温为 9～17℃。

末端采用大温差低阻力组合式空调箱（图 2-6-6）及风机盘管末端，充分利用换热面

图 2-6-6 大温差低阻力组合式空调箱

积被动节能。

（4）BIM 设计

通过 BIM 精细化制图及施工督导，优化机房内接管，通过加粗接管及采用低流阻管道和阀件获得更低的管路水阻，如图 2-6-7 所示。

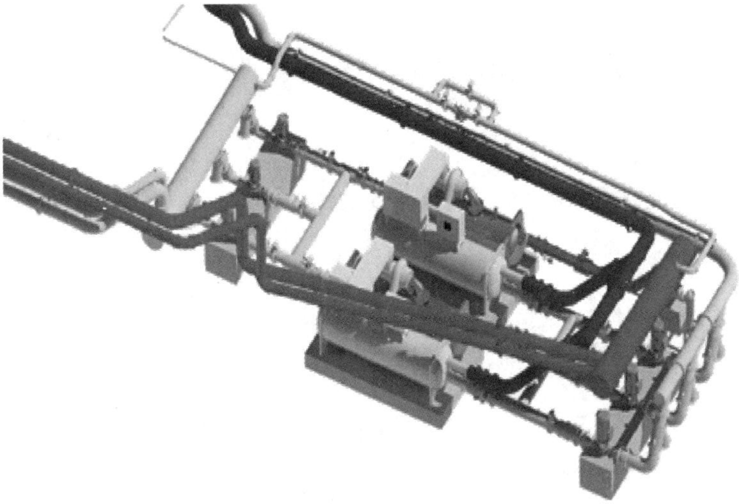

图 2-6-7　苏元站制冷机房 BIM 设计

（5）控制系统优化

M-BMS 多智能体自适应节能控制系统，在现场用通信线缆与冷冻水泵控制柜、冷却水泵控制柜、冷却塔控制柜、末端控制柜连接。通过系统监控数据对空调系统负荷、冷却系统负荷情况进行智能评估，并通过 AI 主动寻优算法实现整个空调系统的集中节能控制。

针对地铁空调长期运行在部分负荷的特点，M-BMS 系统采用“风水联动”节能控制技术，根据大系统、小系统空调末端的运行情况及室外环境参数，采用大数据方法预测冷水机组负荷的变化趋势，使空调主机自动调整空调组合及输出负荷从而控制空调水系统的冷量，确保冷量的供需匹配，让冷水机组一直运行在最优效率区间。同时确保冷冻水泵、冷却水泵处于低能耗状态，确保系统性能系数最高（即系统整体能耗最低）。

冷冻水泵采用温压双控的控制策略，M-BMS 系统根据冷冻水供回水压差和温差，在满足最不利端的供水需求的前提下通过智能控制优化冷冻泵的运行频率，确保冷冻水系统在节能高效区间运行。冷却水泵采用变频控制＋台数控制策略，M-BMS 系统根据冷水机组冷却水的进出水温差实现对冷却水泵的运行台数和频率的自动调节。水泵智能节能控制系统模块通过变频器柔性启动水泵，水泵启动后，按控制器输出的控制参数值，实现最优效率加减载，并调节各水泵变频器的输出频率，控制水泵的转速。冷冻水泵组将使系统在保证末端空调用户的舒适度的同时，可实现系统最大限度的节能。

冷却塔智能节能控制系统模块通过依据所采集的实时气象数据及系统的历史运行数据计算出最佳冷却水温度，并与检测到的实际参数作比较，根据其偏差值控制冷却塔风机的启停和变频运行，从而改变冷却塔的散热量，使冷却水回水温度尽量接近室外湿球温度，在达到冷却塔降温效果最佳的同时，提高冷水机组的运行效率。

对于末端系统，M-BMS 系统根据室外焓值和末端负荷预测模型动态调整回风温度设定值，确保末端输出冷量与末端需求相匹配，同时自动匹配适宜的优先级对风机频率和动态平衡电动调节阀开度实时解耦控制，以达到风系统和水系统运行能耗最低的目的。

通过将美的 M-BMS 多智能体自适应高效节能控制系统、BAS、智能低压融合为一个风水电集成的智能环控设备监控系统，智能预测负荷需求，深入控制冷水机组实时负荷，保证整个系统均处在高效运行工况点，做到供给侧与需求侧实时匹配，打造地铁高效制冷机房。

5. 能效指标

2020 年通过第三方检测机构对苏元站空调系统的检查及传感器准确性的验证，基于监测系统全制冷季的运行数据，空调冷源系统全年能效比为 6.04，空调全系统（包含冷源设备和末端设备）全年能效比为 3.63。

6.6.2 广州地铁 13 号线白江站

1. 工程概况

广州市白江站为十三号线一期工程自西向东第 8 个车站，位于南端 107 国道和北端山头之间，呈南北向布置，南端是温涌路站，北端是新塘站。车站总长度 223m，标准段宽 21.1m。车站设计客流量以远期 2041 年客流量控制，其设计客流量为 18033 人/小时；车站有站厅、站台共两层，两端为设备区，中间为公共区。站厅层公共区面积 2422m²，站台层公共区面积 2050m²，公共区面积共 4472m²（图 2-6-8）。

图 2-6-8 广州地铁 13 号线白江站外观图

2. 空调系统配置

白江站空调冷源系统配置了 2 台螺杆式冷水机组、4 台冷冻水泵、4 台冷却水泵和 4 台冷却塔；末端服务区域主要采用全空气空调系统，配置了 2 台组合式空调机组、6 台柜式空调器和 2 台新风处理机。中央空调系统主要设备参数见表 2-6-8。

表 2-6-8　中央空调系统主要设备参数表

设备名称	主要设备参数	总台数	备注
螺杆冷水机组	额定制冷量：813kW、1 台； 额定制冷量：968kW、1 台； 冷冻水进出口温度：17℃/10℃； 冷却水进出口温度：30.5℃/35.5℃	2	—
冷冻水泵	流量：110m^3/h；扬程：26mH_2O；功率：11kW、1 台； 流量：66m^3/h；扬程：22mH_2O；功率：7.5kW、1 台； 流量：131m^3/h；扬程：27mH_2O；功率：18.5kW、1 台； 流量：78.6m^3/h；扬程：24mH_2O；功率：7.5kW、1 台	4	变频
冷却水泵	流量：176m^3/h；扬程：22mH_2O；功率：15kW、1 台； 流量：106m^3/h；扬程：19mH_2O；功率：7.5kW、1 台； 流量：209m^3/h；扬程：24mH_2O；功率：18.5kW、1 台； 流量：126m^3/h；扬程：20mH_2O；功率：15kW、1 台	4	变频
冷却塔	流量：104m^3/h；功率：2.2kW	4	变频

3. 自控系统配置

中央空调控制系统采用南京某公司深度节能控制系统，系统搭载主动寻优化算法实现系统全自动优化运行。同时该项目设置了云能效管理平台，通过云端大数据的接入，实时上传运行数据，使用大数据挖掘算法实现能效评估、系统诊断等功能。节能控制系统上位机界面及云能效管理平台界面如图 2-6-9 所示。

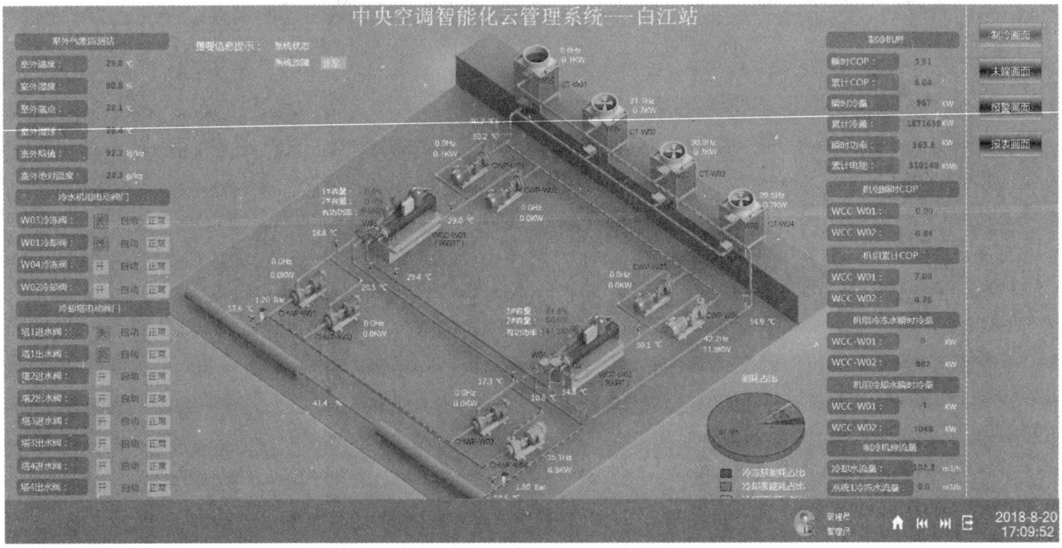

图 2-6-9　中央空调智能化云管理系统

4. 技术特点

（1）选用高效冷水机组

为实现高效制冷系统，该项目配置了串联逆流子母配双机头高效冷水机组，其采用子母配的方式实现机组单台机组在30%～100%负荷率下均处于高效运行状态。同时配合系统优化，机组在车站10%～100%负荷均可实现高效运行。采用特有的串联逆流方式，与传统冷水机组相比，平均压比有较大的降低，从而实现提高机组能效比（图2-6-10）。

图2-6-10 高效冷水机组

（2）大温差、高出水温度设计

根据地铁站台冷量需求特点，串联逆流子母配双机头高效冷水机组采用大温差设计，冷冻水设计供回水温度10～17℃。根据大温差和高出水温度匹配优化换热器尺寸和换热面积，换热器均采用三流程，提高在水流量变小情况下水侧的换热性能。采用蒸发器高出水温度设计（10℃），在蒸发器中设置特有的挡液板，确保制冷剂在蒸发器中剧烈沸腾时不产生带液现象。通过大温差、高出水温度的设计，实现机组蒸发温度的提高，从而实现机组*COP*的提升。

（3）水泵、冷却塔变频设计

冷冻水泵、冷却水泵和冷却塔风机均采用高效变频设备。

（4）高效末端

针对新风风机和排风风机以及末端空气处理机组和风机盘管，根据设计需求选用高效变频设备。

（5）BIM设计

本项目采用BIM对制冷空调系统进行建模，在建造设计之初尽可能减少管道的弯头和各项阻力，从而降低冷却水泵、冷冻水泵和末端风机的扬程和全压，从而从源头上降低水泵和风量的设计功率；同时采用BIM建模设计，各个管道和阀门可以在厂家进行组装，后期到现场进行模块化安装，大大缩短了安装施工工期，同时也保证了各个管道和阀门的可靠性。

（6）控制系统优化

城市轨道交通地下车站智能化高效制冷系统的设备部分已经按照高效原则进行设计，空调自控系统作为整个空调系统的策略和控制中心，对于整个系统的节能效果具有举足轻重的作用。为了实现城市轨道交通地下车站智能化高效制冷系统的节能减排，首先必须全面了解地下车站的实际空调需求量，实现对地下车站能耗相关数据的有效监测与收集分析，并准确预测。空调节能控制系统主要控制范围包括制冷机组、冷冻水泵、冷却水泵、冷却塔风机、电动水阀、大系统空调器、回排风机、小新风机、小系统设备用房空调器、风阀、传感器等。控制系统实现对整个通风空调系统的综合控制和节能。

空调智能控制系统综合优化算法，跟踪冷水机组、冷水泵、冷却水泵、冷却塔和末端的性能曲线，对每台设备采用主动式控制和整个机房设备的集成控制，实现整个制冷空调系统综合能耗最低的目标。智能控制系统是以冷水系统设备数学模型为基础、以整个制冷空调系统效率最高为目标的多维、主动寻优节能控制系统。冷水系统的主要耗能设备为冷水机组、冷水泵、冷却水泵、冷却塔和末端风机，系统的综合能耗由每个单体设备的能耗累加而成，但是每个单体设备的能耗又受到多种因素的影响。在具体的控制策略中，首先根据冷水系统内各设备的特性建立各自的能耗数学模型，在此基础上建立整个冷水机房的能量平衡数学模型及能耗数学模型。在系统运行时，智能控制主处理器以一定的时间步长测量制冷负荷的实时值及其他参数（例如温度，压力，流量等），并据此进行各能耗数学模型的联合计算，从成百上千种运行组合方式中，找出能够满足此制冷负荷的、且整个空调系统总能耗最低（即整体效率最高）的工作状态。在此基础上，智能控制器确定各受控变量的目标值，并将之传送到对应设备的 PLC（可编程控制器）中，再由 PLC 控制各台设备运行，使整个空调系统运行在效率最高的状态下，从而以强大的数据库背景和完善的数学模型来实现综合的、非单个设备的系统节能控制。

7　城市轨道交通碳排放计算方法和指标研究

7.1　温室气体排放核算方法框架

编制不同领域的温室气体排放核算方法时，应遵循通用的、科学的理论方法，本节主要论述在进行温室气体排放核算时，应采用的通用流程和分析方法。

7.1.1　温室气体排放核算方法编制框架

对温室气体排放进行核算时，当前的方法大致可以分为两类：一类是对于地区边界范围内的温室气体清单编制方法，国际上的如 IPCC 国家温室气体清单编制指南，国内的如中国温室气体清单研究、省级温室气体清单编制方法等；另一类是针对企业、组织等对象的温室气体排放核算方法。由于本研究所关注的城市轨道交通温室气体排放核算方法属于后者，因此后文主要围绕后者的相关研究方法展开讨论。而前者由于提供了基础的核算方法和标准，书中也会简要进行介绍。

在编制对某个对象温室气体排放量进行核算方法时，需按照以下顺序和研究框架进行（图 2-7-1）：

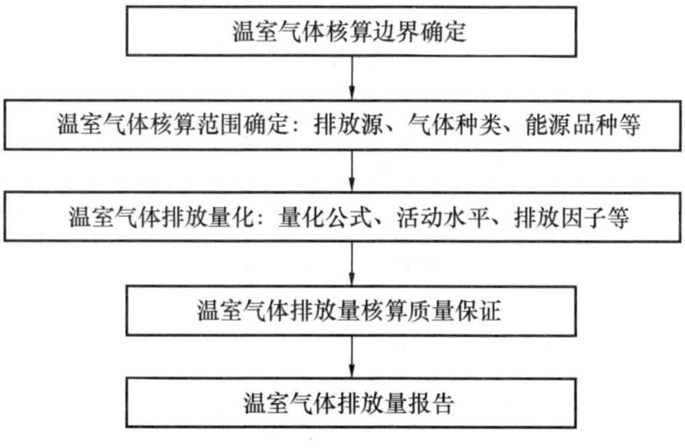

图 2-7-1　温室气体排放量核算方法编制框架示意图

（1）确定温室气体核算的边界；

（2）确定温室气体核算的范围，包括识别温室气体排放源，确定需核算的温室气体种类，以及计算能源排放时考虑的核算能源品种等；

（3）收集各个温室气体源的活动水平数据，选择和获取排放因子数据，依据相应的公式分排放源核算各种温室气体的排放量；

（4）对核算的温室气体排放量进行质量控制和质量保证分析，分析其存在的不确定性；

（5）对温室气体排放量进行报告。

本章以下各节将分别探讨、介绍在一般编制温室气体排放量核算方法中的各个步骤。

7.1.2 温室气体核算边界的确定

核算温室气体排放时首先需要确定核算的边界。对于企业、组织等单位，由于其进行业务活动的法律和组织结构各不相同，因此在对温室气体排放量进行核算和报告时，应选择合并温室气体排放量的方法，然后采用选定方法界定这家公司的业务活动和运营。

一般来说，企业界定业务活动和运营时有两种不同的温室气体排放量合并方法：股权比例法和控制权法。如果报告的企业拥有其业务的全部所有权，那么采用哪种方法，它的组织边界都是相同的。

股权比例法：组织对各个设施的温室气体排放量根据组织所有权的份额进行计算。

控制权法：组织对能从财务或运行方面予以控制的设施的全部温室气体排放量进行核算。

对于涉及国家所有权或公/私混合所有权的合营业务的温室气体排放核算也需使用以上的规则。

7.1.3 温室气体核算范围的确定

对温室气体排放量进行核算时，要分析温室气体的排放源，并分析需核算的气体品种，对于能源活动要分析需核算的能源使用过程和能源品种。

确定了核算边界范围和研究的主体对象，温室气体核算需识别其主要的排放源，一般来说，排放源根据IPCC国家温室气体清单编制指南中应包括能源活动，工业过程和产品使用过程，农业、林业和其他土地使用过程，废弃物处理等过程中的温室气体排放。

对于企业、组织单位等主体对象，从设备是否属于企业一部分的角度来看可以用“范围”的定义对排放源进行分类。根据《温室气体核算体系：企业核算与报告准则》中提出的范围概念如下：

1. 范围一

直接温室气体排放。直接温室气体排放产生自一家公司拥有或控制的排放源，例如公司拥有或控制的锅炉、熔炉、车辆等产生的燃烧排放；拥有或控制的工艺设备进行化工生产所产生的排放。生物质燃烧产生的直接二氧化碳排放不应计入范围一。

范围一的排放包括以下四条：

（1）生产电力、热力或蒸汽。这些排放来自固定排放源的燃料燃烧，如锅炉、熔炉和涡轮机。

（2）物理或化学工艺。这些排放主要来自化学品和原料的生产或加工，如生产水泥、铝以及废物处理。

（3）运输原料、产品、废弃物和员工。这些排放来自公司拥有或控制的运输工具燃烧排放源（如卡车、火车、轮船、飞机、巴士和轿车）。

4）无组织排放。来自有意或无意的泄漏，如设备的接缝、密封件、包装和垫圈的泄漏，煤矿矿井和通风装置排放的甲烷，使用冷藏和空调设备过程中产生的氢氟碳化物（HFC）排放，以及天然气运输过程中的甲烷泄漏。

2. 范围二

外购电力和热力产生的间接温室气体排放。范围二核算一家企业所消费的外购电力和热力在生产过程中产生的温室气体排放。外购电力是指通过采购或其他方式进入该企业组织边界内的电力，范围二的排放实际上产生于电力和热力生产设施。

3. 范围三

其他间接温室气体排放。范围三是选择性报告，考虑了所有其他间接排放。范围三的排放是一家公司活动的结果，但并不是产生于该公司拥有或控制排放源，例如，开采和生产采购的原料、运输采购的燃料以及售出产品和服务的使用。

在编制核算方法时，除需参照国际、国内相关标准办法中的排放源核算范围，还需根据核算对象的特点，结合实际情况进行分析选择。如一些非生产性单位不具有生产工艺的排放，可以不核算直接排放中这部分的排放；移动源的排放也可根据单位实际拥有车辆进行取舍选择；对于一些占比较小的排放，如废弃物处置，无组织排放，可在核算方法初步制定过程中暂不考虑。

7.1.4 核算温室气体种类

当前国内外相关的温室气体核算方法所考虑的温室气体种类主要为《京都议定书》中的六种温室气体：二氧化碳（CO_2）、甲烷（CH_4）、氧化亚氮（N_2O）、氢氟烃(HFCs)、全氟烃（PFCs)、六氟化硫（SF_6）等全部六种温室气体。其中氢氟烃(HFCs)具体包括HFC-23、HFC-32、HFC-125、HFC-134a、HFC-143a、HFC-152a、HFC-227ea、HFC-236fa 和 HFC-245fa，全氟烃（PFCs）具体包括四氟化碳（CF_4）和六氟乙烷（C_2F_6）。《京都议定书》中规定的第七种温室气体三氟化氮（NF_3）当前的方法中相对考虑较少。

这六种温室气体来源不同。二氧化碳主要来源于能源活动，工业生产过程和废弃物处理过程，土地利用变化和林业会吸收二氧化碳，从而降低二氧化碳的排放量。甲烷主要来自于能源活动，农业活动，废弃物处理，土地利用变化和林业也会产生少量的甲烷。氧化亚氮在能源活动、工业生产过程、农业活动、废弃物处理、土地利用变化和林业全部过程中均有排放。氢氟烃、全氟烃、六氟化硫主要来自于工业生产过程。

这六种温室气体的占比也不同，在《中国 2008 年温室气体清单研究》中计算得到，当考虑土地利用变化和林业部门吸收的温室气体时，二氧化碳、甲烷、氧化亚氮和含氟温室气体所占的比重分别为 81.2%、11.7%、4.6%和 2.5%。由此可见，二氧化碳是最为主要的温室气体。在制定温室气体排放核算指南过程中考虑需要核算的温室气体时，需根据不同组织单位的性质，考察其主要的排放源和排放过程，分析不同温室气体的排放量占比，如数据获取难度较大，可暂不考虑占比较低的温室气体。

根据《陆上交通运输企业温室气体排放核算方法与报告指南》，对于城市轨道交通来说，主要考虑二氧化碳，见表 2-7-1。

表 2-7-1 陆上交通运输企业温室气体排放源

企业类型	燃料燃烧排放			尾气净化过程排放		净购入电力、热力排放	
	主要化石燃料种类	主要耗能设备	温室气体种类	排放设备	温室气体种类	主要耗能设备	温室气体种类
道路运输企业（包括公路旅客运输企业和道路货物运输企业、城市公共汽电车运输企业和出租汽车运输企业）	汽油、柴油、天然气和液化石油气等	运输车辆（以化石燃料为动力，如：汽油车、柴油车、单一气体燃料汽车、两用燃料汽车、双燃料汽车、混合动力电动汽车等）及客货运站场燃煤、燃油和燃气设施等	1. CO_2 2. CH_4（运输车辆） 3. N_2O（运输车辆）	运输车辆	CO_2	运输车辆（以电力为动力，如电车、纯电动汽车、插电式混合动力汽车等）及客货运站场耗电设施等	CO_2
城市轨道交通运输企业	煤、天然气等	场站等固定源燃煤和燃气设施等	CO_2	—	—	地铁、轻轨、磁悬浮列车及车站耗电设施等	CO_2
公路维修和养护企业、高速公路运营管理企业	柴油、天然气等	养护设备如修补机、运料机、运转车和摊铺机等	CO_2	—	—	道路照明以及固定场所供暖、通风等设施	CO_2
铁路运输企业	柴油、煤炭和天然气等	内燃机车，站场燃煤、燃油和燃气设施等	CO_2	—	—	电力机车、动车组、站场耗电设施	CO_2
港口企业	汽油、柴油、天然气和煤炭等	装卸设备、吊运工具、运输工具及设施等	CO_2	—	—	装卸设备、吊运工具、运输工具及设施等	CO_2

7.1.5 核算能源品种

能源活动是最为主要的温室气体排放源，其中对于化石燃料燃烧来说，一般所涉及的能源品种有固体燃料、液体燃料、气体燃料等三类数十种能源品种，不同的能源品种具有不同的温室气体排放因子，应分类进行计算并加总。如在《中国 2008 年温室气体清单研究》里能源活动化石燃料燃烧活动中考虑了三类共 19 种燃料，见表 2-7-2。

表 2-7-2 中国温室气体清单中化石燃料燃烧清单编制燃料分类

固体燃料	液体燃料	气体燃料
无烟煤	原油	天然气
烟煤	汽油	焦炉煤气
褐煤	柴油	其他煤气
洗精煤	航空燃油	
其他洗煤	其他燃油	
焦炭	燃料油	
型煤	液化石油气（LPG） 炼厂干气 其他油品	

在企业和组织单位的边界内，除一次能源的燃烧外，还涉及二次能源，如外购电力和热力等所造成间接温室气体排放。

7.1.6 温室气体排放量化

确定了温室气体排放核算的边界和核算的范围，需对核算范围内涉及的所有排放源进行逐一地量化并加总计算温室气体排放的总量。

1. 直接排放

直接温室气体排放是指产生自一家公司拥有或控制的排放源所产生的排放。一般包括固定燃烧源和移动燃烧源的排放、工业生产过程排放和无组织的逸散排放。

对于核算方法的选择可以参考 IPCC 中提供的固定源燃料燃烧排放、移动源燃料燃烧排放、溢散排放以及工艺生产等过程中的温室气体排放核算方法。对于占比最高的和最为常见的化石燃料燃烧活动造成的 CO_2 排放，其计算方法最主要的是采用分部门、分燃料品种、分主要设备的部门方法（Tier2）。根据不同部门、不同燃料品种、不同用能设备的燃料消费量和排放因子之积加总获得。数据需求量大，结果比较准确。另外还有参考办法，其基本出发点是碳平衡原理，通过计算出所消费的化石燃料中所含碳量以及固定在其他产品中的碳，就可以概略地知道这些化石燃料燃烧的 CO_2 排放量。这种方法采用“表观消费量”为基础数据，只涉及“表面消费”，而不是“实际消费”，需要的数据量相对不多，易于收集，计算工作量不大，但结果可能不是很精确。具体方法在我国温室气体清单编制过程中也有详细的论述。

对于工业生产过程来说，在相关国际国内方法中已有一些工业生产过程温室气体排放的核算过程。如我国《2008 年的温室气体排放清单》对水泥生产、石灰生产、钢铁生产、电石生产、已二酸生产、硝酸生产等十几个不同的工业过程温室气体清单编制的方法进行了介绍。同时，我国已经出台以及正在编制即将出台的行业企业温室气体排放核算方法也涉及不同工业过程中的温室气体排放。

在对此部分温室气体进行核算的过程中，应注意其不同于燃料燃烧过程的温室气体排放，相同燃料在不同使用过程中具有相对统一的核算方法，一般仅为燃料热值和排放因子不同。工业生产过程的排放需要对工业生产的具体工艺过程进行分析，如石灰生产过程，石灰石中的碳酸钙（$CaCO_3$）和碳酸镁（$MgCO_3$）在煅烧过程中分解成氧化钙和二氧化碳。因此，石灰生产过程中的石灰窑是二氧化碳的排放源，二氧化碳的排放即为生石灰产量和排放因子之积，排放因子一般也需通过化学反应过程中的平衡关系计算得到。

在量化过程中涉及的燃料热值数据、排放因子数据以及计算排放因子所需要的碳氧化率、单位热值含碳量等数据可以根据实际情况实测获得，或者参照相关温室气体排放核算方法中的缺省值进行计算。

2. 间接排放

此部分排放是指企业、组织等单位由于外购电力、热力和蒸汽等在其他部门产生的间接温室气体排放。间接排放的量化方法可以用不同用能设备的外购电力、热力或蒸汽消费量和排放因子相乘获得。具体核算方法在《温室气体核算体系：企业核算与报告标准》、《我国省级温室气体清单编制指南》以及《我国行业企业温室气体排放核算方法》中有相关论述。

一般来说，间接排放量化过程中的排放因子选取国家给出的统一缺省值进行计算。

3. 其他间接排放

这一部分为企业、组织所有其他的间接排放。如运输原料和燃料的排放、废弃物排放等。排放相对影响较小，且难以量化，一般为选择报告，在现有相关的企业和组织温室气体排放核算方法中涉及也较少。

如需核算这部分排放，应根据所需要核算的过程，分析其排放来源，再进行计算。如采用航空工具出差的排放需根据企业和组织员工乘坐飞机出行量以及航空温室气体排放核算方法进行计算，废弃物处置过程的温室气体排放可以根据不同处理方式，如固体废弃物填埋、废弃物焚烧、废水处理等过程的比例，参照 IPCC 和我国的国家温室气体清单编制指南中的方法进行核算。

7.1.7 质量控制和质量保证

为保证温室气体排放量数据的真实性和准确性，应对数据进行质量控制和质量管理。在温室气体排放核算方法指南中应对质量控制和质量保证的要求、流程等进行指导和规定。有必要时应给出不确定性的可能来源和计算公式。

一般来说，质量控制和质量保证需要进行的事宜有：

（1）排放单位应建立温室气体排放核算报告的规章制度，确定排放核算报告的具体事宜，并由专职人员负责温室气体排放上报工作。

（2）排放单位应建立温室气体排放和能源消耗的台账记录，有必要时应建立健全的排放单位温室气体排放参数的监测计划，监测本单位能源低位热值、排放因子、化学反应过程等相关数据情况。

（3）应建立温室气体质量管理的方案，根据情况成立排放清单质量管理小组，检查排放单位数据收集记录过程、数据输入和处理过程，排放参数选取过程，计算排放量过程等数据质量情况。

（4）建立温室气体的信息管理程序，以及文件和记录的报告、记录和归档程序。指南方法中还可以对温室气体排放质量控制和质量保证的具体管理项目和管理内容进行规定。如深圳《建筑物温室气体排放的量化和报告规范及指南（试行）》中详细规定了对建筑物温室气体排放进行量化和报告时，应对活动数据的完整性、真实性、准确性，是否采用规定的排放因子，计算过程的正确性，输入数据的正确性等相关内容进行数据质量管理。

7.1.8 温室气体排放量报告

排放单位应提交温室气体排放量报告。温室气体排放核算方法指南中应该对排放单位需提交的温室气体排放量报告格式和具体填写内容作出明确的要求和规定。

对于不同企业、组织单位等，可根据不同单位的性质、排放源的不同、能源品种使用的不同，报告内容也可以有所不同。但至少应该包括排放单位的基本信息、温室气体排放量、活动水平及其来源、排放因子及其来源。除此之外，还可以包括排放主体的边界、主要排放设施信息、温室气体监测情况、不确定性产生的原因及降低不确定性的方法说明等。同时核算指南还需提供相应的报告模板。

7.2 国内外相关温室气体排放核算方法综述

当前，国际国内已有一些相关的温室气体排放核算方法。本章介绍了国内外的一些相关温室气体排放核算方法。

7.2.1 国际温室气体排放核算方法综述

1. IPCC 国家温室气体清单指南

1988 年世界气象组织（WMO）和联合国环境规划署（UNEP）成立的政府间气候变化专门委员会（IPCC）的一项活动是，通过国家温室气体清单方法方面的工作为《联合国气候变化框架公约》提供支持，并可以协助各国编制完整的国家温室气体清单。

全文一共包括 5 卷，分别为：一般指导及报告，能源，工业过程和产品使用，农业、林业和其他土地使用，废弃物。分别介绍了不同过程中温室气体排放核算的方法。

能源卷包括六章：导言，固定源燃烧，移动源燃烧，溢散排放，二氧化碳运输、注入与地质储存，参考方法。

对于固定源燃烧排放，为部门方法提供的层级方法有如下三种：

方法 1：根据国家能源统计数据和燃料燃烧的缺省排放因子进行计算；

方法 2：根据国家能源统计数据及燃料燃烧的特定国家排放因子，如果可能，该因子应衍自于国家燃料的特性；

方法 3：根据与特定燃烧技术的燃料统计数据和排放因子；包括模式的使用和可获得的设备级排放数据。

指南中为所有源类别和燃料提供缺省方法 1 的排放因子。可以从 IPCC 排放因子数据库中查阅适合国家情况的信息。

从计算方法上来讲，通常固定源产生的各个温室气体排放用相应排放因子乘以燃料消耗量进行计算。在部门方法中，“燃料消耗量”通过能源用途统计资料进行估算，以兆焦耳度量。燃料消耗数据的质量或容积单位，必须首先转换成这些燃料的能源含量。

移动源燃烧产生的温室气体排放按主要运输活动进行估算，例如，公路、非公路、空运、铁路和水运航行。指南中对运输部门进行了详细的划分。

对于道路运输的碳排放计算，其方法 1 仍是通过估算的销售燃料与缺省 CO_2 排放因子相乘来计算 CO_2 排放。CO_2 排放因子考虑了燃料中的所有碳，包括以 CO_2、CH_4、CO、NMVOC 和微粒形式排放出的碳。衍自生物量的燃料中的碳应作为信息项报告，不包括在部门或国家总量中，以避免重复计算，因为生物量的净排放量已算入部门。

2. ISO14064 系列标准

2006 年 3 月 1 日，国家标准化组织发布 ISO14064 标准，ISO14064 标准是由来自于 45 个国家的 175 位国际专家以及商业、发展和环境组织共同努力来完成的。政府和企业可以根据该标准的内容测量和控制温室气体的排放。

ISO14064：包含以下三个部分：

ISO14064-1：组织层次上对温室气体排放和清除的量化与报告的规范及指南，其详细规定了在组织（或公司）层次上温室气体清单的设计、制定、管理和报告的原则和要求，包括确定温室气体排放边界、量化温室气体的排放和清除以及识别公司改善温室气体管理具体措施或活动等方面的要求。此外，标准还包括对清单的质量管理、报告、内部审核、组织在核查活动中的职责等方面的要求和指导。

ISO14064-2：项目层次上对温室气体减排或清除增加的量化、监测和报告的规范及指南，其主要针对专门用于减少温室气体排放或增加温室气体清除的项目（或基于项目的活动）。它包括确定项目的基准线情景及对照基准线情景进行监测、量化和报告的原则和要求，并提供进行温室气体项目审定和核查的基础。

ISO14064-3：温室气体声明审定及核查的规范及指南，其详细规定了温室气体排放清单核查及温室气体项目审定或核查的原则和要求，说明了温室气体的审定和核查过程，并规定了其具体内容，如审定或核查的计划、评价程序以及对组织或项目的温室气体声明评估等，组织或独立机构可根据该标准对温室气体声明进行审定或核查。

3. 温室气体核算体系：企业核算与报告准则

世界资源研究所（WRI）和世界可持续发展工商理事会（WBCSD）开发的《温室气体核算体系：企业核算与报告标准》为企业计算温室气体排放量提供了指导。包括了温室气体核算与报告原则、清单编制目标及设计、设定组织边界、设定运营边界、跟踪长期排放量、识别与计算温室气体排放量、管理排放清单质量、核算温室气体减排量、报告温室气体排放量、核查温室气体排放量，设定温室气体目标。

为便于描述直接与间接排放源，提高透明度，以及为不同类型的机构和不同类型的气候政策与商业目标服务，《标准》针对温室气体“核算与报告”设定了三个“范围”。标准详细定义了范围一和范围二，以确保两家或者更多的公司在同一范围内不会重复核算排放量。详见 7.1.3 节。

7.2.2　国内温室气体排放核算方法综述

1. 国家温室气体清单编制方法

我国现在已经开展了 1994 年、2005 年及 2008 年的温室气体清单编制研究。2008 年国家温室气体清单编制主要采用了《IPCC 国家温室气体清单编制指南》（1996 年修订版），并参考了《IPCC 国家温室气体清单优良做法指南和不确定性管理》提供的方法，基于我国的实际情况，清单编制机构研究了排放源的界定、关键排放源的确定、活动数据和排放因子的可获得性等，分析了 IPCC 方法对我国的适用性。

我国温室气体排放清单编制指南中所研究的国家清单范围包括能源活动产生的温室气体、工业生产过程温室气体、农业活动温室气体、土地利用变化和林业温室气体、城市废弃物处理温室气体六个方面。

能源活动泛指所有与能源生产、运输、加工转换和燃烧使用相关的过程。主要考虑了以下四项：化石燃料燃烧的 CO_2、CH_4 和 N_2O 排放，生物质燃烧的 CH_4 和 N_2O 排放，煤炭开采和矿后活动的 CH_4 排放，石油和天然气系统的 CH_4 逃逸排放。

清单编制中对于 CO_2 排放计算，主要采用了《1996 年 IPCC 清单指南》中的第二层次法（Tier2），这是编制化石燃料燃烧 CO_2 排放清单的最重要的方法，数据需求量大，结果比较准确。另外，“参考方法”也是编制方法之一，它的数据要求量较小，计算结果可能不是很精确。

分部门、分燃料品种、分主要设备的部门方法（Tier2）是编制化石燃料燃烧 CO_2 排放的最重要的方法，基本公式为：

$$CO_2\text{排放量}_i = \sum_i \sum_j \sum_k (\text{排放因子}_{i,j,k} \times \text{燃料消费量}_{i,j,k}) \qquad (2\text{-}7\text{-}1)$$

式中　i——部门类型；

j——燃料类型；

k——主要技术（设备）类型。

排放因子的单位以单位热值的含碳量表示，例如 tc/TJ 或 tCO_2/TJ，相应的燃料消费量单位为热值（TJ）。

清单中将化石燃料燃烧活动划分为电力与热力部门、钢铁工业、交通运输、居民生活、服务业及其他等 22 个部门，燃料种类也根据固体燃料、液体燃料和气体燃料分为 19 种燃料（列于表 2-7-2 中），包括无烟煤、烟煤、焦炭、汽油、柴油、天然气、焦炉煤气等不同品种，不同类型燃料的低位热值和含碳量各不相同，对排放的影响很大。

参考办法的基本出发点是碳平衡原理，通过计算出所消费的化石燃料中所含碳量以及固定在其他产品中的碳，就可以概略地知道这些化石燃料燃烧的 CO_2 排放量。这种方法采用“表观消费量”为基础数据，只涉及“表面消费”，而不是“实际消费”，需要的数据量相对不多，易于收集，计算工作量不大，但结果可能不是很精确。此法采用的是能源宏观数据，可大体界定我国的能源活动，因而可用它来检验其他方法计算结果的准确程度。公式为：

二氧化碳排放量＝（燃料表观消费量×单位燃料含碳量－固碳量）×燃料燃烧过程中的碳氧化率

清单编制中活动水平数据的来源主要参照《中国能源统计年鉴》以及国家统计局公布的能源平衡表等数据。

2. 省级温室气体清单的编制方法

按照分部门排放源可分为：农业部门、工业和建筑部门、交通运输部门、服务部门（第三产业中扣除交通运输部分）、居民生活部门。分设备（技术）排放源可以分为：静止源燃烧设备和移动源燃烧设备。静止源燃烧设备主要包括：发电锅炉、工业锅炉、工业窑炉、户用炉灶、农用机械、发电内燃机、其他设备等；移动排放源设备主要包括：各类型航空器、公路运输车辆、铁路运输车辆和船舶运输机具等。分燃料品种排放源可以分为：煤炭、焦炭、型煤等，其中煤炭又分为无烟煤、烟煤、炼焦煤、褐煤等；原油、燃料油、汽油、柴油、煤油、喷气煤油、其他煤油、液化石油气、石脑油、其他油品等；天然气、炼厂干气、焦炉煤气、其他燃气等。

省级能源活动化石燃料燃烧温室气体清单编制拟采用以详细技术为基础的部门方法（也即 IPCC 方法 2）。该方法基于分部门、分燃料品种、分设备的燃料消费量等活动水平数据，以及相应的排放因子等参数，通过逐层累加综合计算得到总排放量。

计算步骤如下：

（1）确定清单采用的技术分类，基于地区能源平衡表及分行业、分品种能源消费量，确定分部门、分品种主要设备的燃料燃烧量；

（2）基于设备的燃烧特点，确定分部门、分品种主要设备相应的排放因子数据。对于二氧化碳排放因子，也可以基于各种燃料品种的低位发热量、含碳量以及主要燃烧设备的碳氧化率确定；

（3）根据分部门、分燃料品种、分设备的活动水平与排放因子数据，估算每种主要能源活动设备的温室气体排放量；

（4）加总计算出化石燃料燃烧的温室气体排放量与国家温室气体清单编制不同的是，省级温室气体清单编制中涉及省级之间调入调出电力的二氧化碳间接排放量核算的问题。这一部分的间接排放量核算方法是利用省区市境内电力调入或调出电量、乘以该调入或调出电量所属区域电网平均供电排放因子，由此得到该省区市由于电力调入或调出所带来的所有间接二氧化碳排放。

3. 行业企业温室气体排放核算方法

2013 年 10 月，发展改革委出台了首批 10 个《行业企业温室气体排放核算方法与报告指南（试行）》，后又在 2014 年和 2015 年出台了两批《行业企业温室气体排放核算方法与报告指南（试行）》。该指南主要供开展碳排放权交易、建立企业温室气体排放报告制度、完善温室气体排放统计核算体系等相关工作参考使用。

编制时主要参考了《省级温室气体清单编制指南（试行）》《中国温室气体清单研究》以及 IPCC 的相关指南。指南规定了企业进行温室气体核算时的适用范围、引用文件和参考文献、术语和定义、核算边界、核算方法、质量保证和文件存档、报告内容和格式等要求。

温室气体排放核算和报告的完整工作流程包括以下步骤：

（1）确定核算边界；

（2）识别排放源；

（3）收集活动水平数据；

（4）选择和获取排放因子数据；

（5）分别计算燃料燃烧排放量、能源作为原材料用途的排放量、工业生产过程排放量以及企业净购入的电力和热力消费的排放量等；

（6）汇总计算企业温室气体排放量。

企业的温室气体排放总量等于企业边界内所有生产系统的化石燃料燃烧排放量、能源作为原材料用途的排放量、工业生产过程排放量以及企业净购入的电力和热力消费的排放量之和。

7.3　城市轨道交通碳排放评估研究

根据温室气体中的碳排放源划分原则，将城市轨道交通系统运营阶段碳排放来源划分为范围一、二、三部分。其中，范围一部分碳排放是由城市轨道交通系统直接消耗的能源产生的（直接排放），主要来源于发电厂天然气及燃料的消耗，地铁租用车队汽油和柴油的消耗，车站购买的天然气消耗等；范用二部分的碳排放是城市轨道交通系统间接消耗的能源产供的碳排放（间接排放），主要来源于购买的用于牵引及非牵引的电能消耗；范围三部分的碳排放是由城市轨道交通系统其他间接能源消耗产生的碳排放（间接排放），主要来源于车站用水、废水处理，废弃物产生，终端产品，车辆、车站及信号设备更换等活动。

伦敦地铁利用 GHGProtocol 碳排放评估方法，对城市轨道交通系统运营阶段碳排放进行了评估。城市轨道交通系统运营中碳排放最多的是范围二购买的电力产生的碳排放，占整个系统碳排放的 82%。由于范围一和范围三部分的碳排放比例很小，且范围三的碳排放评估标准不够成熟，所以，本节仅研究城市轨道交通系统范围二部分电力消耗引起的碳排放，如图 2-7-2 所示。

地铁供电电源通常取自城市电网，通过城市电网一次电力系统和地铁供电系统实现输送或变换，然后以适当的电压等级供给地铁各类设备。

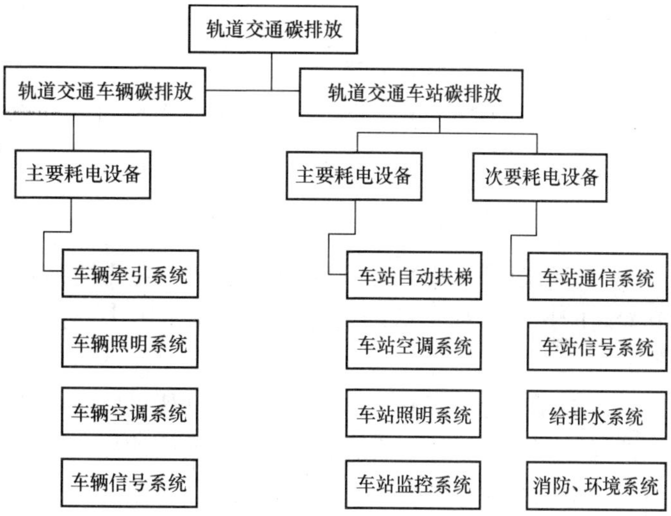

图 2-7-2　城市轨道交通运营期碳排放耗电设备一览

根据用电性质的不同，地铁供电系统可分为两部分：由牵引变电所为主组成的牵引供电系统和以降压变电所为主组成的动力照明供电系统。牵引供电系统主要由主变电所、牵引变电所、接触网、电力监控、供电缆网等组成，提供地铁车辆的牵引动力电源。动力照明供电系统主要由降压变电所、低压母线排、配电设备、线缆、用电设备等组成，提供地铁机电设备动力电源和照明电源。

地铁车站的耗电设备分为照明系统、空调系统、自动扶梯系统、信号系统、通信系统、给排水系统、监控系统等部分。由于在地铁车站的耗电量计算中照明系统、空调系统、自动扶梯系统是最为主要的耗电设备，信号系统、通信系统、给排水系统、监控系统等所占的比重很小，所以着重研究照明系统、空调系统、自动扶梯系统的耗电量。

地铁车辆耗电由四部分构成，地铁车辆牵引耗电、地铁车辆空调耗电、地铁车辆照明耗电、地铁车辆信号系统耗电。

7.3.1　运营阶段车辆碳排放评估模型

1. 车辆牵引系统

列车牵引碳排放是指在列车运行过程中用作克服列车运行阻力做功、增加列车动能以及克服重力势能差所消耗的能量产生的碳排放。

列车运行过程中相关参数，包括列车牵引力、列车运行阻力、列车制动力、列车牵引质量。

列车牵引力提供列车前进的动力。由列车的牵引特性及牵引电机功率决定的。典型的牵引力是通过牵引特性曲线取值得到的。在列车运行过程中，牵引力与实际速度相关函数即 $F=f(v)$：牵引特性曲线是采用离散法输入的，任意点上列车即时速度对应的取值需要进行计算，在具体计算牵引力以及电流的过程中，需要根据已有数据，对中间的数据需要采用线性插值法计算，如图 2-7-3 所示。

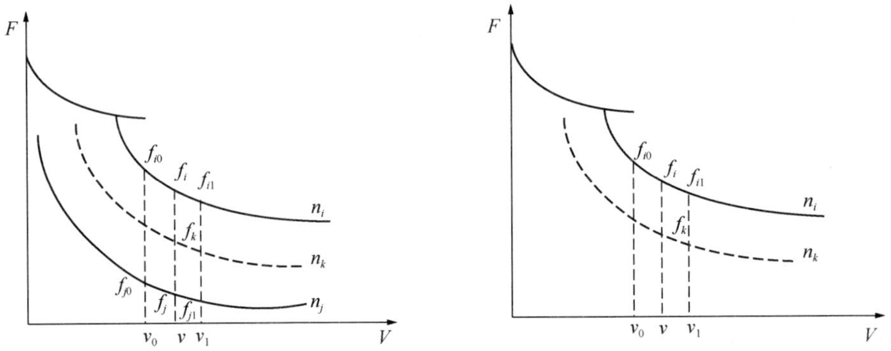

图 2-7-3　列车牵引力的线性插算

列车运行阻力由基本运行阻力与线路附加阻力两部分组成。基本运行阻力包括空气阻力和轮轨摩擦力。列车运行过程中影响基本阻力的因素非常复杂，难以用理论公式来计算。

列车制动是为了调节列车运行速度，一般可以通过以下两种方法来计算：第一种，直接按曲线取值；第二种，按给定的制动加速度计算，不考虑列车所能获得的制动力，所取得减速度值就是列车最终的减速度值。

城市轨道交通列车牵引质量为乘客平均重量与列车定员和满载率之积。列车牵引力做功主要用于克服列车运行阻力做功、增加列车动能因制动而造成的动能损失以及克服重力势能差。

列车运行过程中的功能转换方程如式（2-7-2）：

$$E=[F\times s]/\eta=\left[\int_0^s r(v)\mathrm{d}s+\frac{1}{2}M\times(v_t^2-v_i^2)+M\times g\times\Delta h\right]/\eta \quad (2\text{-}7\text{-}2)$$

式（2-7-3）为列车运行一个站间距时牵引产生的碳排放评估公式：

$$C_f=c_e/\eta\cdot\int_0^s F\mathrm{d}s=c_e\cdot\left[\int_0^s r(v)\mathrm{d}s+\frac{1}{2}M\times(v_t^2-v_i^2)+M\times g\times\Delta h\right]/\eta \quad (2\text{-}7\text{-}3)$$

式中　$r(v)$——作用在列车上的阻力；

v_t——制动末速度；

v_i——制动区以惰性运行计算出的制动结束点处的末速度；

Δh——列车运行起点与列车停止终点的高度差；

η——机电效率；

c_e——电力碳排放因子。

如果列车以额定功率运行，则列车牵引碳排放的评估将得到简化，此时某条线路上的所有列车运营一年牵引能耗产生的碳排放如式（2-7-4）：

$$C_{年牵引}=N_{天}\times N_{趟}\times c_e\times P_{额定}\times T_{每趟} \quad (2\text{-}7\text{-}4)$$

式中 $C_{年牵引}$——整条线路每年的牵引碳排放量；

$N_{天}$——车站每年的运营天数；

$N_{趟}$——每天列车在线路运行的趟数；

$P_{额定}$——列车的额定功率；

$T_{每趟}$——每趟列车在线路中以额定功率运行时间。

2. 其他系统

以列车通风空调系统碳排放为例：

$$W_{空调u} = N_{每天趟数} \times \sum_{i=1}^{n}(N_{通风空调u} \times P_{空调i} \times T_{空调i}) \tag{2-7-5}$$

$$W_{通风u} = N_{每天趟数} \times \sum_{j=1}^{k}(N_{通风空调u} \times P_{通风j} \times T_{通风j}) \tag{2-7-6}$$

$$W_{每天空调} = \sum_{u=1}^{x} W_{空调u} \tag{2-7-7}$$

$$W_{每天通风} = \sum_{u=1}^{x} W_{通风u} \tag{2-7-8}$$

$$C_{每天空调} = c_{e} \times W_{每天空调} \tag{2-7-9}$$

$$C_{每天通风} = c_{e} \times W_{每天通风} \tag{2-7-10}$$

$$C_{年通风空调} = C_{空调季} + C_{非空调季} = N_{空调季} \times C_{每天空调} + N_{非空调季} \times C_{每天通风} \tag{2-7-11}$$

式中 $N_{通风空调u}$——每辆列车上第 u 种通风空调设备的数量；

$P_{空调i}$——空调季节，第 u 种空调设备以方式 i 运行的功率；

$T_{空调i}$——空调季节，第 u 种空调设备以方式 i 每运行一趟的时间；

$N_{每天趟数}$——整条线路上每天列车运行的趟数；

$W_{空调u}$——空调季节，第 u 种空调设备能耗；

$W_{每天空调}$——空调季节，每天所有列车上通风空调设备的总能耗；

$C_{每天空调}$——空调季节，每天所有列车上通风空调设备的碳排放量；

$P_{通风j}$——非空调季节，第 u 种空调设备以方式 j 运行的功率；

$T_{通风j}$——非空调季节，第 u 种空调设备以方式 j 每运行一趟的时间；

$W_{通风u}$——非空调季节，第 u 种空调设备的能耗；

$W_{每天通风}$——非空调季节，每天所有列车上通风设备的通风总能耗；

$C_{每天通风}$——非空调季节，每天所有列车上通风设备的通风碳排放量；

$N_{空调季}$——每年空调季开空调的天数；

$N_{非空调季}$——每年非空调季，通风空调设备以通风模式运行的天数；

$C_{年通风空调}$——全线所有列车每年空调通风设备运营产生的碳排放量。

7.3.2 运营阶段车站碳排放评估模型

建筑运营阶段 CO_2 排放量可以表示为式 2-7-12：

$$E_{o} = Y \cdot (Q_{e} \cdot f_{e} + Q_{g} \cdot f_{g}) \tag{2-7-12}$$

式中 Y——全生命周期年份；

Q_e、Q_g——分别为年耗电量和年耗气量；

f_e、f_g——分别为电力和燃气的 CO_2 排放系数，见表 2-7-3。

表 2-7-3　主要能源内含能及 CO_2 排放清单

能源种类	单位	内含能 kJ/单位	CO_2 排放 kg/单位
原煤	kg	20908	2.06
原油	kg	41816	3.07
天然气	m^3	38931	2.18
柴油	kg	42652	3.16
燃料油	kg	41816	3.13
煤油	kg	43070	3.15
焦炉煤气	m^3	16726	0.74
煤气	m^3	5227	0.23
火电	kW·h	12435	0.9540

对地铁用能系统进行分解可以分解为自动扶梯、通风空调系统、照明系统等。

1. 自动扶梯

地铁车站自动扶梯应满足下列要求：

理论输送能力：指每小时理论输送的人数。理论输送能力（c，人/h）计算式为：

$$c = 3600vk/0.4 \tag{2-7-13}$$

式中　v——额定速度，m/s；

k——宽度系数（梯级宽度为 0.6m 时取 1.0，0.8m 时取 1.5，1.0m 时取 2.0）。

额定速度：指梯级、踏板或胶带在空载运行下的速度，是设计确定并实际运行的速度。自动扶梯倾斜角不大于 30°时额定速度不应超过 0.75m/s，倾斜角大于 30°且不大于 35°时额定速度不应超过 0.50m/s。自动人行道的额定速度不应超过 0.75m/s，当踏板的宽度不超过 1.1m 时，额定速度不应超过 0.9m/s。

倾斜角：指梯级、踏板或胶带运行方向与水平面构成的最大角度。一般有 27.3°、30°，35°（当提升高度不超过 6m，额定速度不超过 0.50m/s 时，倾斜角允许增至 35°）三种。一般双梯梯级宽度常用 1000，这样总宽度会达到 3400～3600 左右。

梯级名义宽度。国内自动扶梯一般采用 0.6m、0.8m、1.0m，一般双梯梯级宽度常用 1000，这样总宽度会达到 3400～3600 左右。

$$W_{自动扶梯} = \sum_{i=1}^{n}(N_{自动扶梯} \times P_{自动扶梯i} \times T_{自动扶梯i}) \tag{2-7-14}$$

$$C_{自动扶梯} = W_{自动扶梯} \times N_{运行天数} \times c_e \tag{2-7-15}$$

式中　$N_{自动扶梯}$——某个车站自动扶梯的数量；

$P_{自动扶梯i}$——自动扶梯以方式 i 运行的功率；

$T_{自动扶梯i}$——每天自动扶梯以方式 i 运行的时间；

$W_{自动扶梯}$——每天某个车站所有自动扶梯的运行总能耗；

$C_{自动扶梯}$——每年某个车站所有自动扶梯的碳排放量；

$N_{运行天数}$——车站所有自动扶梯每年运行的天数。

2. 通风空调系统

地下车站设置空调系统必须符合下列条件：当车站采用机械通风时，站内夏季的空气计算干球温度超过30℃。当地夏季最热月平均温度超过25℃。当地下车站设置空调系统时，车站公共区设计干球温度：在双层车站中，站厅宜比地面室外低2℃，站台宜比站厅低1℃；在单层车站中，站台宜比地面室外低2～3℃，但不应高于30℃，相对湿度均为45%～70%。每人的新鲜空气量不应小于126m^3/h，且新风量不应少于系统总风量的10%。

区间隧道夏季最热日的日平均温度，应符合下列规定：列车车厢不设置空调时，不得超过33℃。列车车厢设置空调，车站不设置屏蔽门时，不得超过35℃；车站设置屏蔽门时，不得超过40℃。隧道通风系统的通风量应保证隧道内换气次数每小时不应少于3次供应人员的新鲜空气量要求：当采用活塞通风或机械通风时，不应少于30m^3/h；当采用闭式循环运行时，不应少于126m^3/h。通风与空调设备传至车站站台和站厅的噪声不得超过70dB（A），传至地面风亭的噪声应符合国家现行标准《城市区域环境噪声标准》GB 3096的规定。地下车站及区间隧道内必须具备事故通风及防烟、排烟系统功能。

$$W_{空调u} = \sum_{i=1}^{n}(N_{通风空调u} \times P_{空调i} \times T_{空调i}) \tag{2-7-16}$$

$$W_{通风u} = \sum_{j=1}^{k}(N_{通风空调u} \times P_{通风j} \times T_{通风j})W_{通风u} = \sum_{j=1}^{k}(N_{通风空调u} \times P_{通风j} \times T_{通风j}) \tag{2-7-17}$$

$$W_{每天空调} = \sum_{u=1}^{x} W_{空调u} \tag{2-7-18}$$

$$W_{每天通风} = \sum_{u=1}^{x} W_{通风u} \tag{2-7-19}$$

$$C_{每天空调} = c_e \times W_{每天空调} \tag{2-7-20}$$

$$C_{每天通风} = c_e \times W_{每天通风} \tag{2-7-21}$$

$$\begin{aligned} C_{年公共区域通风空调} &= C_{空调季} + C_{非空调季} \\ &= N_{空调季} \times C_{每天空调} + N_{非空调季} \times C_{每天通风} \end{aligned} \tag{2-7-22}$$

式中 $N_{通风空调u}$——每辆列车上第u种通风空调设备的数量；

$P_{空调i}$——空调季节，第u种空调设备以方式i运行的功率；

$T_{空调i}$——空调季节，第u种空调设备以方式i每运行一趟的时间；

$W_{空调u}$——空调季节，第u种空调设备能耗；

$W_{每天空调}$——空调季节，每天所有列车上通风空调设备的总能耗；

$C_{每天空调}$——空调季节，每天所有列车上通风空调设备的碳排放量；

$P_{通风j}$——非空调季节，第u种空调设备以方式j运行的功率；

$T_{通风j}$——非空调季节，第u种空调设备以方式j每运行一趟的时间；

$W_{通风u}$——非空调季节，第 u 种空调设备的能耗；

$W_{每天通风}$——非空调季节，每天所有列车上通风设备的通风总能耗；

$C_{每天通风}$——非空调季节，每天所有列车上通风设备的通风碳排放量；

$N_{空调季}$——每年空调季开空调的天数；

$N_{非空调季}$——每年非空调季，通风空调设备以通风模式运行的天数；

$C_{年公共区域通风空调}$——全线所有列车每年空调通风设备运营产生的碳排放量。

3. 照明系统

$$W_{照明v} = \sum_{j=1}^{k}(N_{照明设备v} \times P_{照明j} \times T_{照明j}) \tag{2-7-23}$$

$$C_{每天照明} = \sum_{v=1}^{y} W_{照明v} \times c_e \tag{2-7-24}$$

$$C_{年公共区照明} = C_{每天照明} \times N_{照明天数} \tag{2-7-25}$$

式中 $N_{照明设备v}$——第 v 种照明设备的数量；

$P_{照明j}$——第 v 种照明设备以方式 j 运行的功率，共有 k 种运行方式；

$T_{照明j}$——第 v 种照明设备以方式 j 运行的时间；

$W_{照明j}$——每天第 v 种照明设备的运行总能耗，共有 y 种照明设备；

$C_{每天照明}$——车站公共区每天这么设备的碳排放量；

$C_{年公共区照明}$——全线所有车站公共区每年照明设备的碳排放量；

$N_{照明天数}$——车站公共区每年照明的天数。

7.4 城市轨道交通碳排放评价指标研究

根据《城市轨道交通能源消耗与排放指标评价方法》GB/T 37420—2019、企业标准《广州城市轨道交通能耗评价指标》等相关材料，城市轨道交通碳排放指标包括以下几个指标：单位客运周转量二氧化碳排放量、单位运营里程牵引二氧化碳排放量、单位面积车站（场段）运营二氧化碳排放量。

7.4.1 单位客运周转量二氧化碳排放量

单位客运周转量二氧化碳排放量是某年二氧化碳排放量与客运周转量的比值，公式如下：

$$Z_{CO_2} = \frac{P_{CO_2}}{Q} \tag{2-7-26}$$

$$P_{CO_2} = \Sigma R_i \times EF_i \tag{2-7-27}$$

式中 Z_{CO_2}——全线二氧化碳排放强度，单位为吨二氧化碳每万人公里[tCO_2/(万人·km)]；

P_{CO_2}——二氧化碳排放总量，单位为吨二氧化碳（tCO_2）；

Q——客运周转量，单位为万人公里（万人·km），可由运营数据获得；

R_i——第 i 种能源的消耗量，单位为千瓦时（kW·h）、立方米（m^3）、吨（t）、兆焦（MJ），包括线路、车辆基地、线路控制中心等消耗的电力、燃气、燃油、燃煤、市政热力等能源；

EF_i——第 i 种能源的碳排放因子。

2018 年南方电网排放因子 EF_{OM} 取值 0.8094，其他种类能源的碳排放因子见表 2-7-4。

表 2-7-4　其他种类能源碳排放因子

燃料名称		单位热值含碳量（tC/TJ）	碳氧化率（%）	热值		排放因子		密度（kg/m^3）
				数值	单位	数值	单位	
原煤	无烟煤	27.4	94	20908	kJ/kg	1.97	tCO_2/t 燃料	
	烟煤	26.1	93	20908	kJ/kg	1.86	tCO_2/t 燃料	
	褐煤	28	96	20908	kJ/kg	2.06	tCO_2/t 燃料	
洗精煤		25.41	100	26344	kJ/kg	2.45	tCO_2/t 燃料	
其他洗煤	洗中煤	25.41	100	8363	kJ/kg	0.78	tCO_2/t 燃料	
	煤泥	25.41	100	12545	kJ/kg	1.17	tCO_2/t 燃料	
焦炭		29.42	93	28435	kJ/kg	2.85	tCO_2/t 燃料	
原油		20.08	98	41816	kJ/kg	3.02	tCO_2/t 燃料	
燃料油		21.1	98	41816	kJ/kg	3.17	tCO_2/t 燃料	
汽油		18.9	98	43070	kJ/kg	2.92	tCO_2/t 燃料	775
一般煤油		19.6	98	43070	kJ/kg	3.03	tCO_2/t 燃料	840
柴油		20.2	98	42652	kJ/kg	3.1	tCO_2/t 燃料	845
液化天然气		15.32	98	46900	kJ/kg	2.58	tCO_2/t 燃料	
液化石油气		17.2	98	50179	kJ/kg	3.1	tCO_2/t 燃料	
炼厂干气		18.2	98	46055	kJ/kg	3.04	tCO_2/t 燃料	
乙烷		18.7	98	48800	kJ/kg	3.28	tCO_2/t 燃料	
其他石油制品	沥青	22	98	41200	kJ/kg	3.26	tCO_2/t 燃料	
	润滑油	20	98	42300	kJ/kg	3.04	tCO_2/t 燃料	
	石油焦	27.5	98	41900	kJ/kg	4.14	tCO_2/t 燃料	
天然气		15.32	99	38931	kJ/m^3	0.0022	tCO_2/m^3 燃料	
焦炉煤气		13.58	99	17981	kJ/m^3	0.00089	tCO_2/m^3 燃料	
高炉煤气		12.2	99	3763	kJ/m^3	0.00017	tCO_2/m^3 燃料	
其他煤气	发生炉煤气	12.2	99	5227	kJ/m^3	0.00023	tCO_2/m^3 燃料	
	重油催化裂解煤气	12.2	99	19235	kJ/m^3	0.00085	tCO_2/m^3 燃料	
	重油热裂解煤气	12.2	99	35544	kJ/m^3	0.0016	tCO_2/m^3 燃料	
	焦炭制气	12.2	99	16308	kJ/m^3	0.00072	tCO_2/m^3 燃料	
	压力水化煤气	12.2	99	15054	kJ/m^3	0.00067	tCO_2/m^3 燃料	
	水煤气	12.2	99	10454	kJ/m^3	0.00046	tCO_2/m^3 燃料	

7.4.2　单位运营里程牵引二氧化碳排放量

单位运营里程牵引二氧化碳排放量是单一线路某年的牵引二氧化碳排放量与运营里程的比值，公式如下：

$$B_{CO_2} = \frac{E_{CO_2}}{S} \tag{2-7-28}$$

$$E_{CO_2} = E \times EF \tag{2-7-29}$$

式中　B_{CO_2}——单位运营里程牵引二氧化碳排放强度，单位为吨二氧化碳每万人公里［tCO_2/（万人・km）］；

E_{CO_2}——牵引二氧化碳排放总量，单位为吨二氧化碳（tCO_2）；

S——运营里程，单位为车公里（车・km）；

E——牵引电耗，单位为千瓦时（kW・h），包括车辆在内线路、车辆基地运行的用电量，是线路、车辆基地牵引变压器一次侧受电量的综合减去逆流变压器的输送电量。

EF——电力的碳排放因子。2018年南方电网排放因子EF_{OM}取值0.8094。

7.4.3　单位面积车站（场段）运营二氧化碳排放量

单位面积车站（场段）运营二氧化碳排放量是单一车站某年的运营二氧化碳排放量与建筑面积的比值，公式如下：

$$D_{CO_2} = \frac{E_{d_{CO_2}}}{M} \tag{2-7-30}$$

$$E_{d_{CO_2}} = \sum E_{d_i} \times EF_i \tag{2-7-31}$$

式中　D_{CO_2}——日均车站（场段）运营二氧化碳排放量，单位为吨二氧化碳每天［tCO_2/（天）］；

$E_{d_{CO_2}}$——车站（场段）二氧化碳排放总量，单位为吨二氧化碳（tCO_2）；

M——车站（场段）的建筑面积，单位为平方米（m^2）；

E_{d_i}——车站（场段）第i种能源的消耗量，单位为千瓦时（kW・h）、立方米（m^2）、吨（t）、兆焦（MJ），包括消耗的电力、燃气、燃油、燃煤、市政热力等能源。

第三篇　标准内容与说明

1　总　则

1.0.1　为贯彻落实国家绿色发展理念和碳达峰、碳中和要求，推动城市轨道交通绿色低碳高质量发展，满足人民日益增长的美好生活需要，节约资源，保护环境，规范绿色低碳轨道交通评价，制定本标准。

【条文说明】

(1) 研究背景

2019 年 2 月中共中央、国务院正式印发《粤港澳大湾区发展规划纲要》，国家发展改革委印发《关于培育发展现代化都市圈的指导意见》，2019 年 9 月中共中央、国务院印发《交通强国建设纲要》。提出了“构筑大湾区快速交通网络”“加快城际铁路建设，有序规划珠三角主要城市的城市轨道交通项目，加快构建都市圈公路和轨道交通网，打造轨道上的都市圈，推动干线铁路、城际铁路、市域（郊）铁路、城市轨道交通四网融合，探索都市圈轨道交通运营管理“一张网”等多项关于轨道交通发展的宏观要求。

2019 年 1 月，国务院审议通过了《中长期铁路网规划》，我国铁路建设掀开了崭新的一页。到 2020 年，全国铁路运营里程将由 2019 年底的 7.2 万公里增加到 10 万公里，复线里程由 2.4 万公里增加到 5 万公里，电气化里程由 1.8 万公里增加到 5 万公里。中国铁路建设，正在以前所未有的规模和速度高歌猛进。

截至 2019 年年底，我国内地已有 40 个城市开通轨道交通，运营线路总长度 6882.13 公里，总车站数达到 4416 个，新增 1024 公里，新增地铁城市 6 座。

2018 年，广东省政府正式决定委托广州地铁集团承接珠三角城际铁路运营。预计未来 5～8 年，广州地铁将运营超过 1800 公里的“地铁＋城际”线网，实施超过 500 公里的旧线网的更新改造。

我国“绿色城市轨道交通”概念是在推行“绿色建筑”和“绿色交通”理念的基础上发展而来的，城市轨道交通作为城市交通的重要组成部分，发展绿色轨道交通是我国交通领域的必然发展趋势。

我国从 20 世纪 90 年代开始关注建筑的绿色节能设计，进入 21 世纪后，绿色建筑设计的模式发生了转变，绿色建筑成为国家建筑行业建设的主导思想。建设部于 2005 年发布了《绿色建筑技术导则》，随后，2006 年发布《绿色建筑评价标准》GB/T 50378。经过多年实践，分别于 2014 年和 2019 年修订了两次。最新修订的国标《绿色建筑评价标准》GB/T 50378—2019 中明确了绿色建筑的定义：在全寿命周期内，节约资源、保护环境、减少污染，为人们提供健康、适用、高效的使用空间，最大限度地实现人与自然和谐共生的高质量建筑。截至2019年年底，全国城镇累计建设绿色建筑面积近50亿平方米，获得绿色建筑评价标识的建筑数量超过19000个。

然而城市轨道交通，由于其具有枢纽化、体量大、公共性强、运营时间长、人车共存、人流集聚等特性，城市轨道交通车站的绿色化体系不同于其他公共建筑类型，也无法使用通用的绿色建筑评价标准对其进行评价。

从2011年开始我国颁布了一系列绿色交通领域的相关政策。2011年，财政部和住房城乡建设部发布了《交通运输节能减排专项资金管理暂行办法》。2013年，交政法发布文件［2013］323号《加快推进绿色循环低碳交通运输发展指导意见》。2016年交规划发［2016］94《交通运输部关于印发交通运输节能环保“十三五”发展规划的通知》。2017年，交通运输部先后印发《推进交通运输生态文明建设实施方案》和《关于全面深入推进绿色交通发展的意见》，明确了2020年绿色交通发展目标和重点任务。

绿色是永续发展的必要条件，形成人与自然和谐发展现代化建设新格局、推进美丽中国建设、为全球生态安全做出新贡献已经成为国家空间治理基本的价值导向。绿色设计是轨道交通行业在可持续发展战略指导下的核心实践措施，是引导城市轨道交通绿色发展的战略需求。

（2）编制目的和意义

2020年，城市轨道交通占公共交通六成以上。城市轨道交通在缓解城市交通拥堵问题的同时，也消耗巨大的资源和能源。根据运营经验，一条20公里长的地铁线路用电量约为0.6亿～1亿kW·h，电费占到城市轨道交通运营费用的50%。以上海为例，上海轨道交通年耗电量超过21亿kW·h，主要包括列车牵引、站厅通风空调、照明、电梯系统等。另一方面，对于深居地下的轨道交通站厅，人群流动密集，当空气不流通时，不仅氧气含量下降，还可能滋生病菌。因此，打造更节能、更健康、更安全的城市轨道交通网络，是践行新发展理念、实施健康中国战略的必然要求，也是新时代企业应该承担的社会责任。

长沙在全国范围内首先提出了“绿色地铁”的概念，通过优化设计、使用节能技术和设备等综合措施，使绿色地铁能耗比普通地铁能耗降低20%。随着绿色地铁概念的提出和推广，对于绿色地铁的相关探索越来越多，绿色技术的创新也层出不穷。全国各地区地铁设计均采用了某项或多项绿色先进技术，但都具有单一性和局限性的特点，缺乏一套系统的绿色地铁设计导则。

因此，发展绿色城市轨道交通，迫切需要绿色相关理论的指导。本标准旨在通过对现有绿色轨道交通的定义和内涵、绿色节能技术进行全面调研、梳理和研究，在其基础上提出一套绿色轨道交通技术措施的设计方法并编制设计导则，指导绿色轨道交通设计，实现可持续发展。

1.0.2 **本标准适用于新建、改建、扩建的地铁和市域快速轨道交通，以及旅客列车设计速度200km/h以下的城际铁路的绿色低碳评价。**

【条文说明】根据原中华人民共和国建设部于2007年发布的《城市公共交通分类标准》CJJ/T 114—2007中的定义，城市轨道交通为采用轨道结构进行承重和导向的车辆运输系统，依据城市交通总体规划的要求，设置全封闭或部分封闭的专用轨道线路，以列车或单车形式，运送相当规模客流量的公共交通方式。《城市公共交通分类标准》中还明确城市轨道交通包括：地铁系统、轻轨系统、单轨系统、有轨电车、磁浮系统、自动导向轨道系统、市域快速轨道系统。此外，随着交通系统的发展已出现其他一些新交通系统。

不同的新建线路在规模、走向、在城市中的定位均有一定的差异性，结合城市轨道交通的发展现状，本标准在条文中体现了差异性的评价，考虑到部分线路在经过一定的年限后存在升级改造的情况，因此，改造线路也适合采用本标准评价，总的来说，本标准的作用在于提升绿色城市轨道交通的规划设计及运营服务水平，更好地服务于乘客以创造更好的出行环境。

1.0.3 绿色低碳评价应遵循因地制宜的原则，在满足安全可靠、技术经济合理的前提下，对城市轨道交通全寿命期内的安全耐久、便捷高效、健康舒适、资源节约、环境友好和运营管理等性能进行综合评价。

【条文说明】因地制宜强调的是必须考虑地域特点，合理选用技术及设定技术指标。

全寿命周期评价是轨道交通绿色评价应遵循的基本原则，从最初的规划设计到随后的施工建设、运营管理及最终的拆除，形成了一个全寿命周期。关注建筑的全寿命周期，意味着不仅在规划设计阶段充分考虑并利用环境因素，而且确保施工过程中对环境的影响最低。运营管理阶段能为人们提供健康、舒适、低耗、无害空间，拆除后又对环境危害降到最低，并使拆除材料尽可能再循环利用。

在《绿色建筑评价标准》GB 50378—2019 中，设立了“安全耐久、健康舒适、出行便利、资源节约、环境宜居”作为评价绿色建筑的五方面性能。实际上，以上五方面指标正是反映了绿色建筑的核心理念。根据城市轨道交通的特点，以绿色建筑的五大指标体系为基础，本标准确立“安全耐久、便捷高效、健康舒适、资源节约、环境友好”为绿色城市轨道交通的五大核心理念。同时，考虑管理评价要求，增加了“运营管理”。

1.0.4 绿色低碳轨道交通评价除应符合本标准的规定外，尚应符合国家、行业和地方现行法律法规和有关标准的规定。

【条文说明】

目前，与城市轨道交通绿色评价相关的主要有如下标准：

(1) 城市轨道交通综合技术标准

《城市轨道交通线网规划标准》GB/T 50546—2018

《城市轨道交通工程项目建设标准》建标 104—2008

《地铁设计规范》GB 50157—2013

《轻轨交通设计标准》GB/T 51263—2017

《跨座式单轨交通设计规范》GB 50458—2008

《城市轨道交通技术规范》GB 50490—2016

《交通客运站建筑设计规范》JGJ/T 60—2012

《自动导向轨道交通设计标准》CJJ/T 277—2018

《地铁快线设计标准》CJJ/T 298—2019

《城市轨道交通工程设计规范》DB11/995—2013（北京）

《宁波城市轨道交通设计技术标准》2015 甬 SS-01

《城市轨道交通设计规范》DG/TJ 08-109—2017（上海）
《成都市地铁设计规范》DBJ 51/T 074—2017
《浙江省城市轨道交通设计规范》DB33/T 1146—2018
《浙江省市域快速轨道交通设计规范》DB33/T 1160—2018
《江苏省城市轨道交通工程设计标准》DB32/T 3700—2019
《市域快速轨道交通设计规范》T/CCES 2—2017
（2）城市轨道交通专项技术标准
《城市轨道交通通风空气调节与供暖设计标准》GB/T 51357—2019
《城市轨道交通结构抗震设计规范》GB 50909—2014
《城市轨道交通桥梁设计规范》GB/T 51234—2017
《地铁设计防火标准》GB 51298—2018
《地铁工程施工安全评价标准》GB 50715—2011
《城市轨道交通高架结构设计荷载标准》CJJ/T 301—2020
《地铁限界标准》CJJ/T 96—2018
《地铁杂散电流腐蚀防护技术标准》CJJ/T 49—2020
《地铁与轻轨车辆转向架技术条件》CJ/T 365—2011
《城市轨道交通管线综合 BIM 设计标准》（天津）
（3）绿色建筑设计相关标准
《民用建筑绿色设计规范》JGJ/T 229—2010
《民用建筑绿色性能计算标准》JGJ/T 449—2018
《北京市绿色建筑设计标准》DB 11-938—2016
《西藏自治区绿色建筑设计标准》DBJ 540001—2018
《绿色建筑设计标准》DB64/T 1544—2018
《湖南省绿色建筑设计标准》DBJ43/T 006—2017
《江西省绿色建筑设计标准》DBJ/T 36-037—2017
《福建省绿色建筑设计标准》DBJ 13-197—2017
《中新天津生态城绿色建筑设计标准》DB/T 29-195—2016
《天津市绿色建筑设计标准》DB 29-205—2015
《青海省绿色建筑设计标准》DB63/T 1340—2015
《一星级绿色民用建筑设计标准》DB22/JT 167—2017
《绿色公共建筑设计标准》DB62/T 25-3089—2014
《海南省住宅建筑节能和绿色设计标准》DBJ 46-039—2016
（4）绿色建筑评价相关标准
《绿色建筑评价标准》GB/T 50378—2019
《绿色工业建筑评价标准》GB/T 50878—2013
《绿色办公建筑评价标准》GB/T 50908—2013
《绿色商店建筑评价标准》GB/T 51100—2015
《既有建筑绿色改造评价标准》GB/T 51141—2015

《绿色医院建筑评价标准》GB/T 51153—2015
《建筑工程绿色施工评价标准》GB/T 50640—2010
《绿色博览建筑评价标准》GB/T 51148—2016
《绿色饭店建筑评价标准》GB/T 51165—2016
《绿色生态城区评价标准》GB/T 51255—2017
《绿色校园评价标准》GB/T 51356—2019
《绿色建筑运行维护技术规范》JGJ/T 391—2016
《既有社区绿色化改造技术规程》JGJ/T 425—2017
（5）绿色城市轨道交通技术标准
《深圳市绿色城市轨道交通工程建设与运营评价标准》，2013
《长沙市城市轨道交通绿色车站设计导则》，2013
《长沙市绿色城市轨道交通评价标准》，2013
《绿色城市轨道交通车站评价标准》T/CABEE 002—2019，T/CAMET 02001—2019
《绿色城市轨道交通建筑评价标准》T/CECS 724—2020
《绿色轨道交通综合利用区域评价标准》（征求意见稿），中国建筑学会标准
《广东省绿色轨道交通设计标准》（征求意见稿）
《广东省绿色轨道交通评价标准》（征求意见稿）

2 术　　语

2. 0. 1　轨道交通全寿命期　life cycle of rail transit system

轨道交通从规划设计到施工、使用及最终拆除的全过程，包括选址、策划、设计、材料获取、建筑材料与构配件加工制造、现场施工与安装、运行维护以及拆除与处置，简称全寿命期。

2. 0. 2　绿色低碳轨道交通　green low carbon rail transit

在全寿命期内，节约资源、保护环境、减少污染，提供安全、便捷、健康、舒适的出行和工作环境，实现人与自然和谐共生的高质量轨道交通。

2. 0. 3　绿色低碳车站　green low carbon station

全寿命期内符合安全耐久、便捷高效、健康舒适、资源节约和环境友好要求的轨道交通车站，包括地下车站、地面车站、高架车站。

2. 0. 4　绿色低碳车辆基地　green low carbon vehicle base

全寿命期内符合安全耐久、便捷高效、健康舒适、资源节约和环境友好要求的轨道交通车辆基地，车辆基地内一般包括车辆段、综合维修中心、物资总库、培训中心等。

3 基本规定

3.1.1 绿色低碳城市轨道交通评价应以下列方式之一进行：

1 单一车站的评价应在竣工且投入使用1年后进行，评价结果为绿色低碳车站等级；

2 单一车辆基地的评价应在竣工且投入使用1年后进行，评价结果为绿色低碳车辆基地等级；

3 包括车站、车辆基地、线路、轨道与车辆的一条轨道交通线的全线评价应在线路开通1年后进行，评价结果为绿色低碳城市轨道交通线等级。

【条文说明】考虑到城市轨道交通线路的体量和复杂性，本标准设置三种方式进行绿色等级评价。关于第3款，以“开通”作为评价计时起点，而不以具体运行站数和里程为依据，是考虑线路开通必然需要满足一定的站数和里程条件。

3.1.2 车站、车辆基地、全线在设计完成后，可进行预评价。

【条文说明】预评价能够更早地掌握建筑工程可能实现的绿色性能，可以及时优化或调整设计方案或技术措施，为建成后的运行管理做准备。

3.1.3 参评线路应进行全寿命期技术和经济分析，选用适宜技术、设备和材料，对规划、设计、施工、运行阶段进行全过程控制，并提交相应分析、测试报告和相关文件。

3.1.4 车站、车辆基地和全线评价应包括控制项和评分项。评分项指标体系应由安全耐久、便捷高效、健康舒适、资源节约、环境友好、运营管理6类基础指标和提高创新指标组成。

【条文说明】首先按照五大核心理念设置五类指标体系，考虑到城市轨道交通的特点，“运营管理”极为重要，故增加一类基础指标。考虑到各个参评对象的个体差异，对于有较高追求的参评对象，可以尝试采用一些难度较大或投入较大的技术措施，故提供“提高创新”项供其选择。

3.1.5 控制项的评价结果为达标或不达标。

【条文说明】控制项只做合格判定，具有一票否决权。

3.1.6 评分项的评价结果为分值，包括三种评分方式：

1 只包括一项评价内容，满足要求直接获得本条分数；

2 包括多项评价内容，根据评分规则对各项评价内容分别评价，各项评价内容得分累计为本条得分。

3 对一项内容按照评分规则进行分级评价，达到的最高级别对应分数为本条得分。

3.1.7 每类基础指标的满分值分别为100分，当有不参评项的，本类指标得分按式（3-3-1）进行计算。

$$Q_i = \frac{q_i}{(100 - \bar{q}_i)} \times 100 \tag{3-3-1}$$

式中　Q_i ——第 i 类指标得分，$i=1\sim6$；

q_i ——按参评项计算的第 i 类指标得分直接累计值，$i=1\sim6$；

$\overline{q}_i$ ——第 i 类指标不参评项的累计分值，$i=1\sim6$。

【条文说明】对于不同的参评对象而言，由于存在地上、地下等客观差异，适用的评分项条文数量和总分值可能不一样。对此，计算参评对象某类指标评分项的实际得分值与适用于参评对象的评分项总分值的比率，反映参评对象实际采用的“绿色措施”和效果占理论上可以采用的全部“绿色措施”和效果的相对得分率。

3.1.8　“提高创新”指标最高累计得分为 10 分，当评价等级达到二星级后方可计入。

【条文说明】在目前国内编制的各类绿色评价标准中，多数设置了“提高创新”类指标，但在评分方式上却普遍没有体现“提高创新”项与其他指标的差异性，均为随时可以考虑采用，采用即可得分的方式。本标准认为，提高创新既然作为实现难度较大或投入较大的技术措施，理应在其他措施做到一定程度后方可采用，以作为实现更高绿色水平的助力条件，故作出本条规定。

3.1.9　评价总得分按式（3-3-2）（1）计算，当得分达到 70 分以上时，按式（3-3-2）（2）计入提高创新项得分作为总得分。

$$Q=\sum_{i=1}^{6}w_iQ_i \qquad (1)$$

$$Q=\sum_{i=1}^{6}w_iQ_i+Q_a \qquad (2) \qquad\qquad (3\text{-}3\text{-}2)$$

式中　Q ——评价总得分；

Q_i ——6 类基础指标的得分，$i=1\sim6$；

w_i ——6 类基础指标的权重，$i=1\sim6$，按表 1-4-29 取值；

Q_a ——提高创新项累计得分，最高可得 10 分。

【条文说明】与《绿色建筑评价标准》GB/T 50378—2019 等现行评价标准不同，本标准依然采用了《绿色建筑评价标准》GB/T 50378—2014 版的加权评分方式。加权方式通过不同的权重可以明显体现出在绿色体系中对不同类指标的关注程度，同时对于评价分值的设置及调整非常便利，故予以采用。

3.1.10　车站建筑、车辆基地和全线评价均分为基本级、一星级、二星级、三星级 4 个等级。

3.1.11　车站建筑按本标准第 4 章规定进行评价，车辆基地按本标准第 5 章规定进行评价，评价等级按下列规定确定：

1　当满足控制项全部要求时，为基本级；

2　一星级、二星级、三星级 3 个等级，要求满足全部控制项的要求，且各类指标的评分项得分不小于 30 分；

3　当总得分达到 60 分、70 分、85 分时，等级分别为一星级、二星级、三星级。

【条文说明】当对车站建筑、车辆基地进行绿色等级评价时，首先应该满足本标准规定的全部控制项要求，同时规定了每类评价指标的最低得分要求，以实现绿色性能均衡。

按本标准第3.2.6条的规定计算得到绿色评价总得分，当总得分达到60分、70分、85分且满足本条第1、2款的要求时，绿色等级分别为一星级、二星级、三星级。

3.1.12 全线评价按本标准第6章规定进行，评价等级按下列规定确定：

1 当满足控制项全部要求时，为基本级；

2 一星级、二星级、三星级3个等级，要求满足全部控制项的要求，且各类指标的评分项得分不小于30分；

3 当总得分达到60分、70分、85分时，等级分别为一星级、二星级、三星级；

4 评价应明确区间范围，评价后新增部分应在投入运行一年后纳入整体，重新进行全线评价。

【条文说明】全线评价较为特殊，需要包括车站建筑、车辆基地的绿色等级评价，与本标准第6章评价内容综合确定全线绿色等级，车站建筑、车辆基地的绿色等级不得低于全线的绿色等级，具体可见本标准第6.1.1条。

4 车　　站

4.1 控　制　项

4.1.1 场地选址应符合上位规划要求，避开洪灾、滑坡、泥石流及化学污染土壤的威胁。

【条文说明】上位规划包括城市总体规划、控制性详细规划、城市轨道交通线网规划及近期建设规划及城市设计的要求。本条应注意如下技术要点：

（1）场地内自然条件，有无滑坡、泥石流、洪涝等潜在威胁。如有，需明确如何避让潜在危险源；

（2）场地开挖时应进行土壤氡浓度检测，且土壤中氡浓度的控制应符合现行国家标准《民用建筑工程室内环境污染控制标准》GB 50325 的有关规定。

4.1.2 出入口的用地规划与城市发展相协调，设置位置和场地布局有利于吸引和疏散客流。

【条文说明】城市轨道交通车站是城市综合交通运输网络的重要环节，具有客流集散、与多种交通方式中转换乘和乘客出行辅助服务等多项功能，因此正确、合理地选择城市轨道交通车站位置，既方便乘客提高出行效率，又满足城市发展要求。

4.1.3 车站应满足客流预测，功能分区明确、布局合理。

【条文说明】建筑设计说明中应写明本项目满足客流预测，并叙述本项目位置与场地布局如何吸引与疏散客流。

4.1.4 建筑造型要素应简约，应无大量装饰性构件，装饰性构件造价占建筑总造价的比例不应大于 1％。

【条文说明】关于装饰性构件，应注意如下技术要点：

1）核查是否有大量装饰性构件。如有，需提供纯装饰性构件造价占单栋建筑总造价比例计算文件，纯装饰性构件造价不高于所在单栋建筑总造价的 1％。

2）纯装饰性构件应用，归纳为如下几种常见情况：

（1）不具备遮阳、导光、导风、载物、辅助绿化等作用的飘板、格栅各构架等作为构成要素在建筑中大量使用；

（2）单纯为追求标志性效果在屋顶等处设立塔、球、曲面等异型构件。

3）女儿墙以及外幕墙高度超过标准最低要求 2 倍以上（即大于 3 米）。

4.1.5 走廊、疏散通道等通行空间应满足紧急疏散、应急救护等要求，且应保持畅通。

【条文说明】本条技术要点如下：

（1）走廊、疏散通道等通行空间应符合《建筑设计防火规范》GB 50016、《防灾避难场所设计规范》GB 51143 等标准中人员安全疏散的要求；

（2）建筑平面应保持路线畅通、视线清晰，不应有凸出的障碍物妨碍人员通行，影响走廊、疏散通道的有效设计宽度。

4.1.6 建筑应具有安全防护警示和引导标识系统。

【条文说明】本条技术要点如下：

（1）建筑内外均应设置便于识别和使用的标识系统，包括警示和引导功能的安全标识；

（2）标识应醒目、易辨识并放置于显著位置上。设计符合《安全标志及其使用导则》GB 2894 中相关要求。

4.1.7 车站建筑的外墙、屋面、门窗、幕墙及外保温等围护结构应满足安全、耐久和防护的要求。

【条文说明】结构专业技术要点：

（1）应明确围护结构构造措施及设计大样，如砌块外墙的圈梁、构造柱要求，幕墙锚固大样等；

（2）应提供结构承载能力极限状态计算书，正常使用极限状态验算，外墙、幕墙等围护结构能适应主体在多遇地震和各种荷载作用下的变形验算。

建筑专业技术要点：

应明确外墙、屋面、门窗、幕墙及外保温等部位设计符合：《建筑外墙防水工程技术规程》JGJ/T 235、《外墙外保温工程技术规程》JGJ 144、《屋面工程技术规范》GB 50345、《建筑幕墙》GB/T 21086、《玻璃幕墙工程技术规范》JGJ 102、《建筑玻璃点支承装置》JG/T 138、《吊挂式玻璃幕墙用吊夹》JG/T 139、《金属与石材幕墙工程技术规范》JGJ 133、《塑料门窗工程技术规程》JGJ 103、《铝合金门窗工程技术规范》JGJ 214 等标准中的规定。

4.1.8 地上车站围护结构热工性能应符合下列规定：

1 在室内设计温度、湿度条件下，建筑非透光围护结构内表面不得结露；

2 屋顶和外墙隔热性能应满足现行国家标准《民用建筑热工设计规范》GB 50176 的要求。

【条文说明】本条技术要点如下：

（1）建筑节能设计专篇或节能计算书中应写明外围护结构各部位构造做法及平均传热系数；

（2）外墙出挑构件及附墙部件（如阳台、室外平台、雨罩、空调室外机搁板、附壁柱、凸窗、装饰线等）均应采取隔断热桥和保温措施；

（3）外窗外侧四周墙面应进行保温处理；

（4）外窗（门）框与墙体之间的缝隙，采用高效保温材料填堵，不得采用普通水泥砂浆补缝；

（5）变型缝内应填满保温材料或采取其他保温措施。

4.1.9 选用的建筑材料应符合下列规定：

1 500km 以内生产的建筑材料重量占建筑材料总重量的比例应大于 60%；

2 现浇混凝土应采用预拌混凝土，建筑砂浆应采用预拌砂浆。

【条文说明】

建筑专业技术要点：

（1）明确选材要求，即 500km 内生产的建筑材料重量占比应大于 60%；

（2）明确建筑砂浆应采用预拌砂浆。

结构专业技术要点：

（1）明确选材要求，即 500km 内生产的建筑材料重量占比应大于 60%；

（2）明确现浇混凝土应采用预拌混凝土，建筑砂浆应采用预拌砂浆。

4.1.10　车站建筑空气中甲醛、苯、氨、氡和 TVOC 的浓度不高于现行国家标准《室内空气质量标准》GB/T 18883 规定限值。

【条文说明】本条技术要点如下：

（1）室内装饰、装修材料、家具制品采用环保建材，控制空气中氨、甲醛、苯、TVOC、氡等污染物浓度限值，低于国家标准《室内空气质量标准》GB/T 18883—2022 规定限值，并提供相应污染物浓度预评估分析报告；

（2）《室内空气质量标准》GB/T 18883—2022 规定室内空气中：氨 NH_3 含量标准值为 0.20mg/m^3（1 小时均值），甲醛 HCHO 含量标准值为 0.08mg/m^3（1 小时均值）、苯 C_6H_6 含量标准值为 0.03mg/m^3（1 小时均值）、总挥发性有机物 TVOC 含量标准值为 0.60mg/m^3（8 小时均值）、氡 222Rn 含量标准值为 300Bq/m^3（年平均值）。

4.1.11　车站建筑周边的环境噪声应符合现行国家标准《声环境质量标准》GB 3096 的有关规定。

【条文说明】本条技术要点如下：

（1）场地周围主要噪声来源（如道路、固定设备噪声源等）并说明采用的隔声降噪措施；

注：措施中不包含市政建设的绿化、声屏障、路面降噪等各用地范围以外的隔声防噪设施；

（2）本条所指的环境噪声为对运行期的噪声预测值，非设计值或非施工现场监测值。预测值需根据环评、模拟或计算得出。

4.1.12　建筑应设有完整的无障碍线路和无障碍设施设备，并与站外交通系统连接。

1　从站台到至少 1 个出入口应设盲道，并与车站外城市盲道连通；

2　位于城市主、次干道上的车站、枢纽车站、换乘车站等重点车站的出入口，应至少在 2 个主客流方向设置无障碍电梯；位于城市支路上的普通车站，应至少在 1 个主客流方向设置电梯；

3　站台至站厅、站厅至地面，应设有无障碍电梯；

4　应设置一处能通过残疾人轮椅的专用检票口；

5　公共卫生间处应设置无障碍专用卫生间。

【条文说明】本条技术要点如下：

（1）建筑设计说明中无障碍专篇中应明确场地及建筑内无障碍设计的内容；满足《无障碍设计规范》GB 50763—2012 要求；

（2）明确场地内人行道、室外活动场地、停车场、建筑出入口的无障碍系统以及场地内外人行通道的无障碍衔接。在无障碍设计中，场地中的缘石坡道、无障碍出入口、轮椅坡道、无障碍通道、门、楼梯、台阶、扶手等应满足标准中的无障碍设施设计要求，并合理设置通用的无障碍标志和信息系统；

（3）明确场地内主要道路（含人行道）、室外活动场地的竖向标高，有高差处应以无障碍坡道相连接；

（4）场地出入口与公共绿地及城市道路应形成连贯的无障碍步行路线；

（5）明确电梯参数，轿厢尺寸、轿厢门净宽度。

4.1.13 配建的绿地应符合当地标准的规定，并满足下列要求：

1 应种植适应当地气候和生态环境条件，且为无毒害、易维护，体现地方特色的乡土植物，其占场地全部植物种类的比例不小于70%；

2 应合理选择绿化方式，采用乔木、灌木、草等复层绿化方式，种植区域覆土深度和排水能力应满足植物生长需求。

【条文说明】明确种植区域覆土深度及排水做法，并对景观设计提出如下要求：

（1）种植适应当地气候和土壤条件的植物，采用乔、灌、草结合的复层绿化；

（2）植物种植区的覆土深度应与剖面一致且满足：乔木≥1.2m、深根系乔木大于1.5m、灌木>0.5m、草坪>0.3m；

（3）写明是否采用了垂直绿化、屋顶绿化，如采用应在说明中写明做法，并在建筑总平面图或立面图中应标明垂直绿化、屋顶绿化所在的位置及面积。

4.1.14 结构工程的安全等级和设计使用年限应不低于现行国家标准《工程结构通用规范》GB 55001的有关规定。结构构件的抗力及耐久性应复合设计工作年限规定。

【条文说明】明确安全等级和设计使用年限，并根据使用年限进行相应的耐久性设计。对于设计使用年限100年的，在结构设计总说明中应明确按100年进行耐久性设计，并有相应的保证构件质量的预防性处理措施、减小侵蚀作用的局部环境改善措施、延缓构件出现损伤的表面保护措施和延缓性材料性能劣化速度的保护措施。

（1）混凝土构件

在结构设计总说明中注明混凝土保护层厚度（厚度值在原有环境类别对应的厚度基础上增加至少5mm）；或采用高耐久性混凝土，结合具体应用环境，在结构设计总说明中对抗渗性能、抗硫酸盐侵蚀性能、抗氯离子渗透性能、抗碳化性能及早期抗裂性能等耐久性指标提出要求。高耐久性混凝土各项性能的检测与试验应满足《普通混凝土长期性能和耐久性试验方法标准》GB/T 50082、《混凝土耐久性检验评定标准》JGJ/T 193标准的要求。

（2）钢构件

在结构设计总说明中注明采用符合《耐候结构钢》GB/T 4171要求的耐候钢材，及符合《建筑用钢结构防腐涂料》JG/T 224的Ⅱ型面漆和长效型底漆。

4.1.15 建筑内部的非结构构件、设备及附属设施等应连接牢固并能适应主体结构变形。

【条文说明】本条技术要点如下：

（1）结构设计总说明中应有内填充墙、装配式内墙条板、附着于楼屋面结构的构件等非结构构件与主体的连接大样；

（2）结构图纸中应有设备及附属设施的布置图、设备及附属设施的连接设计说明、设备及附属设施与结构主体的连接大样图；设备及附属设施指，电梯、太阳能板、暖通设备等；

(3) 设备及附属设施布置图应明确与轴网的定位关系；设计说明中应明确各连接件、配件、预埋件的材料及力学性能要求；

(4) 固定设备及附属设施不能直接横跨主体结构的变形缝，设备及附属设施不可与结构主体以膨胀螺栓、捆绑、支架等连接或安装。

4.1.16 应采取措施降低部分负荷、部分空间使用条件下的供暖、空调系统能耗，并应符合下列规定：

1 应根据服务空间位置和功能，细分供暖、空调区域，并对系统进行分区控制；

2 通风空调与供暖系统风机、冷水机组、水泵、房间空调器、多联式空调机组能效应符合现行国家标准《建筑节能与可再生能源利用通用规范》GB 55015 的有关规定。

【条文说明】不同朝向、不同的使用时间、不同功能需求（人员设备负荷，室内温湿度要求）的区域应考虑供暖空调的分区，否则既增加后期运行调控的难度，也带来了能源的浪费。因此，本条文要求设计应区分房间的朝向，细分供暖、空调区域，应对系统进行分区控制。

空调系统一般按照最不利情况（满负荷）进行系统设计和设备选型，而建筑在绝大部分时间内是处于部分负荷状况的，或者同一时间仅有一部分空间处于使用状态。现行国家标准《建筑节能与可再生能源利用通用规范》GB 55015 已经对空调冷源的部分负荷性能（IPLV）提出了要求，本条文参照执行。

4.1.17 应制订水资源利用方案，统筹利用各种水资源，并应符合下列规定。

1 应按使用用途、付费或管理单元，分别设置用水计量装置；

2 用水点出水压大于 0.2MPa 的配水支管应设置减压设施，并应满足给水配件最低工作压力的要求；

3 用水器具和设备应满足节水产品的要求。

【条文说明】在进行绿色建筑设计前，应充分了解项目所在区域的市政给排水条件、水资源状况、气候特点等实际情况，通过全面的分析研究，制订水资源利用方案，提高水资源循环利用率，减少市政供水量和污水排放量。水资源利用方案包含项目所在地气候情况、市政条件及节水政策，项目概况，水量计算及水平衡分析，给排水系统设计方案介绍，节水器具及设备说明，非传统水源利用方案等内容。

4.1.18 建筑照明应符合下列规定：

1 照明数量和质量应符合现行国家标准《建筑照明设计标准》GB 50034、《城市轨道交通照明》GB 16275 和《地铁设计规范》GB 50157 的规定；

2 人员长期停留的场所应采用符合现行国家标准《灯和灯系统的光生物安全性》GB/T 20145 规定的无危险类照明产品；

3 选用 LED 照明产品，光输出波形的波动深度应满足现行国家标准《LED 室内照明应用技术要求》GB/T 31831 的规定。

【条文说明】

第 1 款：照明数量与质量应包括照度、眩光值、一般显色指数、照度均匀度、色温 5 个参数。审查电气设计说明和照明节能设计判定表中以上五种参数应满足《建筑照明设计标准》GB 50034—2013 的规定。设计人员提高或降低照度标准需注明相应理由。

第 2 款：人员长期停留场所，指人员长期工作或生活的场所，如办公室、控制机房等。电气设计说明、图例、照明节能设计判定表应明确项目中的人员长期停留的场所均采用无危险类照明产品。

第 3 款：当项目采用 LED 灯具时，电气设计说明、图例、照明节能设计判定表还应明确采用照明频闪满足国家标准《LED 室内照明应用技术要求》GB/T 31831—2015 限值的灯具。

4.1.19 站台、站厅和进出站门厅的照明功率密度值不应高于现行国家标准《建筑节能与可再生能源利用通用规范》GB 55015 规定的交通建筑照明功率密度限值。

【条文说明】本条技术要点如下：

（1）电气设计说明中照明节能设计判定表的功率密度值（LPD 值）不应高于《建筑节能与可再生能源利用通用规范》GB 55015 中规定的现行值或现行值的折算值；

（2）公共区域大空间如站厅、站厅楼梯间等采用分区控制，根据需要可设置定时或感应装置；工作区楼梯间采用感应、声控等控制；工作区走廊等可采用跳接实现分级照度控制，也可采用感应或定时等控制；

（3）采光区域（通常靠近外窗 5 米以内）内的灯具应单独成组控制。可为现场面板开关中一联控制，也可以为智能照明系统中单独一个回路控制；

（4）感应、声光等节能自熄控制的场所应选用 LED 灯具。

4.1.20 监控系统、冷热源、输配系统和照明等各部分能耗应进行独立分项计量。

【条文说明】分部分项能耗独立计量是能源管理与开展节能工作的基本要求。电气施工图设计文件中应明确规定以下回路设置分项计量表计：

（1）变压器低压侧出线回路；

（2）地铁牵引供电回路；

（3）地铁环控供电回路；

（4）制冷机组主供电回路；

（5）单独供电的冷热源系统附泵回路；

（6）集中供电的分体空调回路；

（7）照明插座主回路；

（8）电梯回路；

（9）其他应单独计量的用电回路。

4.1.21 垂直电梯应采用变频调速等节能控制措施，自动扶梯应采用变频感应启停等节能控制措施。

【条文说明】对于不设电梯、扶梯的建筑本条不参评。对于同一位置仅设有一台电梯的建筑，不考虑群控措施但电梯应满足节能电梯相关规定，否则不达标。建筑设计说明中应明确采用配备高效电机及先进控制技术的电梯的要求。自动扶梯与自动人行道应具有节能拖动及节能控制装置，并宜设置自动控制自动扶梯与自动人行道运行的感应传感器；对垂直电梯，应具有群控、变频调速拖动、能量再生回馈等至少一项节能技术。当 2 台以上的电梯集中布置时，其控制系统应具备按程序集中调控和群控的功能。

4.2 安全耐久

4.2.1 采用具有安全防护功能的产品或配件，评价总分值为6分，按下列规则分别评分并累计：

1 建筑门窗、护栏、站台门、疏散指示标志与照明灯具的防护罩等可能接触到乘客的玻璃均采用具有安全防护功能的玻璃，得3分；

2 选用的闸机、门窗均具备防夹等功能，得3分。

【条文说明】明确门窗、护栏、站台门、疏散指示标志与照明灯具的防护罩等可能接触到乘客的玻璃采用符合《建筑用安全玻璃》GB 15763、《建筑玻璃应用技术规程》JGJ 113、《建筑安全玻璃管理规定》（发改运行〔2003〕2116号）的安全玻璃。人流量大、门窗开启频繁的公共区域处应采用具备防夹功能的闸机和门窗。防夹人伤人的措施，包括带缓冲功能的延时闭门器，带防夹感应的自动门，带防夹胶条。

4.2.2 室内外地面或路面设置防滑措施，评价总分值为9分，按下列规则分别评分并累计：

1 出入口及平台、公共走廊、电梯门厅、卫生间等设置防滑措施，防滑等级不低于现行行业标准《建筑地面工程防滑技术规程》JGJ/T 331规定的B_d、B_W级，得3分；

2 室内外地面采用防滑地面，防滑等级不低于现行行业标准《建筑地面工程防滑技术规程》JGJ/T 331规定的A_d、A_W级，得3分；

3 楼梯、坡道地面防滑等级达到现行行业标准《建筑地面工程防滑技术规程》JGJ/T 331规定的A_d、A_W级或按水平地面等级提高1级，并采用防滑条等防滑构造技术措施，得3分。

4.2.3 采用线路叠落、站台错位、楔形或鱼腹式站台等设计形式时，有必要的安全保障措施，评价分值为6分。

【条文说明】线路叠落、站台错位、楔形或鱼腹式站台均是条件受限时采用的特殊站台形式，需设置必要的安全保障措施。其他类型站台本条不参评。

4.2.4 紧急情况下乘客及站台上候车人员在规定时间内全部撤离站台到达安全区，评价分值为12分，按下列规则评分：

1 撤离并到达安全区用时少于6min，得6分；

2 撤离并到达安全区用时少于5min，得9分；

3 撤离并到达安全区用时少于4min，得12分。

4.2.5 采用提升消防安全的措施，评价总分值为9分，按下列规则分别评分并累计：

1 围护结构保温材料燃烧性能均达到A级，得3分；

2 空调风管保温材料燃烧性能均达到A级，得3分；

3 有上盖或下盖开发时，与开发建筑之间的梁及楼板耐火极限均达到3h，且楼板承重柱耐火极限达到4h，得3分。

4.2.6 采用基于性能的抗震设计并合理提高建筑的抗震性能，评价分值为6分。

【条文说明】采用基于性能的抗震设计，提供结构计算书及项目安全分析报告。基于性能的抗震设计可考虑对整体结构、局部部位或者关键构件及节点按更高的抗震性能目标进行设计，或采取措施减少地震作用。

地下结构本条不参评，地下结构抗震设计达到现行《地铁设计规范》GB 50157 规定的抗震设防目标，即认为满足此条要求。

4.2.7 采用提升建筑适变性的措施，评价总分值为 10 分，按下列规则分别评分并累计：

1 采取通用开放、灵活可变的使用空间设计，或采取建筑使用功能可变措施，得 3 分；

2 建筑结构与建筑设备管线分离，得 3 分；

3 采用与建筑功能和空间变化相适应的设备设施布置方式或控制方式，得 4 分。

4.2.8 合理采用高耐久性、易维护的装饰材料，评价总分值为 20 分，按下列规则分别评分并累计：

1 采用耐久性好的外饰面材料，得 4 分；

2 采用耐久性好的防水和密封材料，得 4 分；

3 采用耐久性好、易维护的室内装饰装修材料，且每类材料的用量比例不小于 80%，得 4 分；

4 检修或设备运输需临时拆卸的建筑和装饰构件选用可重复利用的长寿命产品，构造便于拆卸、重装和替换更新，得 4 分；

5 在满足设计要求的前提下，在内外墙等主要外露部位合理使用清水混凝土，得 4 分。

【条文说明】 本条技术要点如下：

第 1 款：耐久性好外饰面材料选用下列之一即可：

（1）涂料耐候性符合《建筑用水氟》HG/T 4104—2009 中优等品要求的水性氟涂料或耐候相当的外墙涂料。

（2）选用耐久性与建筑幕墙设计年限相匹配的饰面材料。

（3）清水混凝土外饰面。

第 2 款：明确防水材料及密封材料耐久性能的要求，均需满足《绿色产品评价防水与密封材料》GB/T 35609—2017 中评价指标对耐久性的相关要求。

第 3 款：明确采用耐久性好、易维护的室内装饰装修材料。包括：

（1）选用耐洗刷性≥5000 次的内墙涂料；

（2）选用耐磨性好的陶瓷地砖（有釉砖耐磨性不低于 4 级，无釉砖磨坑体积不大于 127mm^3）；

（3）室内采用免装饰面层的做法（如清水混凝土、免吊顶设计）。以上 3 种措施至少采用至少 1 种耐久性好、易维护的装饰装修建筑材料，每类材料的用量比例需不小于 80%。

第 4 款：明确检修或设备运输需临时拆卸的建筑和装饰构件的具体位置、种类。明确此构造便于拆卸、重新安装、替换更新的具体方式。

4.3 便捷高效

4.3.1 结合现状及规划条件，根据吸引和疏散客流的要求，合理确定出入口数量和位置，评分总分值为10分，按下列规则分别评分并累计：

1　独立出入口数量不少于4个，得4分；

2　出入口设有周边地块连接口，每设置一处得1分，最高得4分；

3　出入口通道与过街天桥、过街地道、地下街连通或合并设计，得2分；

4　出入口通道便捷、顺直，通道弯折不多于3处，得2分。

【条文说明】

（1）出入口数量一般为4个，多于4个说明有机会更好地兼顾周边街道不同来向的客流；

（2）鼓励出入口与周边地块结合设计，更易于实现一体化设计理念；

（3）出入口通道与既有过街天桥、过街地道、地下街道连通体现了与既有设施的结合和利用；

（4）本条对出入口通道的设计条件予以规定，所有出入口通道均实现弯折不超过三处、弯折角度不小于90°、长度不超过50m，以鼓励提高各通道内的通行舒适度。

4.3.2　非机动车停车设施布设合理，评价总分值为7分，按下列规则分别评分并累计：

1　在某个出入口距离50米内集中布置，得2分；在两个以上出入口距离50米内布置，得3分；在各出入口距离50米内分散布置，得5分；

2　非机动车停车设施满足现状和远期高峰小时出入客流的需求，得2分。

【条文说明】本条技术要点如下：

（1）根据出入口周边用地条件和客流分布特点，非机动车停车设施宜采取分散布置方式，方便各方向的换乘客流。

（2）非机动车停车设施的规模应根据车站的客运量、周边用地性质、附近公共交通发达程度等因素综合考虑，根据需求和车站周边用地供给状况确定。非机动车停车场设置空间应结合车站结构、周边用地及建筑功能、非机动车衔接的客流方向与流量等因素综合考虑。

（3）非机动车停车设施（含共享单车停车场）的布局，应结合道路交通条件和交通组织要求，减少与道路及交叉口车流间的相互干扰，同时协调非机动车交通与其他交通方式在道路设施和运行组织上衔接关系。因此，不推荐非机动车停车设施沿城市快速路布置。应将非机动车停车设施设置在主干路、次干路及支路两侧。

4.3.3　车站与常规公交换乘便捷，评价总分值为10分，按下列规则分别评价并累计：

1　车站出入口与公交停靠站的步行距离不大于100m，得2分；不大于50m，得4分；

2　设有专门往来居住区与车站的公交专线和停靠点，得3分；

3　车站结合公交枢纽设置，得3分。

【条文说明】本条技术要点如下：

（1）公交停靠站的位置在符合规范的情况下，应靠近城市轨道交通车站出入车站，应尽可能提供公交车优先的专用道、设置港湾式停靠站，保证公交接驳线路的稳定性，提高公交的停靠能力，同时减少对道路交通的影响。

（2）对外围具有高密度居住小区的城市轨道交通车站，可考虑开辟居住小区专线以方便乘客。线路应主要运行于城市次干路、支路及小区内部道路上；在条件允许的情况下，居住小区专线宜沿道路右侧环形运营，以提高运行效率。

(3) 公交枢纽指具有公交首末站中的发车位、周转停车和乘客上车及候车功能的公交场站用地。城市轨道交通车站尽量与常规公交枢纽结合，避免两者之间的换乘不便，走行距离太长。同时，应做好公交枢纽内部车流和人流的组织，避免与地铁进出站客流发生交叉干扰。

4.3.4 车站周边的出租车接驳设施设置合理，评价总分值为8分，按下列规则分别评分并累计：

1 位于交通枢纽或用地宽松地区的车站出入口附近设有出租车临时停靠点或出租车候客区，得4分；

2 出租车停车设施及流线与其他交通方式无冲突，其出入口与其他公共交通出入口相分离，并设置明显的交通指示标志，得4分。

【条文说明】 作为城市轨道交通的换乘辅助形式之一，城市轨道交通车站应为出租车接驳提供方便、快捷的衔接服务，补充其他换乘方式未能覆盖的范围。出租车停靠站可在区域交通枢纽或用地条件较宽松的车站考虑，主要包括出租车候客区（限定车位，允许等待乘客）和临时停靠站（即时停靠，不允许等待）。可根据出租车换乘量的规模，结合用地合理设置。核心区和中心区用地紧张，原则上城市轨道交通车站附近不设置出租车候客区和专门的出租车停车场。在交通组织允许条件下，可考虑利用非机动车道的一侧作为出租车通道，设置临时停靠站，仅提供乘客即时上下需要。没有非机动车道的一块板道路上，可考虑在车站附近局部拓宽，设置出租车临时停靠站，但规模不宜过大。

在外围区车站，允许出租车临时停靠，并根据需求合理设置。

出租车候客区，规模不宜过大，一处控制在2～8个车位。

4.3.5 结合现状及规划条件，根据主要客流来源的要求，线路始发车站及邻近一站可适当考虑机动车停车设施布设，评价总分值为6分，按下列规则分别评分：

1 设置换乘停车场，得4分；

2 配建充电桩停车位比例不小于30%，得2分。

【条文说明】 非始发及邻近站不参评，考虑换乘便捷性，本条将评价范围扩大至包括始发邻近站。关于配件充电桩的停车位比例，北京市地方标准《电动汽车充电基础设施规划设计标准》DB11/T 1455—2017对交通枢纽、公共停车场、换乘停车场的建议比例为20%，考虑绿色要求，本标准提高至30%。

4.3.8 车站换乘形式合理，换乘顺畅，评价总分值为12分，按下列规则分别评分并累计：

1 车站实现主要客流方向同站台换乘，得2分；所有客流方向同站台换乘，得4分；

2 车站每个方向的换乘走行时间均小于5min，得2分；每个方向的换乘走行时间均小于3min，得4分；

3 换乘路径上高差大于5m时，设置自动扶梯，得2分；

4 采用通道换乘的两个车站站厅的自动扶梯工作点间走行距离大于200m时，双向设置自动人行道，得2分。

【条文说明】 强调同台换乘的便捷性，对提供该条件予以鼓励。一般情况下换乘车站功能评价中换乘时间评价分为良好、一般和差三级，换乘时间小于 1min 为良好，在 1min 至 3min 为一般，大于 3min 为差。该时间包含乘坐楼扶梯的时间，其中行人在站台、站厅、通道的步行速度取 60m/min，楼梯的垂直速度取 0.25m/s，名义速度 0.65m/s 的自动扶梯垂直速度为 0.375m/s，0.50m/s 的自动扶梯垂直速度为 0.289m/s。本条是对提供扶梯进行换乘的鼓励。一般情况下提升高度大于 5.1m 时设置自动扶梯。

4.3.9 站内设施设备配置完善，评价总分值为 10 分，按下列规则分别评分并累计：

1 车站设有乘客信息系统，得 2 分；

2 车站设有充足的自动售票机或互联网购票机，得 2 分；

3 闸机具有刷手机进站的功能，得 2 分；

4 车站设有乘客候车椅、自助贩售机等人性化设施，得 2 分；

5 临近火车站、机场、城际交通枢纽、近郊客运中心等对外交通设施的车站，设置双向宽通道检票机、大型安检仪等乘客服务设施，得 2 分；

【条文说明】本条技术要点如下：

(1) 车站应设有乘客信息系统。在站台层、站厅层设置车辆进出站等候时长提示设备，可有效地为乘客提供时间信息。如有条件，也可在出入口、出入口通道、售票机等处设置。

(2) 车站的自动售票机或互联网购票机需满足高峰期客流的需求。

(3) 随着科技进步、互联网技术的发展，支付手段在不断更新换代，车站闸机应能满足多种支付方式的需求，如手机 NFC 支付、扫二维码支付以及人脸识别支付等。

(4) 车站应设置一些人性化的设施，如乘客候车椅、自助贩售机等。

(5) 本条规定邻近火车站、机场、城际交通枢纽、近郊客运中心等对外交通设施的车站，如不是本类型车站，按不参评计分。

4.3.11 设置完善的导向系统，评价总分值为 12 分，按下列规则分别评分并累计：

1 车站外 500m 范围内的步行系统有统一的导向标志、标识，得 4 分；

2 车站内设有清晰显示周边综合信息（地图）的指示牌，得 2 分；

3 车站内设有关于步行、非机动车、公共交通等绿色交通方式的导向系统，得 2 分；

4 站内导向标志清晰、连续，达到引导乘客的目的，得 2 分；

5 车站内设有与站外其他交通系统接驳的实时更新数字化信息系统，得 2 分。

【条文说明】本条技术要点如下：

(1) 导向标志应连续设置在车站公共区的站台、楼扶梯、站厅、换乘通道、出入口等处。尺度应适度，高、宽比例及色彩应符合乘客的视觉要求。并达到引导乘客的目的。

(2) 为引导乘客到达目的地，车站内应设有清晰显示周边信息（地图）的指示牌，标注周边重要建筑物，或者对重要交通枢纽以及景点设置醒目的引导标志。

(3) 车站内出入口附近应设置显示附近公交线路信息或者出入口非机动车停车场的信息牌，方便乘客选择。

(4) 车站内可设有数字化信息系统供乘客查询，方便乘客查询车站周边信息，并有效地选择换乘接驳方式。

4.3.12 车站公共区域满足全龄化设计要求，评价总分值为 4 分，按下列规则分别评分并累计：

1 公共区域的墙、柱等处的阳角均为圆角，并设有安全抓杆或扶手，得2分；

2 设有可容纳担架的无障碍电梯，得2分。

【条文说明】

第1款：建筑出入口、门厅、走廊、楼梯、电梯等室内公共区域中墙、柱阳角处均采用圆角设计，尤其老人、行动不便者及儿童出入频繁的区域。当公共区域室内阳角为大于90°的钝角时，可不做圆角要求。以上区域应合理设置具有防滑功能的抓杆或扶手，保障其行走或使用安全、便利。

第2款：每栋楼内至少设置一部可容纳担架的无障碍电梯。明确电梯参数，轿厢尺寸、轿厢门净宽度。可容纳担架的无障碍电梯轿厢最小尺寸不小于1.50m×1.60m，且开门净宽不小于0.9m。额定载重量不小于1000kg。

4.4 健康舒适

4.4.1 甲醛、苯、氨、氡和TVOC等污染物浓度比现行国家标准《室内空气质量标准》GB/T 18883的规定限值低10%，得5分；低20%，得8分。

【条文说明】建筑设计说明中应写明室内装饰、装修材料、家具制品采用环保建材，控制空气中氨、甲醛、苯、TVOC、氡等污染物浓度限值，并提供相应污染物浓度预评估分析报告。

《室内空气质量标准》GB/T 18883—2002中规定室内空气中：甲醛HCHO含量标准值为0.10mg/m^3（1小时均值）、苯C_6H_6含量标准值为0.11mg/m^3（1小时均值）、总挥发性有机物TVOC含量标准值为0.60mg/m^3（8小时均值）、氡222Rn含量标准值为0.60mg/m^3（年平均值）。

4.4.2 选用的装饰装修材料满足国家现行绿色产品评价标准中对有害物质限量的要求，评价总分值为6分。选用满足要求的装饰装修材料达到3类以上，得3分；达到5类以上，得6分。

【条文说明】应明确选用的装饰装修材料种类及其有害物质限量的要求，且有害物质含量不高于相应绿色产品评价标准中的要求，每一类材料用量占同类材料的比例为100%。

现行绿色产品评价标准，主要有《绿色产品评价人造板和木质地板》GB/T 35601、《绿色产品评价涂料》GB/T 35602、《绿色产品评价防水与密封材料》GB/T 35609、《绿色产品评价陶瓷砖（板）》GB/T 35610、《绿色产品评价纸和纸制品》GB/T 35613、《绿色产品评价卫生陶瓷》GB/T 35603、《绿色产品评价建筑玻璃》GB/T 35604、《绿色产品评价家具》GB/T 35607、《绿色产品评价木塑制品》GB/T 35612等。

4.4.3 车辆控制室及会议室室内可吸入颗粒物（PM_{10}）日均浓度不高于0.1mg/m^3，评价分值为5分。

【条文说明】仅对常常有人员活动的管理用房进行数据分析，且浓度数值应采用年平均浓度。数据来源应为监测数值，可以从监测系统中调取及分析。

4.4.5 车站内公共空间及主要管理用房设置空气质量监控系统，实现对空气质量自动监测和记录，根据需要对环境进行实时调节，评价总分值为6分，按以下规则分别评分并累计：

1　对室内CO_2进行采集、分析及超标实时报警，得3分；

2　与通风系统联动，得3分。

【条文说明】空气质量监测系统应具备完善的CO_2记录和分析功能，并设置最高值，以及最低值以控制送风机或空调新风系统能正常开启。达到CO_2高浓度值临界值时需要能够自动发出报警。CO_2的联动时与送风机及空调新风系统配合的，包括风机的启闭机对应系统风阀的动作。

4.4.6　采用合理的防结露、防霉措施，评价总分值为6分，按以下规则分别评分并累计：

1　采用防结露措施，房间内表面和管道表面无结露现象，得3分；

2　采用防潮、防腐、防霉材料，抗菌涂料等抑菌防霉措施，空气中细菌总数$<2500cfu/m^3$，得3分。

【条文说明】防止车站围护结构内部和表面结露、发霉，应采取合理的保温、隔热、通风换气及抗菌措施。如地上空调房间采取合理的保温、隔热措施，减少围护结构热桥部位的传热损失，防止围护结构内表面温度过低；地下设备管理用房管道加装保温材料、在易结露处使用除湿机、增加换气等措施。另外，密切控制冷媒温度、选用抗菌涂料也可起到防结露、防发霉的效果。

4.4.7　优化主要功能区声环境，列车进出站时噪声最大容许值为80dB（A），无列车进出站时噪声最大容许值为70dB（A），评价总分值为9分，按以下规则评分：

1　有无列车进出站时，噪声值均低于噪声最大容许值1dB（A），得3分；

2　有无列车进出站时，噪声值均低于噪声最大容许值2dB（A），得6分；

3　有无列车进出站时，噪声值均低于噪声最大容许值3dB（A），得9分。

【条文说明】车站站台列车进、出站噪声应符合现行国家标准《城市轨道交通车站站台声学要求和测量方法》GB 14227的规定，噪声测量位置应在距站台门、电梯1m以外。

4.4.8　站内主要公共场所扩声系统的声压级以及语言清晰度满足要求，评价总分值为6分，按下列规则分别评分并累计：

1　站内主要公共场所90%以上听音区扩声系统的最大声压级大于等于95dB，得3分；

2　站内主要公共场所90%以上听音区扩声系统的语言清晰度指标STIPA大于等于0.45，得3分。

【条文说明】语言通过传输系统传输时会受到系统畸变或其他信号的感受，清晰度会降低。清晰度的定量评价主要有辅音清晰度损失率（ALCONS）和公共广播系统语言传输指数（STIPA）。为了保证车站公共区等背景噪声较高场所语言清晰度，扩声系统需满足最大声压级要求。

4.4.9　地上车站合理导入天然采光并兼顾遮阳，且夏季站台候车区无明显的太阳直射区域，评价总分值为6分。

【条文说明】地下车站不参评本条。

第1款：建筑设计说明、剖面图中应体现室内导入天然采光的措施、遮阳措施、防眩光设计措施。

第2款：室内天然采光模拟报告中内区采光系数满足现行国家标准《建筑采光设计标准》GB 50033 要求的面积比例应达到60%。

4.4.11 具有良好的室内热湿环境，评价总分值为9分，按下列规则评分：

1 采用自然通风或复合通风，主要功能区室内热环境参数在适应性热舒适区域的时间比例，达到30%，得4分；每再增加10%，再得1分，最高得9分；

2 采用人工冷热源，主要功能区达到现行国家标准《民用建筑室内热湿环境评价标准》GB/T 50785 规定的室内人工冷热源热湿环境整体评价Ⅱ级的面积比例，达到50%，得5分；每再增加10%，再得1分，最高得9分。

【条文说明】

第1款：室外条件具备的情况下，通风系统全部或部分采用自然通风可以大大减少空调能耗。在此条件下通过计算复合舒适要求的时长比例可以进行评价，计算方式可以通过前期的模拟进行也可以在运行过程中进行数据分析。

第2款：参见 GB/T 50875 的人工冷源部分，计算 PPD 及 PMV 指数并符合表内要求。

4.4.12 设置环境温湿度自动监测与控制系统，不同功能区域的供暖空调系统可独立调节，并根据区域使用功能特点设计有分时、分区独立控制的运行策略，评价分值为5分。

【条文说明】温湿度监控系统应具备监测和控制两种功能。运行策略的阐述要考虑是否可以分区域独立运行，是否可以根据运行时间进行工况转换等。

4.4.14 采取措施防止卫生间气体串入室内其他空间的措施，评价总分值为8分，按下列规则分别评分并累计：

1 设置独立的局部机械排风系统及防回流措施，得3分；

2 车站卫生间换气次数不低于20次/h，得3分；

3 车站卫生间设置冷风降温系统和净化除臭装置，得2分。

【条文说明】卫生间或其他污染房间的排风系统在立管与各个分支连接部位应设置止回阀等有效措施。各个排风系统出口与送风或空调新风系统的进口应满足距离要求，在同一高度设置的风口一般进风口与排风口水平间距大于10m，或不在同一高度设置且进风口低于排风口3m以上。

4.4.15 生活饮用水水池、水箱等储水设施采取措施满足卫生要求，评价总分值为6分，按下列规则分别评分并累计：

1 使用符合现行国家标准《二次供水设施卫生规范》GB 17051 有关规定的成品水箱，得3分；

2 采取保证储水不变质的措施，得3分。

【条文说明】应明确水池、水箱的设置采用符合现行国家标准《二次供水设施卫生规范》GB 17051 要求的成品水箱；生活饮用水储水设施应明确采取的保证储水不变质措施，如：储水设施分格；进出水管两端远离设置避免“死水区”；储水设施的检查口（人孔）应加锁；溢水管、通气管口应采取防止生物进入的措施。

如项目利用市政压力直接供水，未设置水池、水箱等二次供水设施时本项不参评。

4.5　资源节约

4.5.1　车站选址综合考虑潜在客源分布、可开发土地资源、现状与规划用地性质等方面因素，合理确定车站与主要客源的服务距离，评价总分值为4分，按下列规则评分：

1　在中心城区，车站核心服务区拥有大规模客源；在城市外围地区，车站核心服务区拥有较多潜力客源，得2分；

2　车站位于主要客源地块内，并实现一体化规划设计，得2分。

【条文说明】本条要求在城市已建成区域，车站周边拥有吸引大规模人流的大型商业中心等城市办公和商业核心区、城市主要铁路客运枢纽及长途客运枢纽站等各类交通枢纽以及各类体育馆、科技馆等城市设施，可作为城市轨道交通车站较大规模可预测的稳定客流。

在城市未建成区（即城市外围区域），应注重车站选址与区域规划的配合，要根据城市轨道交通来优化区域规划用地性质和产业分布，可在距离车站500～800m、步行约15min以内可到达车站出入口、与轨道功能紧密关联的地区中，提供一些建设强度较低、土地权属情况简单、功能有待升级、仍具有开发潜力、可以优先收储的用地，实现通过开发筹集轨道建设资金的目标。

对于车站设置在地块内，直接服务客源中心的设计方案也应予鼓励提倡。

4.5.2　合理规划车站主体及附属设施布局，减小车站占用空间，评价总分值为6分，按下列规则分别评分并累计：

1　采用设备层或局部夹层等压缩车站长度规模，得2分；

2　采取措施减小地下车站覆土或竖向空间占用，减小埋深或高架车站高度等，得2分；

3　采用地面站房设置在区间桥下、地面附属设施设置在地下等减少地面占地规模的布局，得2分。

【条文说明】本条技术要点如下：

第1款：在剖面图中标识出设备层或局部夹层的位置。

第2款：车站站型方案采用浅覆土方案降低车站地下开挖深度，或是利用地形高差大的特点将车站开挖空间进行整体利用，减少土方回填，实现对车站范围横向或竖向城市空间减少占用及整合利用的目标。

第3款：车站地面附属设施比如冷却塔、VRV室外机、出入口排烟风机等，需要单独设置在地面，也可采用新型技术取消冷却塔身或是采用地下或半地下冷却塔布局形式，或是将VRV室外机和出入口排烟风机设置在地下，缩小地面占地或是降低地面环境影响。

4.5.3　车站进行合理的服务开发利用，评价总分值为4分，按下列规则分别评分并累计：

1　车站在不影响客流流线的基础上，合理设置小型便民服务空间，得2分；

2　利用车站配线区、附属外挂区、结构预留层、高架线路桥下区域等空间，提供非城市轨道交通基本服务功能区，得2分。

【条文说明】结合城市轨道交通特殊的线路条件和布局形式，充分利用站内空间提供方便乘客出行、解决区域配套服务功能是车站空间利用的重点措施。可采用的措施有：车站主体站前或站后设置有停车线、折返线或单渡线的时候，主体与附属出入口或风道之间围护区域，换乘站联络线与主体围合空间，深埋车站的地下一层或二层，充分利用其开挖空间，或是因地下车站为减少覆土厚度，地上车站为满足线路标高，随车站结构工程同步建设形成的剩余空间，同步建设独立运营管理的大型商业空间或地下停车场，或是地铁运营工区办公室、派出所等附加服务功能；站内两端设备管理用房或是出入口通道非集散区，配置了便民服务用房给乘客提供了方便的出行服务条件。

4.5.4 车站出入口及风亭等地面附属设施与相邻地块内的建筑物或景观一体化设计，减少对城市空间影响，评价总分值为5分，按下列规则评分：

1 有1组出入口或风亭等地面附属设施与地块内建筑物或景观一体化设计，得2分；

2 有2组出入口或风亭等地面附属设施与地块内建筑物或景观一体化设计，得3分；

3 全部出入口或风亭等地面附属设施与地块内建筑物或景观一体化设计，得5分。

【条文说明】城市轨道交通附属设施的设置在城市道路边，占用市政道路资源，往往对市政道路的车流、人流通行带来不利影响，地面亭造型虽经过美化处理，但就城市整体景观而言，多数情况下还仅起到了遮挡视线的作用。因此，在道路或用地资源紧张的区域，可将地铁出入口或风亭与邻近地块内的建筑物结合设置，或是综合运营单位需求或是地块拆还建的配合需求，结合车站附属设施提供附加使用功能用房或设施条件的，节约城市用地，整合资源。

对于利用现状绿地或规划绿地布置车站附属设施，或者出入口采用T形口的布局形式或是分段提升出地面部分仅采取楼梯等方案，缩小出入口横向宽度，实现对现状或规划市政道路人行道空间的侵占影响的最小化目标的，应予得分。

对于通过下沉广场来融合出入口地面亭、风亭等设施，或是将地铁风亭分散布局、隐藏于城市绿篱之中，弱化地面影响的同时，消隐地铁附属设施于环境之中，应予得分。

对于车站存在任何一处附属设施的布局位置未实现规划退让规定，对城市市政道路资源影响较大的，影响市政道路人行道通行空间，则本条不得分。

4.5.6 地上车站建筑优化外围护结构热工性能，评价总分值为6分，按下列规则之一评分：

1 围护结构热工性能比现行国家标准《建筑节能与可再生能源利用通用规范》GB 55015的规定提高幅度达到5%，得2分；达到10%，得4分；达到15%，得6分；

2 建筑的供暖空调负荷降低幅度达到5%，得2分；达到10%，得4分；达到15%，得6分。

【条文说明】条款1和条款2选择一款评价，当围护结构没有限值要求的建筑及室内发热量（包括人员、设备和灯光等）超过40W/m^{2}的公共建筑，应优先采用第2款判定。

4.5.8 地上车站公共区合理设置外窗或玻璃幕墙的可开启部分，注重自然通风与遮阳，站台采用开敞式布局，评价分值为2分。

【条文说明】站台采用开敞布局，注重自然通风与遮阳。门窗详图或立面图中应明确外窗可开启部位及开启方式及开启角度；实际可开启面积对于平开各推拉窗按可开启窗扇面积计算，对于上下旋或平推窗按上下及侧面开口面积计算。

4.5.9 优化轨道交通车站高效空调制冷系统，制冷系统全年运行能效比符合表 3-4-1 的规定，得 8 分：

表 3-4-1 制冷系统全年运行能效比推荐值

热工分区	夏热冬暖地区	夏热冬冷地区	严寒、寒冷地区
能效比推荐值	≥5.0	≥5.2	≥5.5

【条文说明】针对空调全系统的整体运行能耗进行评价，对于个别单个设备能效等级不高、但整体运行效果良好的系统也可以得分。

4.5.11 采取措施降低部分负荷、部分空间使用下的通风与空调系统能耗，评价总分值为 7 分，按下列规则分别评分并累计：

1 合理选配空调冷源机组台数与容量，制定实施根据负荷变化调节制冷量的控制策略，且冷水机组的综合部分负荷性能达到现行国家标准《冷水机组能效限定值及能效等级》GB 19577 规定的 2 级，得 3 分；达到 1 级，得 5 分；

2 水系统、风系统合理采用变频技术，且采取有效的控制措施，得 2 分。

【条文说明】本条技术要点如下：

(1) 检查是否有分时分区域控制的措施；

(2) 有冷机控制策略包括台数加减载和频率（或叶片开度）等措施，并可更具实际负荷工况进行调节的自控手段；

(3) 风机设置变频控制方式。

4.5.13 主要功能房间的照明功率密度值达到现行国家标准《建筑照明设计标准》GB 50034 规定的目标值，得 3 分；比目标值低 20%，得 5 分。

【条文说明】本条技术要点如下：

电气设计说明中照明节能设计判定表的功率密度值（LPD 值）或功率密度折算值低于《建筑照明设计标准》GB 50034—2013 中规定的目标值。

4.5.14 设置能源管理系统，实现对建筑能耗的监测、数据分析和管理，评价分值为 5 分。

【条文说明】审查给电气、给排水、暖通等各施工图纸中各种能源的分类、分项计量均符合《城市轨道交通能源消耗与排放指标评价方法》GB/T 37420 附录 A 的规定。

4.5.16 使用较高用水效率等级的卫生器具，评价总分值为 6 分，按下列规则评分：

1 全部卫生器具的用水效率等级达到 2 级，得 2 分；

2 50%以上卫生器具的用水效率等级达到 1 级且其他达到 2 级，得 4 分；

3 全部卫生器具的用水效率等级达到 1 级，得 6 分。

【条文说明】引用现行国家标准《绿色建筑评价标准》GB/T 50378—2019 第 7.2.10 条。给排水设计说明中应明确各用水器具用水效率等级及水量指标。绿色建筑鼓励选用更高节水性能的节水器具，目前我国已对大部分用水器具的用水效率制定了相关标准（表 3-4-2～表 3-4-7）。

表 3-4-2 水嘴用水效率等级指标

用水效率等级	1级	2级	3级
流量（L/s）	0.100	0.125	0.150

注：摘自《水嘴用水效率限定值及用水效率等级》GB 25501—2010。

表 3-4-3 坐便器用水效率等级指标

用水效率等级	1级	2级	3级
坐便器平均用水量	≤4.0	≤5.0	≤6.4
双冲坐便器全冲用水量	≤5.0	≤6.0	≤8.0
注：每个水效等级中双冲坐便器的半冲平均用水量不大于其全冲用水量最大限定值的70%。			

注：摘自《坐便器用水效率限定值及用水效率等级》GB 25502—2017。

表 3-4-4 小便器用水效率等级指标

用水效率等级	1级	2级	3级
冲洗水量（L）	2.0	3.0	4.0

注：摘自《小便器用水效率限定值及用水效率等级》GB 28377—2012。

表 3-4-5 淋浴器用水效率等级指标

用水效率等级	1级	2级	3级
流量（L/s）	0.08	0.12	0.15

注：摘自《淋浴器用水效率限定值及用水效率等级》GB 28378—2012。

表 3-4-6 大便器冲洗阀用水效率等级指标

用水效率等级	1级	2级	3级	4级	5级
冲洗水量（L）	4.0	5.0	6.0	7.0	8.0

注：摘自《便器冲洗阀用水效率限定值及用水效率等级》GB 28379—2012。

表 3-4-7 小便器冲洗阀用水效率等级指标

用水效率等级	1级	2级	3级
冲洗水量（L）	2.0	3.0	4.0

注：摘自《便器冲洗阀用水效率限定值及用水效率等级》GB 28379—2012。

4.5.17 空调冷却水系统采用节水设备或技术，评价总分值4分，按下列规则分别评分并累计：

1 循环冷却水系统采取设置水处理措施、加大集水盘、设置平衡管或平衡水箱等方式，避免冷却水泵停泵时冷却水溢出，得2分；

2 采用无蒸发耗水量的冷却技术，得2分。

【条文说明】 引用现行国家标准《绿色建筑评价标准》GB/T 50378 第7.2.11条第2款。

（1）循环冷却水系统可设置水处理装置和化学加药装置改善水质，减少排污耗水量；采取加大集水盘、设置平衡管或平衡水箱等方式，相对加大冷却塔集水盘浮球阀至溢流口段的容积，避免停泵时的泄水和启泵时的补水浪费。

（2）“无蒸发耗水量的冷却技术”包括分体空调、风冷式冷水机组、风冷式多联机、地源热泵、干式运行的闭式冷却塔等。

4.5.18 合理制订空调循环冷却水系统方案，减少循环冷却水补水量，评价总分值2分，并按下列规则分别评分：

1 循环冷却水补水量为冷却水循环水量的1.5%（不含）～2%，得1分；

2 循环冷却水补水量小于冷却水循环水量的1.5%（含），得2分。

4.5.19 选用可再利用材料、可再循环材料和利废建材，评价总分值为5分，按下列规则分别评分并累计：

1 可再利用材料和可再循环材料用量比例达到10%以上，得3分；

2 选用至少一种利废建材，且其用量占同类建材的用量比例不低于50%；选用两种以上利废建材，且其用量占同类建材的用量比例不低于30%，得2分。

【条文说明】 建筑材料的循环利用是节材和资源利用的重要内容，评价范围是永久性安装在车站的建筑材料，不包括电梯、扶梯等设备。

第1款：可再循环材料是指需要通过改变物质形态实现循环利用的土建及装饰装修材料，如钢筋、铜、铝合金型材、玻璃、石膏、木地板等。

可再利用材料是指不改变物质形态可直接再利用的，或经过组合、修复后可直接再利用的回收材料。可再利用建筑材料一般是指制品、部品或型材形式的建筑材料，如有些材质的门、窗、砌块等。可再利用材料的“用量”是根据建筑材料和制品的种类确定的质量、体积、长度或件数等，“同类建筑材料”，应以所有相似部位且功能相近的一大类材料作为基数。

有的建筑材料则既可以直接再利用又可以回炉后再循环利用，例如标准尺寸的钢结构型材等。

以上各类材料均可纳入本条范畴，但同种建材不重复计算。

第2款：结构设计总说明中，应明确利废材料的使用情况及使用部位。利废建材指“以废弃物为原料生产的建筑材料”，包括：

（1）用建筑废弃混凝土，生产再生骨料，制作成混凝土砌块、水泥制品或配制再生混凝土；

（2）用工业废料、农作物秸秆、建筑垃圾、淤泥为原料制作成水泥、混凝土、墙体材料、保温材料等建筑材料；

（3）用工业副产品石膏制作成石膏制品。

4.5.20 合理应用绿色建材，评价总分值为5分，按下列规则评分：

1 绿色建材应用比例不低于30%，得3分；

2 绿色建材应用比例不低于50%，得5分。

【条文说明】 应明确项目采用的绿色建材。本条所指的绿色建材需通过住房城乡建设部、工业和信息化部《绿色建材评价标识管理办法》开展的绿色建材评价标识的方可计算在内。且本条得分需提供绿色建材应用比例计算文件。

4.5.21 建筑区域土建与室内外装修一体化设计与施工，评价总分值为5分。

【条文说明】 一体化设计和施工指的是土建设计与施工和装修设计与施工同步有序进行，即机电装修与土建的建筑、结构、给排水、通风空调、电气等所有专业，共同完成从方案到施工图及施工配合的工作，使土建与装修及机电安装紧密结合，并在竣工交付时，同步完成所有工作。土建、机电安装和装修的一体化设计，是减少材料消耗、降低成本、实现绿色目标的重要手段之一。

4.6 环境友好

4.6.1 充分保护或修复场地生态环境，合理布局建筑及景观，评价总分值为12分，按下列规则分别评分并累计：

1 结合场地现状地形地貌进行场地设计与建筑布局，竖向设计保持场地的土方平衡，得3分；

2 保护场地内原有的自然水域、湿地、植被等，保持场地内的生态系统与场地外生态系统的连贯性，得3分；

3 采取净地表层土利用等生态补偿措施，得3分；

4 根据场地实际状况，采取其他生态恢复或补偿措施，得3分。

【条文说明】第1、2款：

应明确原场地的地形和可利用的自然资源，并明确是否保留和利用了原有的场地地形地貌及场地自然水域、湿地和植被等自然资源进行场地设计与建筑布局，并在总平面图中标明。对场地的水体和植被进行了改造的项目，应说明改造原因，以及拟采取的生态修复和补偿措施。如原场地内无自然水体或胸径在15～40cm的中龄期以上的乔木，本款不得分，可采用本条其他款得分的方式。

重点关注高差较大的场地，没有进行过度的地形改造；本来较为平整的场地没有进行过度的堆土设计。鼓励利用凹地做地下室或下沉庭院，利用高差为地下空间提供采光通风，利用高差形成不同高度的入口空间，利用高差形成景观微地形，借助地形组织场地排水等措施。

第3款：

应明确对场地内未受污染的净地表层土进行保护并回收利用。项目的场地施工应合理安排，分类收集、保存并利用原场地的表层土。

第4款：

应明确场地内无自然水体或中龄期以上的乔木、不存在可利用或可改良利用的表层土，并明确：项目根据场地实际情况，所采取的生态恢复或生态补偿措施。

在场地内规划设计多样化的生态体系，如湿地系统、乔灌草复合绿化体系、结合多层空间的立体绿化系统等，为本土动物提供生物通道和栖息场所。采用生态驳岸、生态浮岛等措施增加本地生物生存活动空间，充分利用水生动植物的水质自然净化功能保障水体、水质。对于本条未列出的其他生态恢复或补偿措施，只要申请方能够提供足够相关证明文件即可认为满足得分要求。

4.6.2 规划场地地表和屋面雨水径流，对场地雨水实施外排总量控制，评价总分值为10分，场地年径流总量控制率达到55%，得5分；达到70%，得10分。

【条文说明】本条为海绵城市技术措施，参考现行国家标准《绿色建筑评价标准》

GB/T 50378 第 8.2.2 条。如项目属于海绵城市建设豁免清单，本条不参评。

年径流总量控制率是指通过自然和人工强化的入渗、滞蓄和收集回用，场地内累计一年得到控制的雨水量占全年总降雨量的比例。设计时应根据年径流总量控制率对应的设计控制雨量来确定雨水设施规模和最终方案，有条件时，可通过相关雨水控制利用模型进行设计计算；也可采用简单计算方法，通过设计控制雨量、场地综合径流系数、总汇水面积来确定项目雨水设施需要的总规模，再分别计算滞蓄、调蓄和收集回用等措施实现的控制容积，达到设计控制雨量对应的控制规模要求。

4.6.3 利用场地空间设置绿色雨水基础设施，评价总分值为 8 分，按下列规则分别评分并累计：

1 衔接和引导不少于 70%的道路雨水进入地面生态设施，得 4 分；

2 人行道铺装地面中透水铺装面积的比例达到 50%，得 4 分。

【条文说明】本条为海绵城市技术措施，参考《绿色建筑评价标准》8.2.5。如项目属于海绵城市建设豁免清单，本条不参评。本条技术要点如下：

(1) 地面生态设施是指下凹式绿地、植草沟、树池等，即在地势较低的区域种植植物，通过植物截流、土壤过滤滞留处理小流量径流雨水，达到控制径流污染的目的。通过雨水断接、场地竖向组织等措施，引导道路雨水进入地面生态措施进行调蓄、下渗和利用，保证雨水在滞蓄和排放过程中有良好的衔接关系，保障排入自然水体、景观水体或市政雨水管的雨水的水质、水量安全。

(2) “硬质铺装地面”指场地中停车场、道路和室外活动场地等，不包括建筑（构筑物）占地、绿地、水面等。“透水铺装”指即能满足路用及铺地强度和耐久性要求，又能使雨水通过本身与铺装下基面相通的渗水路径直接渗入下部的地面铺装系统，包括两种情况，采用透水铺装方式和采用透水铺装材料（植草砖、透水沥青、透水混凝土、透水地砖等）。

当透水铺装下为地下室顶板时，若地下室顶板上覆土深度能满足当地园林绿化部门要求且覆土深度不小于 600mm，并在地下室顶板设有疏水板及导水管等可将渗透雨水导入与地下室顶板接壤的实土，方可认定其为透水铺装。

4.6.6 车站建设过程制定并实施施工废弃物减量化、资源化计划，评价总分值为 6 分，按下列规则分别评分并累计：

1 制定施工废弃物减量化、资源化计划，得 3 分；

2 可回收施工废弃物的回收率不小于 80%，得 3 分。

【条文说明】目前建筑施工废弃物的数量很大，堆放或填埋均占用大量的土地；对环境产生很大的影响，包括建筑垃圾的淋滤液渗入土层和含水层，破坏土壤环境，污染地下水，有机物质发生分解产生有害气体，污染空气；同时建筑施工废弃物的产出，也意味着资源的浪费。因此减少建筑施工废弃物产出，涉及节地、节能、节材和保护环境这样一个可持续发展的综合性问题。施工废弃物减量化应在材料采购、材料管理、施工管理的全过程实施。施工废弃物应分类收集、集中堆放，尽量回收和再利用。建筑施工废弃物包括工程施工产生的各类施工废料，有的可回收，有的不可回收，不包括基坑开挖的渣土。

4.6.7 场地内风环境有利于室外行走、室外活动和建筑的自然通风，评价总分值为 8 分，按下列规则分别评分并累计：

1 在冬季典型风速和风向条件下，建筑物周围人行区（1.5m 高处）风速小于 5m/s，且室外风速放大系数小于 2，得 4 分；

2 过渡季、夏季典型风速和风向条件下，场地内人活动区不出现涡旋或无风区，得 4 分。

【条文说明】本条需进行模拟分析才可得分，对于半下沉室外空间，本条也需要进行模拟，技术要点如下：

（1）利用计算流体动力学（CFD）手段根据不同季节典型风向、风速可对建筑外风环境进行模拟，其中来流风速、风向为对应季节内出现频率最高的风向和平均风速，可通过查阅建筑设计或暖通空调设计手册中的相关资料得到；

（2）室外风环境模拟报告中的建筑布局应与建筑总平面图一致。

4.6.8 车站外立面设计不得对周围环境产生光污染，评价分值为 6 分。

【条文说明】本条技术要点如下：

（1）建筑设计说明中应明确玻璃幕墙的可见光反射比，及反射光对周边环境的影响符合《玻璃幕墙光热性能》GB/T 18091—2015 的规定："4.3 玻璃幕墙应采用可见光反射比不大于 0.30 的玻璃"；"4.4 在城市快速路、主干道、立交桥、高架桥两侧的建筑物 20m 以下及一般路段 10m 以下的玻璃幕墙，应采用反射比不大于 0.16 的玻璃"；"4.5 在 T 形路口正对直线段处设置玻璃幕墙时，应采用可见光反射比不大于 0.16 的玻璃"；

（2）建筑立面在选择玻璃幕墙时，应选用可见光反射比在合理范围内的产品，避免有害光反射；

（3）对于无玻璃幕墙的建设项目，直接得分。

4.6.9 地上站及地下站的地面附属设施规划布局不降低周边建筑的日照标准，评价分值为 6 分。

【条文说明】评价范围主要针对地面站及地下站的地面附属设施。建筑室内的环境质量与天然采光条件密切相关，天然采光直接影响乘客使用和站内工作人员办公的心理感受；我国对各类型建筑都制定有相应的国家标准或行业标准，对其采光、消防、防灾、视觉卫生等提出了相应的技术要求，直接影响着建筑布局、间距和设计。地面车站及地下车站附属设施布局时，应充分考虑上述技术要求，最大限度地为建筑提供良好的天然采光条件，满足相应标准对采光的控制要求，或符合城乡规划的要求。

4.6.10 采取有效措施改善场地热环境，降低热岛效应。车站用地范围内的站前广场、自行车停车场宜设置乔木、构筑物遮阴措施，评价分值为 6 分。

【条文说明】本条技术要点如下：

（1）建筑总平面图中应明确对处于建筑阴影区外的室外活动场地设有乔木、花架、遮阳棚等遮阴措施的面积比例要求，并与室外遮阴面积比计算文件相对应。

（2）室外活动场地包括：站前广场、非机动车停车场等。不包括机动车道和机动车停车场，本款仅对建筑阴影区的户外活动场地提出要求，建筑阴影区为夏至日 8：00～16：00时段在 4h 日照等时线以内的区域。

4.6.11 搭建无障碍服务设施体系，建立智能化紧急救助系统和设置无障碍信息交流设施，做到覆盖全面、方便使用，评价分值为4分。

【条文说明】本条技术要点如下：

(1) 无障碍设计的内容应满足现行国家标准《无障碍设计规范》GB 50763要求。

(2) 应合理规划智能化紧急救助系统、无障碍信息交流设施的设置位置。无障碍信息交流设施包括：盲文标志标识、残疾人通信系统、语音导航、导盲系统等。

4.6.14 综合采用人工充值或自助充值设备、手机app自助充值措施，简化充值流程，提高便利性，评价分值为10分。

4.7 运营管理

4.7.5 按照现行国家标准《能源管理体系 要求及指南》GB/T 23331的有关规定建立能源管理体系，评价分值为5分。

【条文说明】在组织内部建立规范的能源管理体系，使能源管理的各项手段和措施形成一个有机整体，全面系统地策划、实施、检查和改进各项能源管理活动，实施全过程管理，以期获得最佳的节能效果。建立和实施能源管理体系的重要性在于它有利于推进国家能源方面法律法规、政策、标准和其他要求的实施，有利于组织能将节能工作落到实处，有利于及时发现能源管理工作中职责不清问题，为建立和完善相互联系、相互制约和相互促进的能源管理组织结构提供保障。

4.7.8 定期对建筑运营效果进行评估，并根据结果进行运行优化，评价总分值为20分，按下列规则分别评分并累计：

1 制订绿色建筑运营效果评估的技术方案和计划，得5分；

2 定期检查、调适公共设施设备，具有检查、调试、运行、标定的记录，且记录完整，得5分；

3 定期开展节能诊断评估，并根据评估结果制订优化方案并实施，得5分；

4 定期对各类用水水质进行检测、公示，得5分。

【条文说明】建立动态检查更新机制，确保运营水平的持续改进。

4.8 提高创新

4.8.1 采取体现地区建筑风貌，因地制宜传承地域建筑文化的措施，评价分值为1分。

4.8.6 采用符合工业化建造要求的结构体系与建筑构件，评价总分值为3分，根据采用的预制混凝土结构、钢结构和钢混组合结构等预制构件的体积或投影面积占总体积或表面积的比例，按表3-4-8的规则评分。

表3-4-8 结构中采用预制构件比例

车站类型	结构部位	采用预制构件比例R_y	得分
地下车站	基坑围护结构	$0 \leqslant R_y < 50\%$	0.5
		$R_y \geqslant 50\%$	1

续表

车站类型	结构部位	采用预制构件比例 R_y	得分
地下车站	主体结构	$0 \leqslant R_y < 50\%$	0.5
		$R_y \geqslant 50\%$	1
	内部结构	$0 \leqslant R_y < 50\%$	0.5
		$R_y \geqslant 50\%$	1
地上车站	主体结构	$0 \leqslant R_y < 50\%$	1
		$R_y \geqslant 50\%$	2
	内部结构	$0 \leqslant R_y < 50\%$	0.5
		$R_y \geqslant 50\%$	1

【条文说明】钢结构，包括单层空旷的钢屋盖结构与多层及高层的钢结构、钢-混凝土组合结构，其中：

（1）单层空旷的钢屋盖结构，可以柱采用混凝土结构、钢管混凝土结构或者纯钢柱等，屋面采用钢梁-混凝土组合楼盖结构、门式刚架结构、拱架结构、桁架结构、网架结构、网壳结构、网状结构、索杆结构、拉索结构、杂交结构、混合结构等；

（2）多层及高层的钢结构、钢-混凝土组合结构、竖向构件可以是混凝土结构、钢管混凝土结构柱、钢板剪力墙等，楼面是钢-混凝土组合结构楼面等，楼面可采用预制混凝土叠合板或者铝模等免抹灰的现浇混凝土楼板。

4.8.9 设计采购阶段采取碳排放量评估控制措施，评价分值为 1.5 分，按下列规则分别评分并累计：

1 设计阶段进行车站全寿命期碳排放量评估，得 0.5 分；

2 采购阶段要求钢筋、混凝土供应商提供产品碳足迹评估报告，得 0.5 分；

3 采购阶段冷水机组、照明、电扶梯等高能耗机电设备供应商提供产品的碳足迹评估报告，得 0.5 分。

【条文说明】“双碳”已经成为我国当前最重要的国家战略，各行各业均应为减少碳排放做出积极贡献。由于数据积累原因，目前无法对城市轨道交通建设阶段的碳排放量规定量化控制指标，暂做出措施性规定，要求在设计采购阶段采取碳排放量评估控制措施。

4.8.11 进站安检区应考虑防疫检疫要求，合理增大面积，评价分值为 0.5 分。

【条文说明】新冠肺炎疫情出现以来，各种基础设施的建设和运营都开始考虑平战结合，疫情期间进站安检区需要必要的场地空间和设施设备支撑条件，在今后城市轨道交通车站的设计运营中应予考虑。

4.8.12 按照绿色施工的要求进行施工和管理，评价总分值为 2 分，按下列规则分别评分并累计：

1 获得绿色施工优良等级或省级以上绿色施工示范工程认定，得 1 分；

2 采取措施减少预拌混凝土损耗，损耗率降低至 1.0%，得 0.5 分；

3 采取措施减少现场加工钢筋损耗，损耗率降低至 1.5%，得 0.5 分。

【条文说明】参考现行国家标准《绿色建筑评价标准》GB/T 50378—2019 第 9.2.8

条。绿色施工是指在工程项目施工周期内严格进行过程管理，在保证质量、安全等基本要求的前提下，通过科学管理和技术进步，最大限度地节约资源（节材、节水、节能、节地)、保护环境和减少污染，实现环保、节约、可持续发展的施工工程。目前，我国国家标准层面发布实施了国家标准《建筑工程绿色施工规范》GB/T 50905—2014、《建筑工程绿色施工评价标准》GB/T 50640—2010，部分省市也发布实施了绿色施工相关的地方标准。

5 车 辆 基 地

5.1 控 制 项

5.1.4 结构工程安全等级和设计工作年限不应低于现行国家标准《工程结构通用规范》GB 55001 的有关规定，结构构件抗力及耐久性应符合设计工作年限要求。

【条文说明】 结构设计说明中明确安全等级和设计使用年限，并根据使用年限进行相应的耐久性设计。对于设计使用年限 100 年的，在结构设计总说明中应明确按 100 年进行耐久性设计，并有相应的保证构件质量的预防性处理措施，减小侵蚀作用的局部环境改善措施，延缓构件出现损伤的表面保护措施和延缓性材料性能劣化速度的保护措施。

（1）混凝土构件

在结构设计总说明中注明混凝土保护层厚度（厚度值在原有环境类别对应的厚度基础上增加至少 5mm）；或在结构设计总说明中注明采用满足《普通混凝土长期性能和耐久性试验方法标准》GB/T 50082、《混凝土耐久性检验评定标准》JGJ/T 193 标准的高耐久性混凝土。

（2）钢构件

在结构设计总说明中注明采用符合《耐候结构钢》GB/T 4171 要求的耐候钢材及符合《建筑用钢结构防腐涂料》JG/T 224 的Ⅱ型面漆和长效型底漆。

5.1.19 车辆基地设计应对产生的废气、废液、废渣和噪声等进行综合治理，并应符合国家现行标准的有关规定。环境保护设施应与主体工程同时设计、同时施工、同时投产。

5.1.20 全自动驾驶区域和非全自动驾驶区域牵引网应分别独立供电，且相互间可设置联络开关。停车库内各子库接触网应为同一供电分区，不得跨越库区股道供电，各库区股道接触网之间可设置联络开关。

【条文说明】 无人区域、有人区域不得跨越区域供电，主要是为了供电安全性和维修安全性。全自动驾驶区域的库内停车股道一般为 2 个股道，同一个子库内的 2 个股道不得为两路不同电源，这样会导致库内分区停电时，另一个股道接触网上还有电源的现象，存在供电安全隐患。

5.2 安 全 耐 久

5.2.1 采取提升消防安全的措施，评价总分值为 18 分，按下列规则分别评分并累计：

1 围护结构保温材料燃烧性能均达到 B_1 级，得 6 分；

2 空调及水管保温材料燃烧性能均达到 A 级，得 6 分；

3 有上盖或下盖开发情况，与开发建筑的梁及楼板耐火极限均达到 3h，且楼板承重柱耐火极限达到 4h，得 6 分。

【条文说明】 第3款无上下盖开发情况不参评。

建筑说明中应写明围护结构保温材料的燃烧性能。暖通、水专业说明中应写明空调及水管保温材料的燃烧性能。

有上盖或下盖开发的情况时，建筑说明中应写明本项目与开发建筑的梁及楼板耐火极限均达到3h；柱耐火极限达到4h。

5.2.2 车辆基地内合理设计道路安全距离、行进标识，做到人车分流，评价总分值为20分，按下列规则分别评分并累计：

1 在有轨道区域，轨道中心线与道路安全距离大于4m，并设置安全防护措施，得10分；

2 列车自动行驶区与有人区域隔离，保证无人驾驶情况下的人员安全，得10分。

5.2.3 与盖板合建的盖下单体采用基于性能的抗震设计，评价分值为5分。

【条文说明】

采用基于性能的抗震设计，提供结构计算书及项目安全分析报告。基于性能的抗震设计可考虑对整体结构、局部部位或者关键构件及节点按更高的抗震性能目标进行设计，或采取措施减少地震作用。

地下结构不参评（地下结构抗震设计达到现行《地铁设计规范》GB 50157规定的抗震设防目标，即认为满足此条要求）。

5.2.5 合理选用建筑结构材料及构件，评价总分值为16分，按下列规则分别评分并累计：

1 混凝土结构按下列规则分别评分并累计：

1） 400MPa级及以上强度等级钢筋应用比例达到85%，得4分；

2） 混凝土竖向承重结构采用强度等级不小于C50混凝土用量占竖向承重结构中混凝土总量的比例达到50%，得4分；

3） 高耐久性混凝土用量占混凝土总量的比例达60%，得4分；

4） 地面以上部分预制构件应用混凝土体积比占地面以上部分的混凝土总体积比达到30%，得4分。

2 钢结构按下列规则分别评分并累计：

1） Q355及以上高强度钢材用量占钢材总量比例达到50%，得2分；达到70%，得4分；

2） 采用耐候结构钢或耐候型防腐涂料，得4分；

3） 螺栓连接等非现场焊接节点占现场全部连接、拼接节点的数量比例达到50%，得4分；

4） 采用施工无支撑楼板，得4分。

3 混合结构：混凝土结构和钢结构，分别按本条第1款和第2款评价，得分根据面积比例取两项得分的加权平均值。

5.2.6 合理采用高耐久性、易维护的装饰材料，评价总分值为16分，按下列规则分别评分并累计：

1 采用耐久性好的外饰面材料，得4分；

2 采用耐久性好的防水和密封材料，得 4 分；

3 采用耐久性好、易维护的室内装饰装修材料，得 4 分；

4 检修或设备运输临时拆卸的建筑和装饰构件选用可重复利用的长寿命产品，构造便于拆卸、重新安装、替换更新，得 4 分。

【条文说明】 建筑设计说明中应明确采用的耐久性好外饰面材料。选用下列之一即可，包括：

(1) 涂料耐候性符合《水性氟树脂涂料》HG/T 4104—2019 中优等品要求的水性氟涂料或耐候相当的外墙涂料；

(2) 选用耐久性与建筑幕墙设计年限相匹配的饰面材料；

(3) 清水混凝土外饰面。

第 2 款：

建筑设计说明中应明确防水材料及密封材料耐久性能的要求，均需满足《绿色产品评价 防水与密封材料》GB/T 35609—2017 中评价指标对耐久性的相关要求。

第 3 款：

建筑设计说明中应明确采用耐久性好、易维护的室内装饰装修材料。包括：

(1) 选用耐洗刷性≥5000 次的内墙涂料；

(2) 选用耐磨性好的陶瓷地砖（有釉砖耐磨性不低于 4 级，无釉砖磨坑体积不大于 $127mm^3$）；

(3) 室内采用免装饰面层的做法（如清水混凝土、免吊顶设计）。

以上 3 种措施至少采用 1 种耐久性好、易维护的装饰装修建筑材料，每类材料的用量比例不小于 80%。

第 4 款：

建筑设计说明中应明确检修或设备运输需临时拆卸的建筑和装饰构件的具体位置、种类。明确此构造便于拆卸、重新安装、替换更新的具体方式。

5.2.7 采取提升建筑部品部件耐久性的措施，评价总分值为 10 分，并按下列规则分别评分并累计：

1 使用耐腐蚀、抗老化、耐久性能好的管材、管线、管件，得 5 分；

2 活动配件选用长寿命产品，并考虑部品组合的同寿命性；不同使用寿命的部品组合时，采用便于分别拆换、更新和升级的构造，得 5 分。

5.3 便捷高效

5.3.1 车辆基地总平面布置应以车辆段为主体。统筹确定综合维修中心物资总库及培训中心等设备、设施工作性质和功能要求，房屋设施适度集中，评价总分值为 12 分，按下列规则分别评分并累计：

1 优先保证运用和检修工艺顺畅性，无交叉干扰，得 6 分；

2 设施和线路应相对集中设置，减少用地规模，得 6 分。

5.3.3 以远期需求为前提进行总平面布局设置，充分考虑分期建设的条件，评价分值为

8分。

【条文说明】充分考虑分期建设，可以充分统筹整个建设过程资源消耗以及建设需求，并为后期建设提供便利的条件。

5.3.4 物资总库的布置便于汽车运输，有相应的设备和材料的装卸、运输条件及场地，便于设备、材料的运输和发放，评价分值为8分。

【条文说明】物资总库是货运汽车经常往返的场所，应提供必要的便利条件。

5.3.5 车辆基地根据地形条件合理布置排水设施，评价分值为8分。

【条文说明】车辆基地面积较大，防洪排涝设施非常重要，应根据场地条件合理布置排水设施。

5.3.6 车辆基地内道路设置评价总分值为16分，按如下规则分别评分并累计：

1 段内道路连接各个场库，与段内线路少交叉，且能够保证大型设备在主要场库之间的运行，得8分；

2 段内线路设置围挡，特别是运行速度较快的试车线，得8分。

【条文说明】基地内道路的设置要充分保证日常运营的便捷高效，对于试车线需设置一定的防护措施。

5.3.7 动力设备、生活设施与车辆基地公用办公房屋集中布置，形成厂前区，评价分值为10分。

【条文说明】提高用地效率并保证日常运营使用的便捷高效。

5.3.8 小客车停车场配建充电桩停车位比例不小于30%，得10分。

【条文说明】电动汽车使用比例日益提高，充电需求随之不断增长，参考北京市地方标准《电动汽车充电基础设施规划设计标准》DB11/T 1455—2017对各类停车场的建议比例15%～25%，考虑绿色要求，本标准提高至30%。

5.3.9 车辆基地及上盖开发项目人员主出入口布置方便出行，评价总分值为12分，按如下规则分别评分并累计：

1 人员主出入口与公交停靠站的步行距离不大于300m，得6分；

2 人员主出入口与地铁站的步行距离不大于500m，得6分。

【条文说明】方便车辆基地工作人员的出行便利性。

5.4 健康舒适

5.4.4 采用合理防结露、防霉措施，评价总分值为6分，按下列规则分别评分并累计：

1 采用防结露措施，房间内表面和管道表面无结露现象，得3分；

2 采用防潮、防腐、防霉材料、抗菌涂料等抑菌防霉措施，空气中细菌总数小于2500cfu/m^3，得3分。

【条文说明】防止车辆基地建筑围护结构内部和表面结露、发霉，应采取合理的保温、隔热、通风换气及抗菌措施。

5.4.5 场库作业区域实际生产期间噪声满足现行国家标准《工业企业噪声控制设计规范》GB/T 50087和《工业企业设计卫生标准》GBZ 1的要求，得8分。

【条文说明】控制噪声水平，避免噪声污染，保护工作人员周边居民的身体健康。

5.4.8 为场库主要功能区营造舒适的热环境，评价总分值为 15 分。按下列规则评分并累计：

1 场库主要功能区具备良好自然通风条件面积比例达到 70%，得 5 分；达到 90%，得 8 分；达到 100%，得 10 分。

2 经常有人员值守、操作的房间和位置设置岗位空调，得 5 分。

【条文说明】主要功能区应保证较好的热环境，以保证工作人员身体健康，同时良好的热环境对提高人员工作效率也具有重要的作用。

5.5 资源节约

5.5.1 根据功能需求合理确定库房层高，减少由空间加大引起的能耗增加，评价分值为 13 分。

【条文说明】高大空间对于维持室内热舒适环境和照明环境均会增加能耗，应合理控制。

5.5.3 对有不同作业环境温度要求的作业区域进行物理隔离，评价分值为 5 分。

【条文说明】车辆段内大库不同功能区对作业环境温度要求不一致，若不进行物理隔离，则整个大库的采暖等标准将按照最高温度要求设置，造成浪费。

5.5.9 非传统水源利用，评价总分值为 9 分，按下列规则分别评分并累计：

1 绿化灌溉、道路冲洗采用非传统水源用水量占总用水量比例不低于 40%，得 1 分；不低于 60%，得 3 分；

2 冲厕采用非传统水源用水量占总用水量比例不低于 30%，得 1 分；不低于 50%，得 3 分；

3 冷却水补水采用非传统水源用水量占总用水量比例不低于 20%，得 1 分；不低于 40%，得 3 分。

【条文说明】车辆基地有较多的用水需求，且有一定的非传统水源收集条件，应予提倡使用。“非传统水施的用水量占其总用水量的比例”指项目某部分杂用水采用非传统水源的用水量占该部分杂用水总用水量的比例，且非传统水源用水量、总用水量均为年用水量。

5.6 环境友好

5.6.5 场地布置合理，评价总分值为 8 分，按下列规则分别评分并累计：

1 产生噪声、冲击振动或易燃、易爆的车间单独设置，得 4 分；

2 产生粉尘和有害气体的房间或设施布置在常年主导风向下风侧，并远离生活、办公区，得 4 分。

5.6.6 车辆基地噪声排放达到现行国家标准《工业企业厂界环境噪声排放标准》GB 12348—2008 中声环境功能区噪声限值规定，评价分值为 8 分，达到 3 类声环境功能区噪声限值规定，得 4 分；达到 2 类声环境功能区噪声限值规定，得 8 分。

【条文说明】控制噪声排放，减少对周边环境的不良影响。

5.6.9　搭建无障碍服务设施体系，建立智能化紧急救助系统并设置无障碍信息交流设施，做到覆盖全面、方便使用，评价分值为8分。

5.7　运营管理

5.7.2　制定完善的节能、节水、节材、绿化及垃圾相关设施的管理制度和操作规程，评价分值为5分。

【条文说明】明确对车辆基地物业管理的要求。

5.7.7　定期对车辆基地运营效果进行评估，并根据结果进行运行优化，评价总分值为20分，按下列规则分别评分并累计：

1　制订运营效果评估的技术方案和计划，得5分；

2　定期检查、调适公共设施设备，具有检查、调试、运行、标定的记录，且记录完整，得5分；

3　定期开展节能诊断评估，并根据评估结果制订优化方案并实施，得5分；

4　定期对各类用水水质进行检测、公示，得5分。

【条文说明】建立动态检查更新机制，确保运营水平的持续改进。

5.7.8　建立绿色教育宣传和实践机制，定期开展使用者满意度调查，评价总分值为10分，按下列规则分别评分并累计：

1　每年组织不少于2次的绿色建筑技术宣传、灾害应急演练等绿色教育宣传和实践活动，并有活动记录，得5分；

2　每年开展1次针对绿色性能的使用满意度调查，且根据调查结果制定改进措施并实施、公示，得5分。

【条文说明】明确对物业管理的要求。

5.7.9　车辆基地内的车辆运用、检修作业采取安全防护、安全警示措施，评价分值为15分。

【条文说明】车辆基地经常有多种车辆、机械交叉作业，为保障安全生产，设立必要的安全防护和安全警示措施。

5.8　提高创新

5.8.4　结合太阳能光伏发电系统，综合采用“光储直柔”系列技术，得1分。

【条文说明】光储直柔（PEDF），是在建筑领域应用太阳能光伏（Photovoltaic）、储能（Energy storage）、直流配电（Direct current）和柔性交互（Flexibility）四项技术的简称。

5.8.11　结合当地气候和自然资源条件合理利用可再生能源，评价分值为2分，评分规则应符合下列规定：

1　车辆基地的公共浴室、食堂、司机公寓等集中热水系统采用太阳能热水系统，按

表 3-5-1 的规则评分。

表 3-5-1 可再生能源提供的生活热水比例

可再生能源利用类型和指标		得分
由可再生能源提供的生活热水比例 R_{hw}	$20\% \leqslant R_{hw} < 50\%$	0.5
	$50\% \leqslant R_{hw} < 65\%$	1
	$65\% \leqslant R_{hw} < 80\%$	1.5
	$R_{hw} \geqslant 80\%$	2

2 采用太阳能光伏系统等发电系统，按表 3-5-2 的规则评分。

表 3-5-2 可再生能源提供的电量比例

可再生能源利用类型和指标		得分
由可再生能源提供的电量比例 R_e	$0.5\% \leqslant R_e < 1\%$	0.5
	$1\% \leqslant R_e < 2\%$	1
	$2\% \leqslant R_e < 3\%$	1.5
	$R_e \geqslant 3\%$	2

3 采用地源热泵等可再生能源作为空调的冷热源，按表 3-5-3 的规则评分。

表 3-5-3 可再生能源提供的空调用冷量和热量比例

可再生能源利用类型和指标		得分
由可再生能源提供的空调用冷量和热量 R_{ch}	$20\% \leqslant R_{ch} < 35\%$	0.5
	$35\% \leqslant R_{ch} < 50\%$	1
	$50\% \leqslant R_{ch} < 65\%$	1.5
	$R_{ch} \geqslant 65\%$	2

6　全　　线

6.1　控　制　项

6.1.1　线路布置应符合如下要求：

1　应符合城市总体规划的用地规划要求，符合城市轨道交通线网规划定位的功能层次、规模和布局；

2　应与沿线城市景观相协调。

【条文说明】城市轨道交通对于城市发展格局具有重要影响，总体规划统筹，即要通过城市轨道交通给城市带来便捷和活力，又要严格控制城市轨道交通对沿线周边环境的不良影响。

6.1.2　行车组织应符合如下要求：

1　满足客流出行需求，提供针对性运营服务；

2　充分利用城市轨道交通基础设施和设备系统，发挥系统经济和社会效益最大化。

【条文说明】在满足客流需求基础上，采用多交路运营；针对客流的高峰、平峰特征，提出制订针对性的行车组织方案，编制与客流特征需求相适应的行车组织运行图，做到精准投放运能，针对性地提供运营服务，即可达到提高客运效率，又可达到节能的目的。

6.1.3　应基于线路功能、客流出行特征、站间距、线路条件等多方面因素，确定列车最高运行速度取值。

【条文说明】最高速度标准是城市轨道交通建设和运营的重要指标，此指标的确定应与线路功能定位、站间距、线路条件等相匹配，速度标准提高或降低都不利于节能。

6.1.4　运行图编制应充分体现客流服务、行车组织模式、列车运行控制等运营理念。

【条文说明】应充分掌握高峰、平峰或特殊客流时段的差异性，采用不同列车最高运行速度值的方式编制运行图，充分利用沿线配线实现收发车，做好出站启动与进站制动之间的合理匹配，整体兼顾高效运营与能源节约。

6.1.8　牵引系统及非线性用电设备产生的谐波应符合现行国家标准《电能质量公用电网谐波》GB/T 14549 的有关规定。

【条文说明】覆盖了交流牵引供电制式和直流牵引供电制式的系统设计和设备选型。设置该条的目的在于保护环境、清洁电网。

6.1.9　一级负荷应采用双电源双回线路供电，一级负荷中特别重要负荷应增设应急电源，并严禁其他负荷接入。

6.2　安 全 耐 久

6.2.1　采用全密封、免维护轨道车辆专用型蓄电池，评价分值为 6 分。

【条文说明】其目的在于尽量降低使用期间产生有害物质影响操作员工身体健康及造成环境污染的风险。

6.2.4 车辆设置智能分析系统，自动采集和分析车辆设备状态，评价分值为6分。

【条文说明】通过监测车辆状态参数，可以有效分析车辆设备的状态，为预测性维护提供依据，避免事故发生。随着智能化技术的进步，自动采集和分析技术已经成熟，有条件时应予采用。

6.2.5 车辆设置与客室内饰融为一体的紧急疏散指示标识，评价分值为6分。

【条文说明】紧急疏散指示标识在确保有效性的前提下应兼顾与客室内饰的协调美观。

6.2.7 隧道区间疏散措施设计，评价分值为8分，按如下规则分别评分并累计：

1 无砟轨道道床面应采取区间疏散通道设计，道床步行面宜平整、连续、无障碍物，评价分值为4分；

2 设置疏散平台，评价分值为4分。

【条文说明】隧道区间设置安全有效的疏散措施，以确保在车辆滞留隧道区间等紧急状态下，保证人员安全、快速撤离。

6.2.9 正线及出入线小半径曲线地段宜设置钢轨润滑装置，评价分值为6分。

【条文说明】钢轨润滑装置是减少曲线磨耗和啸叫噪声的有效措施之一。不同设计速度对应的小半径曲线具体数值不同，一般考虑欠超高后仍限速的为小半径曲线。采用钢轨润滑装置地段的曲线半径，根据运营线钢轨磨耗情况适当取值。

6.2.10 直流制式道床结构与相关专业统筹综合设计满足杂散电流防护要求，评价分值为6分。

【条文说明】本条针对直流制式，交流系统不参评。

6.2.11 合理设计道床横向排水坡，评价总分值为6分，按下列规则分别评分并累计：

1 无砟轨道道床面横向排水坡坡度不小于2.5%，得3分；

2 道岔道床横向排水坡坡度为1%～2%，得3分。

【条文说明】排水不畅是地铁工程的常见问题，结构设计应确保可迅速排除轨行区积水，保证轨道结构安全。

6.2.14 地下使用的主要电气和电缆材料选用无卤、低烟、低毒阻燃或耐火产品，评价分值为6分。

【条文说明】为防止地下线路的电线、电缆燃烧危及系统正常工作，以及燃烧时产生的有害气体危害人身健康、危及安全，电线电缆应采用无卤、低烟的阻燃材料。

6.2.15 直流牵引供电越区供电能力符合高峰小时牵引负荷要求，交流牵引供电越区供电能力不低于高峰小时50%牵引负荷要求，评价分值为6分。

【条文说明】参考《市域（郊）铁路设计规范》（TB 10624—2020）第13.1.4条，并结合我国现状的地铁建设、市域（郊）快轨交通的现状建设情况确定，补充了交流牵引供电制式、直流牵引供电制式的牵引变电所布点位置的要求。

6.3 便捷高效

6.3.1 根据现状、规划条件、主要客流来源和集散要求，合理设置车站站点间距，评价总分值为20分，按下列规则分别评分并累计：

1 车站服务于重要客流集散点、重点车站及起迄点车站有其他交通枢纽相配合，构筑城市交通一体化，得10分；

2 中心区平均站间距控制在1km～1.5km，外围区域平均站间距不小于2km，得5分；

3 旅行速度为最高运行速度的45%～60%，得5分。

【条文说明】城市轨道交通的站点设置和旅行速度，应兼顾覆盖范围与运营效率，并与城市交通系统有效衔接。

6.3.3 同步实施的三线及以上换乘枢纽采取了控制层数的措施，并保证其中两条线路的同站台平行换乘条件，评价分值为15分。

【条文说明】车站换乘客流不要过于集中，便于客流组织疏导，减轻换乘通道和车站的客流压力。为此尽量避免多线一点换乘，提倡多线多点分散换乘。

6.3.4 列车宜设置民用WiFi系统，乘客在正常情况下传输模拟话音和视频流时的丢包率应不大于1%，评价分值为50分。

【条文说明】随时随地流畅上网已经成为现阶段大部分人的基本需求，本条规定目的是为乘客提供便捷的通信条件。

6.4 健康舒适

6.4.1 车辆客室内空气中甲醛含量、总有机挥发物（TVOC）含量试验方法分别符合现行国家标准《公共场所卫生检验方法 第2部分：化学污染物》GB/T 18204.2、《室内空气质量标准》GB/T 18883的有关规定，评价分值为10分。

【条文说明】车内是人员密集且流动大的场所，空气品质对人体健康有着重大影响，目前尚无针对车内的专项空气质量标准，暂参考公共场所和室内空气质量检测控制标准确定相关要求。

6.4.2 车体结构采用隔热、降噪、防振设计，总评价分值为16分，按下列规则分别评分并累计：

1 在车体结构的内表面、底架下部喷涂阻尼浆、黏贴防振膜，得4分；

2 在车体结构的内外墙板之间及底架与地板之间敷设吸湿性小、膨胀率低、性能稳定的隔热、隔音材料，得4分；

3 在车轮上设置减振环，得4分；

4 采用径向转向架、直线电机驱动、弹性踏面车轮等新型减振降噪驱动技术，得4分。

【条文说明】车体结构采用隔热、降噪、防振设计可以有效改善车内环境，提升乘客乘车体验，本条为措施性要求。

6.4.7 车辆空调机组评价分值为16分，按下列规则分别评分并累计：

1 送风口在设计时充分考虑乘客舒适性要求，送风均匀，避免吹风感，得8分。

2 设置空气净化功能，空调滤网应易拆卸、清洗，得8分。

【条文说明】通过良好的送风口设计可以减小空调吹风给乘客带来的不适感，同时在空调中设置空气净化功能，有利于提高空气洁净度，保证乘客的健康。

6.4.8 车辆内部采用LED照明灯具，具备有效的防蓝光、闪屏措施，评价分值为8分。

【条文说明】采用LED照明灯具可以有效节省照明能耗，具备有效的防蓝光、闪屏措施可以保障光照环境的舒适性。

6.4.10 客室显示器显示环境的温度、湿度、当前站台信息等人性化数据，评价分值为8分。

【条文说明】乘客通过客室显示器了解客室的环境参数、站台信息，一方面可以方便旅客出行，另一方面也可以加强乘客的交通参与感，并在一定程度上起到缓解乘客等候焦虑的作用。

6.5 资源节约

6.5.1 车辆采用轻量化结构或者轻量化材料，减小车辆轴重，降低车辆牵引能耗，评价分值为10分。

【条文说明】通过车辆的轻量化设计可以有效降低车辆牵引能耗，起到节约能源的作用。

6.5.2 采用技术措施提高列车运行节能效果，评价总分值为12分，按下列规则分别评分并累计：

1 车辆根据线路条件，采取多种制式的供电方式，评价分值为3分；

2 合理应用制动能量利用装置，评价分值为3分；

3 车辆采用交流传动装置，牵引电机功率因数不小于0.85，评价分值为3分；

4 车辆牵引系统选用永磁同步牵引系统，评价分值为3分。

【条文说明】对于列车节能应采取多种技术措施。供电方式应根据线路条件确定；制动能量利用装置可以在减速时有效回收列车运行动能；提高电机功率因数是提高电机用能效率的重要保证；列车动拖比应根据启动加速度、制动减速度、旅行速度、故障运行能力、救援能力、维修费、耗电量、车辆的购置费等因素，以及充分发挥再生制动作用，减少摩擦制动材料消耗，减少在隧道内的发热量，节约电能，减少环境污染等因素综合分析确定。

6.5.3 车辆空调采用变频空调及温度智能控制，评价分值为5分。

【条文说明】变频空调变频器用来控制和调整压缩机转速的控制系统，使之始终处于最佳的转速状态，从而提高能效比，比常规的空调节能20%～30%。温度智能控制系统可以根据不同的时段预设客室温度，并根据客室实际温度情况给空调提供调控依据。

6.5.5 列车资源共享，车辆型式、车辆主要部件满足统型化、谱系化要求，评价分值为

4分。

【条文说明】车辆型式、车辆主要部件统型化、谱系化有利于运行维护，可以充分发挥出资源整合、效率优化的突出优势。

6.5.6 地下段合理设计线路纵断面与节能坡，评价总分值为9分，按下列规则分别评分并累计：

1 车站布置在纵断面的凸型部位上，区间纵断面优先按节能坡理念设计，合理选取进出站坡度和坡段长度，得3分；

2 车站站台出站端竖曲线靠近站台端布置，竖曲线离开站台端距离为5m～10m，得1分；距离小于5m，得3分；

3 位于车辆惰行段的地下区间采用6‰～7‰下坡坡度，坡段长度选取与车辆性能及行车计算匹配，得3分。

【条文说明】地铁线路纵断面直接影响地铁列车的运行效果，并对地铁运营成本产生长期的影响，合理的纵断面设计能够保证列车运行功能指标的要求、保证列车的加速性能，并能够有效降低运营成本。

6.5.11 采取措施降低变电所能耗，评价总分值为5分，按下列规则分别评分并累计：

1 设置智慧供电系统，得3分；

2 设置设备在线监测系统、变电所智能巡检系统、接触网拆挂地线管理系统、接触网检修监测系统等，每设置1项，得1分，最高得2分。

6.5.15 综合用电量、照明用电量、动力用电量指标等级和计算方法应符合《城市轨道交通用电综合评定指标》GB/T 35553的有关规定，评价总分值为10分，按下列规则分别评分并累计：

1 综合用电量指标等级C，得3分；综合用电量指标等级B，得4分；综合用电量指标等级A，得6分；

2 照明用电量指标等级A，评价分值为2分；

3 动力用电量指标等级A，评价分值为2分。

【条文说明】本条为对全线用电量的结果性要求。

6.6 环境友好

6.6.1 距离轨道中心线7.5m、轨面上方1.2m处，列车外部噪声测量值应符合要求，评价总分值为15分，按下列规则分别评分并累计：

1 以最高速度通过空旷平直线路时，等效连续噪声不大于表3-6-1的规定，得5分；

表3-6-1 等效连续噪声限值表

最高速度（km/h）	80	100	120	140	160
噪声限值［dB(A)］	83	83	85	87	89

2 车辆起动时，最大噪声不大于81dB（A），得5分；

3 车辆静置，空调工作，牵引设备及牵引冷却设备不工作时，连续噪声不大于67dB

(A)，得5分。

【条文说明】引用《市域（郊）铁路设计规范》TB 10624—2020 第6.1.10条，本条目的为在列车运行期间保证列车外部良好的声环境。

6.6.2 特殊路段轨道采用无缝线路设计，评价总分值为25分，按下列规则分别评分并累计：

1 地下线无砟道床的直线和半径不小于300m的曲线地段，得5分；

2 高架线及地面线无砟道床的直线和半径不小于400m的曲线地段，得5分；

3 有砟道床的直线和半径不小于600m的曲线地段，得5分；

4 试车线，得5分；

5 上盖物业开发的库内线，得5分。

【条文说明】铺设无缝线路能增强轨道结构的稳定性，减少养护维修工作量，改善行车条件，减少振动和噪声，所以在条件允许时尽量铺设无缝线路。

6.6.3 桥上铺设无缝线路时，减少钢轨伸缩调节器的设置，评价分值为10分。

【条文说明】钢轨伸缩调节器是轨道的薄弱环节，因钢轨伸缩调节器尖轨与基本轨间的结构不平顺，列车在该处产生较大的冲击力，直接影响线路质量和列车运行平顺性和舒适性，且增加了设备费用和维修费用。桥上铺设无缝线路时，应加强系统设计，尽可能减少钢轨伸缩调节器的设置。

6.6.4 正线及出入线小半径曲线地段设置钢轨润滑装置，评价分值为8分。

【条文说明】钢轨润滑装置是减少曲线磨耗和啸叫噪声的有效措施之一。不同设计速度对应的小半径曲线具体数值不同，一般考虑欠超高后仍限速的为小半径曲线。采用钢轨润滑装置地段的曲线半径，根据运营线钢轨磨耗情况适当取值。

6.6.5 在满足环评及车辆运行要求的前提下，采取下列措施之一控制轨道振动，评价分值为8分。

1 采用浮置板轨道减振措施，并符合现行行业标准《浮置板轨道技术规范》CJJ/T 191的有关规定；

2 采用梯形枕轨等轨枕减振措施；

3 采用扣件减振措施。

【条文说明】浮置板、轨枕或扣件等轨道振动控制措施可采用一种或同时采用多种，以实现轨道振动控制目标为评价依据。

6.6.6 合理进行建筑布局，上盖建筑与轨道交通建筑结构独立，评价分值为5分。

【条文说明】不共构设计可以有效减弱通过结构的振动传播。

6.6.7 站房、车辆段及评价范围内的所有其他建筑的振动加速度级低于现行行业标准《城市轨道交通引起建筑物振动与二次辐射噪声限值及其测量方法标准》JGJ/T 170中规定的对应建筑类型的限值2dB以上，评价分值为10分。

6.6.9 空调机组宜采用热力效率高、适合的环保型制冷剂，评价分值为9分。

【条文说明】空调制冷剂在使用过程中存在泄漏的可能，使用环保型制冷剂可以降低对环境的不利影响。

6.7 运营管理

6.7.1 线路运营、管理、维修管理机构设置与人员配置合理，评价分值为15分。

【条文说明】运营管理机构的设置，应结合地铁网络运营管理功能要求，满足线路运营管理任务的需要，并通过科学的管理方式、合理的人员安排和组织机构设置，实现系统的安全、高效、节能运营。

6.7.2 运营管理流程与制度完备合理，评价分值为20分。

6.7.3 从网络化运营角度，推广和实现规模化、专业化、区域化维修，评价分值为10分。

【条文说明】参照北京市地方标准《轨道交通节能技术规范》DB11/T 1486—2017第5.3.1款。从当前城市轨道交通网络化运营实践来看，规模化、专业化、区域化的维修管理模式，可以提高维修效率，减少备品配件库存和运输，整体上利于节能。

6.7.4 统一规划备品配件的仓储及配送，减少内部物流运输量，评价分值为10分。

【条文说明】统一规划备品配件的仓储及配送，可以在仓储建设成本、物流运输量、运输配送效率三者之间寻找最优的平衡点，实现整体的经济性与效率最优化。

6.7.8 当线路采用全自动运行系统时，充分发挥系统运输效率的运营管理模式，降低运营成本，评价分值为10分。

【条文说明】应充分发挥全自动运行系统的硬件优势，将全自动运行系统与高效运营管理模式充分结合，达到降本增效的目的。

6.7.9 建立完整的城市轨道交通能耗指标体系，定期分析能耗情况及指标，提出节能改进措施和建议，评价分值为10分。

【条文说明】建立能耗指标体系，有利于对能耗情况规范化管理。

6.8 提高创新

6.8.1 对全线车站为乘客提供出行信息服务的方便程度进行评价，评价分值为3分，按表3-6-2规则评分。

表3-6-2 全线车站为乘客提供出行信息服务的方便程度评价规则

评价级别	评价内容	得分
A级	建立完善的全过程便捷信息服务体系，包括现场智能站务服务、站内外导航及换乘信息、线上app服务等，可实现信息服务精准推送，信息间协同管理	3
B级	建立较为完善的全过程便捷信息服务体系，包括现场智能站务服务、站内外导航及换乘信息、线上app服务等，可实现信息服务精准推送，信息间协同管理	2

6.8.2 对全线车站无障碍普及度进行评价，评价分值为2分。车站无障碍设施按专用电梯、楼梯升降机、轮椅坡道、盲道4类统计数量，全线车站无障碍普及度按式（3-6-3）

计算，按表3-6-3规则分级评分。

$$BF_1=\frac{\sum_{i=1}^{I}S_i\cdot\xi_i}{M} \tag{3-6-3}$$

式中 BF_1——全线车站无障碍普及度，无量纲数；

S_i——全线第 i 类无障碍设施数量，个；

ξ_i——第 i 类无障碍设施折算系数，专用电梯取1.5、楼梯升降机取1.5、轮椅坡道取0.5、盲道取0.2；

M——全线车站总数，个。

表3-6-3 全线车站无障碍普及度评价规则

评价内容	得分
$3\leqslant BF_1<4$	2
$BF_1\geqslant 4$	3

【条文说明】全线车站无障碍普及度用来衡量全线车站无障碍设施设置的总体情况。

6.8.3 设计采购阶段采取碳排放量评估控制措施，评价分值为3分，按下列规则分别评分并累计：

1 设计阶段采用全线全寿命期碳排放量评估，得1分；

2 采购阶段要求钢筋、混凝土供应商提供产品碳足迹评估报告，得1分；

3 采购阶段要求车辆等高能耗机电设备供应商提供产品碳足迹评估报告，得1分。

参考文献

[1] 国家发展改革委. 国家发展改革委印发《关于培育发展现代化都市圈的指导意见》[J]. 城市交通，2019，17(2)：1.

[2] 汪光焘，王婷. 贯彻《交通强国建设纲要》，推进城市交通高质量发展[J]. 城市规划，2020，44(3)：12.

[3] 中国城市轨道交通协会. 城市轨道交通 2021 年度统计和分析报告[R/OL]. (2022-04-22)[2022-08-23]. https：//www. camet. org. cn/tjxx/9944.

[4] 陈燕琴. 探析我国城市轨道交通的可持续发展[J]. 财富时代，2021，(03)：232-233.

[5] 王彦忠. 城市轨道交通对城市发展与环境影响的研究[J]. 工程建设与设计，2019(05)：140-141+144. DOI：10. 13616/j. cnki. gcjsysj. 2019. 03. 044.

[6] 朱正玲. 国内城市轨道交通环境影响及管理现状研究[J]. 铁路通信信号工程技术，2018，15(10)：101-104.

[7] 郝雅丽. 轨道交通对城市环境的影响研究[J]. 艺术品鉴，2017，(09)：454-455.

[8] 官廉. 城市轨道交通环境影响评价——以武汉市轨道交通 7 号线小东门站为例[J]. 交通世界，2018，(21)：178-180.

[9] 王国富，王威汐，路林海，等. 绿色城市轨道交通概念定位及其特征表现[J]. 都市快轨交通，2020，33(02)：42-49.

[10] 陈佳. 绿色交通概念内涵、目标内容及规划策略研究："持续发展 理性规划——2017 中国城市规划年会"论文集(06 城市交通规划)[C]. 东莞：中国建筑工业出版社，2017.

[11] 张改景，杨建荣，方舟，等. 绿色城市轨道交通评价方法研究综述[J]. 绿色建筑，2018，10(06)：9-12+16.

[12] 北京大学中国可持续发展研究中心. 可持续发展：理论与实践[M]. 北京：中央编译出版社.

[13] 李龙熙. 对可持续发展理论的诠释与解析[J]. 行政与法. 2005(1). 3-7.

[14] 白雪梅，赵茹. 国内外可持续发展研究综述[J]. 合作经济与科技. 2018(2). 27-29.

[15] 杨多贵，高飞鹏. "绿色"发展道路的理论解析[J]. 科学管理研究. 2006(5). 20-23.

[16] 杨阳，李燕. 从中国看世界：全球绿色发展研究 40 年之回溯与展望[J]. 智库理论与实践，2021(5). 62-69.

[17] 王金南，曹东，陈潇君. 国家绿色发展战略规划的初步构想[J]. 环境保护，2006(38). 39-49.

[18] 丁惠萍，张社奇，冯秀绒、太阳辐射与温室效应[J]. 物理，2003，32(2)：94-97.

[19] 佚名. 气候变化国家评估报告(精)[M]. 北京：科学出版社，2007.

[20] 高广生.《中国应对气候变化国家方案》减缓内容简介[J]. 中国能源，2007，29(8)：5.

[21] 不详.《中国应对气候变化的政策与行动》白皮书[J]. 浙江节能，2008(4)：1-12.

[22] 国务院新闻办公室. 中美发布应对气候变化联合声明(全文)[EB/OL]. 国务院新闻办公室，2015. [2022-08-14]. http：//www. scio. gov. cn/xwfbh/xwbfbh/wqfbh/2015/20151119/xgzc33810/document/1455884/1455884. htm

[23] 舟丹. 我国提交《强化应对气候变化行动——中国国家自主贡献》[J]. 中外能源，2015(8)：1.

[24] 律星光. "市长盟约"与"中国达峰先锋城市联盟"签署合作备忘录[J]. 财经界，2016(19)：1.

[25] 佚名."十三五"控制温室气体排放工作方案[J]. 中国战略新兴产业，2016(23)：1.

[26] 国际在线. 中国建成全球规模最大的碳市场 多措并举推动构建绿色低碳循环发展经济体系[EB/OL]. 国际在线，2021. [2022-08-14]. https://baijiahao.baidu.com/s?id=1714837983086372751&wfr=spider&for=pc.

[27] 翟耀. 国务院印发《2030年前碳达峰行动方案》[J]. 山地城乡规划，2021(6)：1.

[28] 生态环境部. 中国应对气候变化的政策与行动2020年度报告[R/OL]. (2021-07-13)[2022-08-23]. https://www.mee.gov.cn/ywgz/ydqhbh/syqhbh/202107/t20210713_846491.shtml.

[29] 吕勇斌，邵律博. 我国碳排放权价格波动特征研究——基于GARCH族模型的分析[J]. 价格理论与实践，2015，35(12)：62-64.

[30] USGBC. LEED v4 Building Design + Construction Guide[S/OL]. U.S. Green Building Council, 2013. [2022-04-30]. https://www.usgbc.org/leed/v4

[31] BREEAM. Sustainability Assessment Method[S/OL]. BRE UK, 2015. [2022-04-30]. https://www.breeam.com/discover/technical-standards/breeam-in-use/

[32] CASBEE. CASBEE: A Decade of Development and Application of an Environmental Assessment System for the Built Environment[S]. Tokyo, Japan: Institute for Building Environment and Energy Conservation, 2014.

[33] DNGBcertification[EB/OL]. German Sustainable Building Council, (2020-09-16). [2022-04-30]. https://www.dgnb-system.de/en/buildings/new-construction/criteria/

[34] 中华人民共和国住房和城乡建设部. 绿色建筑评价标准：GB/T 50378—2019[S]. 北京：中国建筑工业出版社，2019.

[35] 张改景，杨建荣，方舟，等. 绿色城市轨道交通评价方法研究综述[J]. 绿色建筑，2018(6)：5.

[36] IGBC. IGBC Green Mass Rapid Transit System (MRTS) [S/OL]. New Deli: India Green Building Council, 2015. [2022-04-30]. https://igbc.in/igbc/redirectHtml.htm?redVal=showgmrtsnosign

[37] 中国建筑节能协会. 绿色城市轨道交通车站评价标准：T/CAMET 02001—2019 [S]. 北京：中国建筑工业出版社，2019.

[38] 中国工程建设标准化协会. 城市轨道交通建筑评价标准：T/CECS 724—2020 [S]. 北京：中国建筑工业出版社，2020.

[39] 国家铁路局. 铁路设计规范：TB 10624—2020 [S]. 北京：中国铁道出版社，2020：12.

[40] 全国城市轨道交通标准化技术委员会. 城市轨道交通市域快线120～160km/h车辆通用技术条件：GB/T 37532—2019 [S]. 北京：中国标准出版社，2019.

[41] HartmanT. New "LOOP" Chiller Plant uses Advanced Technologies to Achieve Big Cost Reductions: "joint ASHRAE/AEE" Technical Seminar[C]. Edmonton, Alberta. 1999.

[42] 中华人民共和国住房和城乡建设部. 公共建筑节能设计标准：GB 50189—2015[S]. 北京：中国建筑工业出版社，2015.

[43] 中国工程建设标准化协会. 高效制冷机房技术规程：T/CECS 1012—2022 [S]. 北京：中国建筑工业出版社，2022.

[44] 中华人民共和国住房和城乡建设部. 建筑节能气象参数标准：JGJ/T 346—2014 [S]. 北京：中国建筑工业出版社，2014.